KB211358

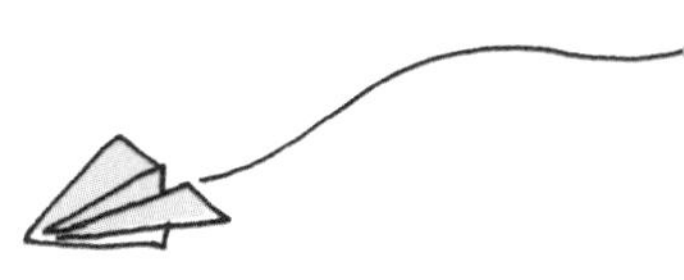

전교1등
핵심 노트법

전교1등
핵심 노트법

김 은 실 지음

서울문화사

물려받기 위해 대기자가 줄을 서는 전교 1등 노트

전교 1~2등을 다툰다는 서울 잠실의 한 중학교 2학년 여학생을 인터뷰할 때였다. 공부 방법에 대해서 이것저것 물어보는 중에 우연히 그 학생의 노트를 보게 되었다. 마치 인쇄를 해놓은 듯이 필기가 깔끔하게 되어 있는 노트를 보니 '노트 정리가 예술이네!' 라는 말이 절로 나왔다. 빨간색, 파란색 등 삼색펜 사용은 기본이고, 색색의 형광펜으로 주요 부분은 별도로 체크를 하고 교과서 여백이 모자란 면에는 부가 설명을 적은 포스트잇을 붙여 너무나도 보기 좋게 정리가 되어 있었다. 노트가 따로 없이 교과서를 노트 겸용으로 사용하는 과목의 교과서는 두 배 가량 배가 불룩해져 있기도 했다.

나는 그 학생의 교과서 노트를 찬찬히 훑어보았다. 선생님의 설명을 요약정리한 부분도 있고 별도로 참고서 등에서 찾은 자신만의 정리 내용도 있었다. 또 중요한 부분은 별표, 이해가 안 되는 부분은 물음표 등 나름의 표시도 곳곳에 되어 있었다. 뿐만 아니라 잘 외워지

지 않은 부분에는 자신만이 이해할 수 있는 암기법을 활용해 중간 중간 적어놓기도 했다. 한마디로 전교 1등의 노트는 그 자체로 어디 가서 돈을 주고도 사지 못할 '세상에서 하나뿐인 참고서' 였다.

감탄하며 노트를 살피는 나를 보며 그 학생은 '겨울방학만 되면 동네 후배들이 노트를 물려받으려고 줄을 서요' 라며 쑥스러운 듯 말했다. 당시 겨울방학 기간이었는데 벌써 그 학생의 노트는 후배에게 가 있어서 내용 취재를 위해 잠시 회수를 해야 했을 정도였다. 심지어는 어떤 전교 1등의 노트는 권당 가격이 매겨져 팔리는 경우도 있다는 말을 들을 수 있었다. 나는 '전교 1등 아이들의 공부 노하우는 그 아이들의 노트 안에 모두 담겨 있겠구나!' 라는 것을 깨닫게 되었고, 노트를 별도로 해석할 필요 없이 곧바로 사진을 찍어 학생들에게 보여주는 것이 가장 효과적인 전달 방법이라고 판단, 곧 원고 작업에 착수했다.

유명 학원 등 여러 루트를 통하여 내신 최상위급이면서 나름의 노트 정리 노하우를 갖고 있는 서울 및 수도권의 중, 고등학생 10명을 골라 학습 비법에 대한 인터뷰를 하고 직접 노트를 받아 스캔을 받는 작업을 하였다. 인터뷰 도중 아이들의 치밀한 공부 방법과 노트 필기법, 그리고 성적 관리를 위한 생활 방법 등을 접하며 전교 1등을 하기 위해서는 일단 끊임없는 노력이 기본이 되어야 하겠지만 노트 정리법 등 나름의 학습 요령을 갖는 것 또한 매우 중요하다는 점을 파악할 수 있었다.

이 책은 아이들이 직접 말하는 '과목별 노트법 & 공부방법'과 '공부법 핵심 포인트', 그리고 필자가 따로 부연 정리한 'Bonus Study 정보'로 구성되어 있다. 여기에서 소개하고 있는 노트법이나 학습 요령은 어떤 일관된 규칙에서 나온 것이 아니고 각각 자생적으로 만들어진 것들이라 찍어내듯 일치되는 것들은 없다. 하지만 오히려 그렇기 때문에 이 책을 접하는 학생들이 자신에게 맞는 노트법이나 공부법을 취사선택하여 실제로 활용해 보는 데 더 용이할 거라 생각한다.

전교 1등들로부터의 벤치마킹 1순위는 '전교 1등만의 공부법'일 것이다. 목표 의식과 성취 욕구가 충만한 전교 1등들은 어떻게 공부하면 효과적일지 늘 연구하고 분석하면서 전략 짜기를 게을리 하지 않는다. 그리고 그러한 과정을 통해 스스로 개발해낸 전교 1등들의 공부 방법들은 대부분 '노트 필기'에 고스란히 녹아있다. 그렇기 때문에 그들의 노트를 분석하고 그 안에 담겨 있는 학습 비법을 분석한 이 책은 평소 전교 1등들의 공부 방법을 궁금해 하던 학생들의 궁금증을 상당 부분 해소할 수 있을 거라 생각한다.

이 책을 작업하며 만난, 자신이 정한 목표를 향하여 끊임없이 노력하는 10명의 멋진 아이들에게 박수를 보내며, 자신에게 맞는 공부 방법을 찾고자 하는 학생들에게 이 책이 조금이나마 도움이 되길 바란다.

2006년 8월 김은실

01 이동준
NOTE

02 장지수
NOTE

03 원우현
NOTE

04 임윤정
NOTE

05 임건 NOTE

06 서한별 NOTE

07 김관수
NOTE

08 신승혜
NOTE

09 장경준
NOTE

10 윤지영
NOTE

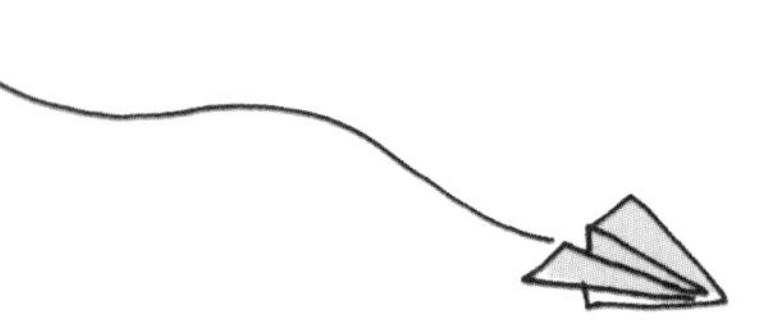

NOTE 01 * 이동준

청원중학교 3학년인 동준 군은 탁월한 가창 실력 덕분에 교회 성가대에서 솔리스트로 활동 중인데, 카운터 테너가 되는 것을 심각하게 고려하고 있을 정도로 음악을 좋아한다고. 장래 어떤 진로를 선택하든 일단 좋은 성적을 유지하는 것이 중요하다고 생각하는 동준 군은 현재 대원외국어고등학교 입학을 목표로 열심히 공부하고 있다. 특목고 대비반에 다니는 것을 제외하고는 이전까지 사교육의 힘을 빌지 않고 혼자 공부하면서 공부 비법들을 다져온 동준 군. 중학교 2학년 이후로 지금까지 줄곧 전교 1, 2등의 최상위권을 유지하고 있는데, '동준이 자리 옆에는 프리미엄이 붙는다'는 소문이 돌 정도로 공부 방법 및 태도를 배우려는 학우들의 경쟁이 치열하다고 한다. 전 과목 모두 우수하지만, 특히 자신 있어 하는 국어와 수학 과목에서 다양한 공부 방법들을 소개해주었다.

이동준NOTE

동준이의 과목별 노트법 & 공부방법

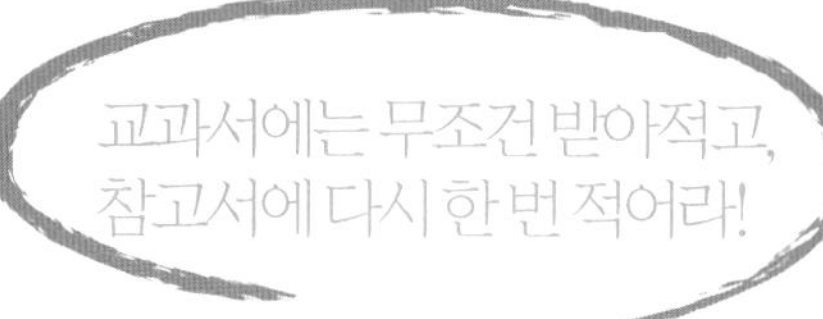

교과서에는 무조건 받아적고,
참고서에 다시 한 번 적어라!

학년이 올라갈수록 점점 어려워지는 대표 과목. 특히 고등학교 때 최상위권 학생들의 실력을 가늠하는 최종 과목은 수학이나 영어가 아닌 '언어영역'이라고 할 정도로 국어는 주요과목 중에서도 점수 따기가 쉽지 않다.

교과서 필기

교과서 필기 단계까지는 수동적인 학습이다. 선생님이 주인이고 학생은 방문객일 뿐이다. 일단 선생님이 설명해주는 대로 하나도 빼놓지 않고 꼼꼼히 받아 적었다. 이해가 안 되는 것에는 ★표시를 해두었다가 질문을 해서 완벽하게 이해하고 넘어가는 것을 원칙으로 한다.

참고서 필기 & 확인 문제 풀기

여기서부터는 능동적인 학습이다. 내가 학습의 주체가 된다. 그날 배운 것은 그날 복습하는 것이 나의 원칙. 집에 와서 참고서를 펼쳐놓고 요점정리 부분을 읽은 후, 학교에서 배운 내용을 그대로 필기해본다. 이때는 내가 선생님이 되어서 학생에게

1. 갈래: 자유시, 서정시
2. 운율: 내재율
3. 화자: '나'
4. 성격: 고백적, 서정적
5. 주제: 소외되고 고통받는 사람들에 대한 애정, 사랑
6. 특징: 이중 부정을 통한 강한 긍정의 효과
   - 1연과 2연의 대구 구조 → 형태적 안정감.
   - 설의법 사용, 은유법
   - 핵심어(눈물, 그늘)와 동일 문장구조의 반복

내가 사랑하는 사람

정호승(鄭浩承)

나는 그늘이 없는 사람을 사랑하지 않는다.
나는 그늘을 사랑하지 않는 사람을 사랑하지 않는다.
나는 한 그루 나무의 그늘이 된 사람을 사랑한다.
햇빛도 그늘이 있어야 맑고 눈이 부시다.
나무 그늘에 앉아
나뭇잎 사이로 반짝이는 햇살을 바라보면
세상은 그 얼마나 아름다운가.

<1연: 그늘을 사랑하고 남의 그늘까지 포용하는 사람의 아름다움>

나는 눈물이 없는 사람을 사랑하지 않는다.
나는 눈물을 사랑하지 않는 사람을 사랑하지 않는다.
나는 한 방울 눈물이 된 사람을 사랑한다.
기쁨도 눈물이 없으면 기쁨이 아니다.
사랑도 눈물 없는 사랑이 어디 있는가.
나무 그늘에 앉아
다른 사람의 눈물을 닦아 주는 사람의 모습은
그 얼마나 고요한 아름다움인가.

<2연: 눈물을 사랑하고 남의 눈물까지 포용하는 사람의 아름다움>

강의를 하듯이 설명을 하면서 필기를 한다. 이때 선생님 설명을 들을 때는 이해가 되던 것이 내가 설명을 하려고 하면 말문이 막히는 부분이 있다. 이런 부분은 집중 공략해서 교과서와 참고서를 번갈아가면서 공부한 뒤에 이해를 하고 넘어간다. ★중간 중간 세모와 동그라미 등의 표시가 들어갔는데, 이는 주요 낱말, 혹은 이해하기 어려웠던 부분을 나름대로 보기 좋게 표시한 것이다. 참고서 필기가 끝난 후 해당 단원 옆에 나와 있는 4~5개의 확인 문제를 풀면, 그날 배운 단원은 100% 소화가 된다.

교과서 + 참고서 필기의 효과는?

학교 선생님 설명만 필기를 하는 국어 공부로는 50% 밖에 이해하지 못한다고 봐야 한다. 설명을 들을 땐 이해가 되는 것 같지만, 혼자 풀어서 설명하라고 하면 완벽하게 이해되지 않은 내용은 막힐 수밖에 없다. 따라서 ★혼자 참고서 필기를 하다보면 '내가 무엇을 모르는가?' 가 정확하게 걸러진다. 또한 그날 배운 내용에 대해 바로 복습 및 확인 과정을 거치게 되므로 시험 공부하기 전까지 잊히지 않는다. 내 것으로 소화를 시켰기 때문이다.

국어 시험공부는?

시험 때는 참고서의 문제, 학원에서 받거나 인터넷으로 찾은 기출문제를 풀어본다. 배울 때마다 내 것으로 소화를 시켜 이해하고 흡수했기 때문에 교과서와 참고서 필기를 훑어보기만 해도 머릿속에 속속 되살아난다. ★시험 전날에는 교과서 및 참고서에 별표, 세모, 네모 등 나름대로 표시해둔 주요 단어나 문장을 읽고, 오답을 체크하는 정도면 충분히 마무리된다.

국어 참고서 필기

(1) 내가 사랑하는 사람

교과서 p. 11

학습 포인트 • 표현상의 특징과 효과 • '그늘'과 '눈물'의 의미 • 말하는이가 사랑하는 사람 • 이 시에서 강조하는 삶

정호승(鄭浩承)

나는 그늘이 없는 사람을 사랑하지 않는다.
나는 그늘을 사랑하지 않는 사람을 사랑하지 않는다.
나는 한 그루 나무의 그늘이 된 사람을 사랑한다.
햇빛도 그늘이 있어야 맑고 눈이 부시다.
나무 그늘에 앉아
나뭇잎 사이로 반짝이는 햇살을 바라보면
세상은 그 얼마나 아름다운가.

➡ 그늘을 사랑하는 사람을 사랑함.

나는 눈물이 없는 사람을 사랑하지 않는다.
나는 눈물을 사랑하지 않는 사람을 사랑하지 않는다.
나는 한 방울 눈물이 된 사람을 사랑한다.
기쁨도 눈물이 없으면 기쁨이 아니다.
사랑도 눈물 없는 사랑이 어디 있는가.
나무 그늘에 앉아
다른 사람의 눈물을 닦아 주는 사람의 모습은
그 얼마나 고요한 아름다움인가.

➡ 눈물을 사랑하는 사람을 사랑함.

갈래	자유시, 서정시	운율	내재율
성격	고백적, 사색적, 상징적	화자	나(그늘과 눈물을 사랑하는 사람을 사랑하는 사람)
제재	내가 사랑하는 사람	주제	고통받는 사람들에 대한 애정과 포용하며 사는 삶의 아름다움
특징	• 평범하고 이해하기 쉬운 시어를 사용하였다. • 의문문의 형식(설의법)을 사용하여 표현에 변화를 주었다. • 진정한 삶의 기쁨과 참다운 사랑의 의미를 고백적인 어조로 노래하였다. • 이중 부정을 통해 의미를 강조하고 말하는이의 간절한 마음을 효과적으로 드러내었다. • '-다', '-아', '-가' 등의 어미, 단어와 어구의 반복, 1연과 2연의 대칭 구조로 운율을 형성하였다.		

문학작품은 마인드맵으로

중학교 2학년 때 국어 선생님께서 알려주신 방법이다. 교과서 내의 문학 작품을 일목요연하게 정리할 수 있는 가장 좋은 방법이 '마인드맵' 필기 방법이다. 중3 국어 교과서에 나오는 양귀자 원작 「원미동 사람들」을 내 나름대로 마인드맵으로 정리를 해보았다. 먼저 작품을 정독하고 주제가 무엇인지를 나름대로 분석을 해 본 뒤 다시 한 번 정독한 다음 마인드맵을 그려나간다.

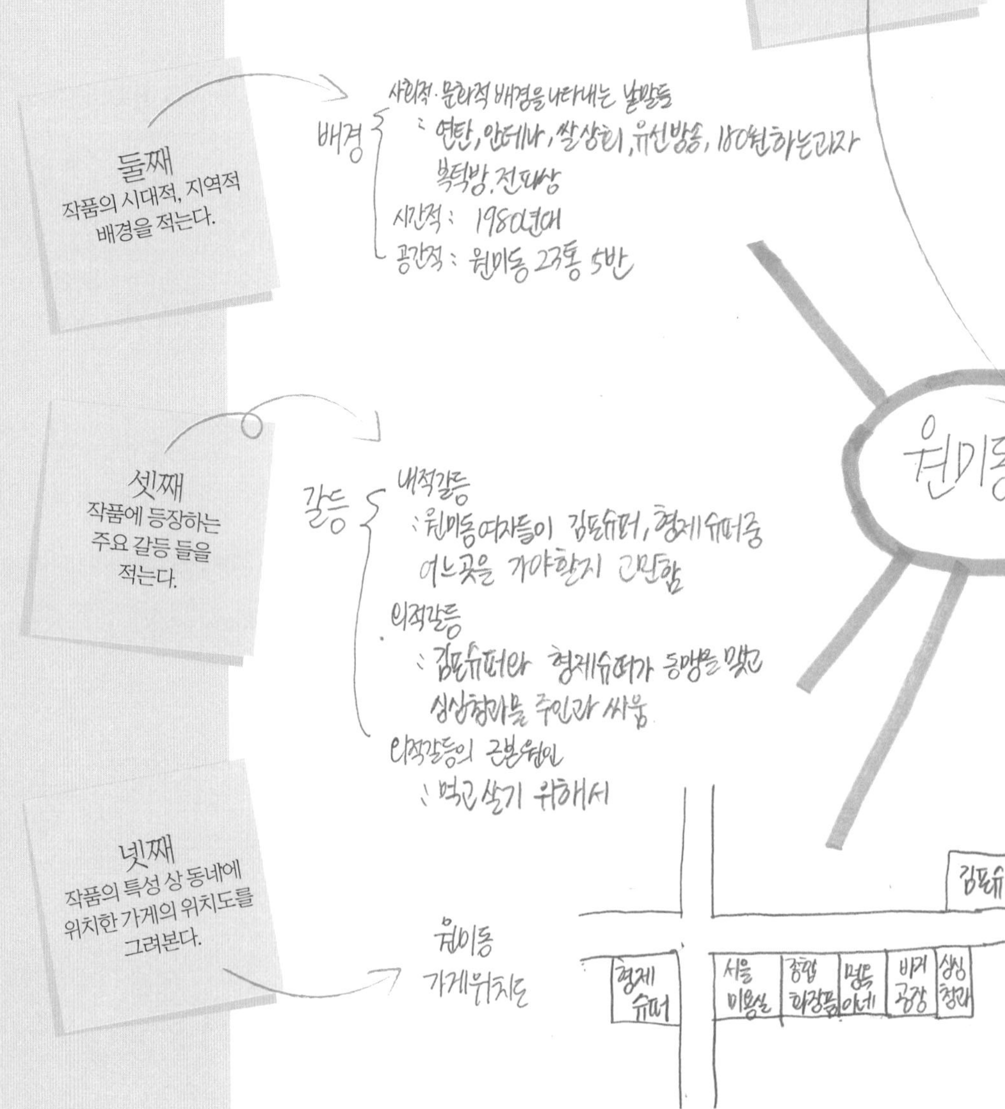
첫째
중간에 작품의 제목을 적는다.
둘째
작품의 시대적, 지역적 배경을 적는다.
셋째
작품에 등장하는 주요 갈등 들을 적는다.
넷째
작품의 특성 상 동네에 위치한 가게의 위치도를 그려본다.
원미동
배경
사회적·문화적 배경을 나타내는 낱말들
: 연탄, 안테나, 쌀상회, 유선방송, 180원하는 과자
복덕방, 전파상
시간적 : 1980년대
공간적 : 원미동 23통 5반
갈등
내적갈등
: 원미동 여자들이 김포슈퍼, 형제슈퍼 중 어느곳을 가야할지 고민함
외적갈등
: 김포슈퍼와 형제슈퍼가 동맹을 맺고 싱싱청과물 주인과 싸움
외적갈등의 근본원인
: 먹고 살기 위해서
원미동 가게위치도
형제 슈퍼
서울 미용실
종합 화장품
싱싱 청과
김포슈퍼

마인드맵의 활용법

마인드맵으로 작품을 정리하면 **작품의 줄거리, 배경, 사건 등을 한 눈에 파악할 수 있다는 것이 최대 장점이다.** 문학 작품을 배울 때마다 이런 식으로 정리를 해두면 완벽하게 이해를 할 수 있다. 나는 새로운 작품을 배울 때마다 해당 단원이 끝나는 부분에 마인드맵으로 정리를 해서 책에 붙여두는데, 시험공부할 때는 책을 한번 읽고 마인드맵을 읽어보고, 까다로운 작품인 경우 문제 풀이까지 모두 마친 뒤에 마인드맵을 다시 한 번 그려봄으로써 총 마무리를 한다.

물의성격 및 처지

김포슈퍼 → 경호네 부부 – 충청도 산골에서 상경함
억척스럽고 성실함, 오만데없이 두루뭉술함
싹싹함, 이기적인 면도 있음.

형제슈퍼 → 김반장 – 반장직책, 네명의 어린동생, 어머니, 아버지
할머니까지 있는 대가족을 부양. 빚있음.
악착스럽고 지독하며 인정 없음, 생활력 강함

복덕방 → 고흥댁 – 인정없고, 염치 없음. 이해타산적임.

써니전자 → 시내엄마 – 인정이 많은 편이었지만 불리한
상황이 자신에게 닥치자 태도를 바꿈.

다섯째
인물의 성격 및 캐릭터를 정리한다.

- 김포쌀 상회가 김포 슈퍼로 도약함 (풍년의 조짐이 보임)
- 형제슈퍼에서도 쌀과 연탄을 팔기 시작함
- 김포슈퍼에서 물건의 값을 내리자 형제슈퍼에서도 값을내림
- 빈 점포중 하나에 싱싱 청과물이 들어섬
- 싱싱청과 물을 겨냥한 두가게의 가격인하
- 김반장, 경호네와 싱싱청과물 시내야의 싸움
- 싱싱 청과물의 폐업
- 새로운 전파상이 들어옴 → 시내엄마의 위기

여섯째
사건을 순서대로 나열한다. 작품을 죽 훑어가면서, 사건 발생순으로 적는다.

설명문과 논설문은 KWL(Know Want Learned) 차트로

역시 중학교 2학년 때 국어를 담당하셨던 이명희 선생님께서 알려주신 방법이다. 설명문과 논설문 등 비문학작품은 정확히 작품 내용을 분석하고 체계적으로 요약정리하는 것이 중요하다. 이러한 과정을 비교적 간단하게 정리할 수 있는 방법이 다음의 KWL 차트다. 이 차트는 시험을 앞두고 한번 읽어보면 핵심 주제와 글의 흐름을 한눈에 파악할 수 있어 훌륭한 요약정리 노트로도 가치가 있다.

〈설명문〉

'표준어와 방언'은 이렇게 정리

알고 있는 내용 – 알게 된 내용 – 질문, 세 가지 항목으로 분류를 하고 본문을 2번 이상 정독을 한 뒤에 그 칸을 채워나간다. 설명문은 잘 모르거나 새로운 사실에 대한 정보 전달이 글의 목적이므로 이에 맞게 분석을 해나가는 것이다.

KWL 차트 – 표준어와 방언

알고 있던 내용	알게 된 내용	질문
· 우리조상이 사용한 고유의 언어를 일반적으로 한국어라 함 · 한국어를 오랜기간 걸쳐 지역적으로 차이가 난 말을 사투리 또는 방언이라 함 · 표준어는 맞춤법이나 표준 발음의 대상이 된다. · 방언이 없으면 표준어의 제정이 무의미하다. · 방언속에는 국어의 여러가지 특성이 드러난다. · 방언에는 옛말이 남아있어 국어역사 연구에 큰 도움이 됨 · 방언을 사용하면 사람들 사이에 친근감이 느껴진다.	· 표준어의 계급적조건 – 교양있는 사람들이 두루 시대적조건 – 현대 지역적조건 – 서울 · 우리나라는 표준어가 곧 공용어 이지만 어느나라나 표준어가 공용어는 아니다. · 표준어의 가치 – 모든 국민의 의사소통이 원활해져 통합 용이 – 지식이나 정보 얻을수 있음 – 문화 생활을 누릴수 있음 – 교육적인 면에서 효율적임 – 국어순화에 기여 · 방언의 분류 지역방언 계급방언 : 계층, 세대, 학력, 직업등으로 나눔 (X) 낚다 (좋은기사를 추대하다) 물기 (해운) · 특별한 경우에 방언을 사용하는 것도 의미있는 일이다 · 방언을 학문적으로 연구하는 일도 게을리 해서는 안된다	· 공용어가 여럿일 때 나타나는 문제점은 무엇인가? · 구개음화와 전설모음 무엇일까? · 규칙용언과 불규칙 무엇인가? · 방언을 사용하면 좋 특별한 경우는 무엇 있는가?

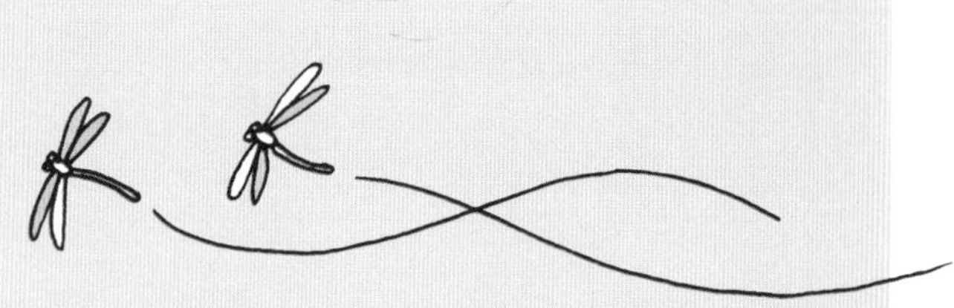

현대 사회와 과학

30321 이동준

알고 있던 내용	알게 된 내용	비판
과학이 사회에서 정 중요한 위치를 가해 오는 동안에 학의 내용은 점점 문화 되어지고 어려워 졌다 과학적 지식은 사람의 치를 판단하는데 움준다 재 사회의 여러가지 제에 대처하기 해서 과학적 지식 이 필요하다 지식인은 과학에 을 가지고 과학지식 을 위해 노력 해야 다.	· 과학이 어려워지고 전문화 되면서 일반 지식인들로 부터 유리됨. · 무기개발, 전쟁유발, 환경오염, 인간의 기계화, 생명존엄성을 위협을 야기하는 과학이 책임을 지지 않는다는 것은 문제이다. · 과학은 가치 중립적이다. · 자연현상을 기술하는데 있어 얻게되는 과학법칙이나 이론으로 부터 개인의 취향, 가치관으로 취사 선택이 불가하다 · 과학적 지식이 그 자체로 가치에 대한 판단이나 결정을 하지 않는다 · 현대사회의 여러문제에 대처하여 결정을 내리는 책임은 인간, 특히 지식인에게 주어져있다.	· 이 글은 지식인에 만 치우친 내용이고, 꼭 지식인 만이 사회를 이끌어 가거나 과학에 관심을 가져야 하는 것은 아니다 (→과학적 내용으로 결정을 내리는 것은 인간 특히 지식인에게 주어졌다) · 과학의 가치 중립성을 설명하기 위한 안락사, 유전적 질병이라는 예는 특수한 경우이므로, 일반 사람들에게 공감을 얻기 힘들다. · 어려운 단어가 많이 쓰여서 명시성이 어긋난다. 이해하는데 어려움을 주거나 근거를 파악하는데 어려움을 준다. (→ 야기, 유관, 전문화, 유리) · 과학적 지식에 대한 무지를 은근히 드러내는 지식인은 드물다 (→지루한 부분)

MooKEUK

〈논설문〉

'현대 사회와 과학'은 이렇게 정리

알고 있는 내용 – 알게 된 내용 – 비판, 세 가지 항목으로 분류를 해서 그 칸을 채워나간다. 이런 과정을 거치면서 이 글이 무엇을 주장하려고 하는지, 타당한 근거가 무엇인지에 대하여 내 생각에 비춰 비판적인 의견까지 제시를 하고 나면 논설문이 완벽하게 이해, 분석된다.

나는 학교 시험에서 난이도와는 상관없이 거의 100점을 받는데, 그 실력에 이르기까지 '효율적이고 전략적인 공부 계획'을 세우기 위해 지속적인 탐색 과정을 거쳤다. 차근차근 단계를 밟고 올라가는 나만의 '수학 전략'을 소개한다.

한 학기에 총 4권의 문제지를 풀면서 단계별로 정복

나는 새학기가 시작될 때면 수학 문제지 4권을 구입해놓는다. 이번 학기에는 『개념원리』, 『테마특강』, 『수준별 수학』, 『최상위 수학』 이렇게 4권을 준비했다. 학교에서 수업을 마친 뒤에는 집에 와서 해당 범위 문제를 풀어보면서 복습을 했다. 그리고 ★문제지는 학기 초부터 단원에 맞게 4권의 문제집을 동시에 풀어서 시험 때가 되면 최고 수준의 서술형 문제까지 거의 풀어본 상태로 마무리가 되곤 한다. 어부가 바다에 어망을 쳐놓듯이, 문제를 최대한 많이 풀어보아야 빠져나가는 고기를 막을 수 있다는 것이 나의 수학 공부 지론.

문제지 선택은?

매 학기마다 다른데, 우선 기준은 학교 선생님의 문제지다. 선생님 책상을 기웃거리거나 평소에 ★선생님이 들고 다니시는 문제지를 체크해 두었다가 그 문제지를 우선 구입한다. 가르치는 선생님마다 문제 출제 유형이나 난이도가 다르기 때문에 학기 초에 담당 과목 선생님의 취향부터 파악해두는 것은 매우 중요하다.

그 다음 기준은 학원 선생님의 문제지. 학교 선생님보다는 비교적 자유롭게 어떤 문제지가 좋은지 추천받을 수 있다. 그리고 마지막엔 친구들로부터의 입소문이다. 공부 잘하는 친구들이 어떤 문제지를 푸는지 평소에 알아두었다가 정리해 둔다. 이런 정보망을 통해 선택된 문제지를 서점에 직접 가서 확인한 뒤에 4권을 선별한다.

수학 문제지 풀이

핵심문제

본 단원의 대표적인 문제이므로 개념원리의 적용 및 응용을 충분히 익히도록 합시다. | 정답 15쪽

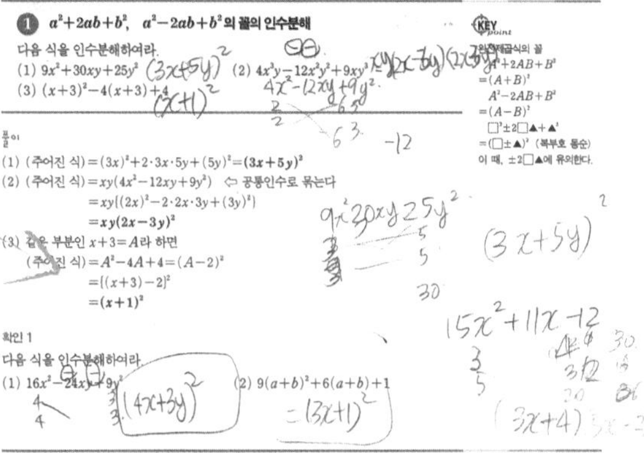

1 $a^2+2ab+b^2$, $a^2-2ab+b^2$의 꼴의 인수분해

다음 식을 인수분해하여라.

(1) $9x^2+30xy+25y^2$ (2) $4x^3y-12x^2y^2+9xy^3$

(3) $(x+3)^2-4(x+3)+4$

KEY point

완전제곱식의 꼴

$A^2+2AB+B^2=(A+B)^2$

$A^2-2AB+B^2=(A-B)^2$

$\square^2\pm2\square\blacktriangle+\blacktriangle^2=(\square\pm\blacktriangle)^2$ (복부호 동순)

이 때, $\pm2\square\blacktriangle$에 유의한다.

풀이

(1) (주어진 식) $=(3x)^2+2\cdot3x\cdot5y+(5y)^2=\mathbf{(3x+5y)^2}$

(2) (주어진 식) $=xy(4x^2-12xy+9y^2)$ ⇦ 공통인수로 묶는다

$=xy\{(2x)^2-2\cdot2x\cdot3y+(3y)^2\}$

$=\mathbf{xy(2x-3y)^2}$

(3) 같은 부분인 $x+3=A$라 하면

(주어진 식) $=A^2-4A+4=(A-2)^2$

$=\{(x+3)-2\}^2$

$=\mathbf{(x+1)^2}$

확인 1

다음 식을 인수분해하여라.

(1) $16x^2-24xy+9y^2$ (2) $9(a+b)^2+6(a+b)+1$

2 $x^2+(a+b)x+ab$의 꼴의 인수분해

다음 식을 인수분해하여라.

(1) $x^2-2x-24$ (2) $y^2-17y+72$

KEY point

항이 3개이면서 x^2의 계수가 1일 때는

$x^2+(a+b)x+ab=(x+a)(x+b)$

를 이용한다.

풀이

(1) 곱하여 -24, 합하여 -2가 되는 두 수는 4, -6

$\therefore x^2-2x-24=\mathbf{(x+4)(x-6)}$

(2) 곱하여 72, 합하여 -17이 되는 두 수는 -8, -9

$\therefore y^2-17y+72=\mathbf{(y-8)(y-9)}$

확인 2

다음 식을 인수분해하여라.

(1) $x^2+9x+20$ (2) $2y^2+2y-12$

(3) y^2-y-30 (4) $(x+3)^2-7(x+3)+10$

17. $\alpha=3+2i$, $\beta=1-i$일 때, $\alpha\bar{\alpha}+\bar{\alpha}\beta+\alpha\bar{\beta}+\beta\bar{\beta}$의 값을 구하여라. (단, $\bar{\alpha}$, $\bar{\beta}$는 각각 α, β의 켤레복소수이다.)

18. 복소수 전체의 집합에서 연산 $\triangle$를 $\alpha\triangle\beta=-\alpha\beta+\alpha+\beta$로 정의할 때, 연산 $\triangle$에 대한 $1+i$의 역원은?

① $1-i$ ② $1+i$ ③ i

④ $-i$ ⑤ 1

19. 임의의 복소수 z에 대하여 보기 중 그 값이 항상 실수인 것을 모두 고르면? (단, $\bar{z}$는 z의 켤레복소수이다.)

<보기> ㄱ. $(z+\bar{z})(z-\bar{z})$	ㄴ. $(z+1)(\bar{z}+1)$	ㄷ. $(z\bar{z}-1)(z\bar{z}+1)$

① ㄱ ② ㄴ ③ ㄱ, ㄷ

④ ㄴ, ㄷ ⑤ ㄱ, ㄴ, ㄷ

20. 실수 x, y에 대하여 $i+2i^2+3i^3+\cdots+99i^{99}+100i^{100}=x+yi$가 성립할 때, $x+y$의 값은?

① 0 ② 100 ③ -100

④ 5050 ⑤ -5050

60

(1) 포장도로 평균속력 : 비포장도로 평균속력

	거리	시간
비포장	a	0.8b
포장	1.8a	b

포장 : 비포장 $= \frac{1.8a}{b} : \frac{a}{0.8b} = 36 : 25$ ∴ $\frac{36}{25}$

(2) 포장도로를 달린 평균속력은 비포장도로를 달린 평균속력보다 몇 % 더 빠른가?

$\frac{36}{25} \times 100 = 144\%$ ∴ 44%

유제 10-13

유색생물 : X , 무색생물 : Y

$\frac{Y}{X+Y} \times 100\% = 10\%$

지난달에 비해 유색생물의 수는 2배, 무색 생물의 수는 3배가 되었다. 생물학적 지표를 소수 첫째자리까지 구하여라

⇒ (i) $Y \times 100 = 10X + 10Y$ ∴ $X = 9Y$

(i) $\frac{3Y}{2X+3Y} = \frac{3}{18+3} = \frac{3}{21} = \frac{1}{n}$

∴ $\frac{1}{n} \times 100 = 14.2856\cdots = 14.3$

연습문제 10-1

$\frac{1}{x+y+z} \times \left(\frac{1}{x}+\frac{1}{y}+\frac{1}{z}\right) \times \frac{1}{xy+yz+zx} \times \left(\frac{1}{xy}+\frac{1}{yz}+\frac{1}{zx}\right)$

$\Rightarrow \frac{1}{x+y+z} \times \left(\frac{xy+zx+yz}{xyz}\right) \times \frac{1}{xy+yz+zx} \times \frac{x+z+x}{xyz}$

$\Rightarrow \left(\frac{1}{xyz}\right)^2$ ∴ $\frac{1}{x^2y^2z^2}$

연습문제 10-2

(1) $\frac{1}{x+1} + \frac{1}{y+1} = 1$일 때 $\frac{1}{x-1} + \frac{1}{y-1}$의 값을 구하여라

$\Rightarrow \frac{x+y+2}{xy+x+y+1} = 1 \rightarrow x+y+2 = xy+x+y+1$

∴ $xy = 1$, $y = \frac{1}{x}$,

$\frac{1}{x-1} + \frac{1}{y-1} = \frac{1}{x-1} + \frac{1}{\frac{1}{x}-1} = \frac{1}{x-1} + \frac{x}{1-x}$

$= \frac{1-x}{x-1} = -1$ ∴ -1

연습문제 10-3

$x+y=a$, $xy=b$일 때, 각식을 a, b로 나타내어라

(1) $\frac{y}{x} + \frac{x}{y} = \frac{y^2+x^2}{xy} = \frac{(x+y)^2-2xy}{b} = \frac{a^2-2b}{b}$

(2) $\frac{y^2}{x} + \frac{x^2}{y} = \frac{y^3+x^3}{xy} = \frac{(x+y)^3-3(x+y)xy}{b}$

$= \frac{a^3-3ab}{b}$ ∴ $\frac{a^3-3ab}{b}$

(3) $\frac{y}{x^2+1} + \frac{x}{y^2+1} = \frac{x^3+y^3+x+y}{(xy)^2+x^2+y^2+1}$

$= \frac{(x+y)^3-3xy(x+y)+(x+y)}{(xy)^2+(x+y)^2-2x+1}$

$= \frac{a^3-3ab+a}{a^2+b^2-2b+1}$ ∴ $\frac{a^3-3ab+a}{a^2+b^2-2b+1}$

연습문제 10-4

$a+b+c=0$

(1) $\frac{a^2}{b+c} + \frac{b^2}{c+a} + \frac{c^2}{a+b}$

$\Rightarrow b+c=-a,\ c+a=-b,\ a+b=-c$

$-(a+b+c)=0$

(2) $a\left(\frac{1}{b}+\frac{1}{c}\right) + b\left(\frac{1}{c}+\frac{1}{a}\right) + c\left(\frac{1}{a}+\frac{1}{b}\right)$

$\Rightarrow \frac{a}{b}+\frac{a}{c}+\frac{b}{c}+\frac{b}{a}+\frac{c}{a}+\frac{c}{b}$

$\Rightarrow \frac{b+c}{a}+\frac{c+a}{b}+\frac{b+a}{c} \Rightarrow -1-1-1=-3$ ∴ -3

문제 풀이 노트를 꼭 마련하라!

교과서 문제, 문제지 문제 등 **모든 문제는 풀이 노트에 푸는 습관**을 갖는 것이 좋다. 책의 여백에 문제를 풀면 공간이 좁아서 제대로 쓸 수가 없다. 또 연습장에 휘갈기듯이 어지럽게 풀어버리면 틀린 문제의 경우 어느 부분에서 틀렸는지 발견하기가 어렵다. 또 답을 쓸 때도 과정이 어지러우면 숫자가 틀리기 쉬워 오답을 쓸 확률도 높아진다.

서점에서 구입한 문제 풀이 노트를 사용해 본 적이 있다. '문제-문제풀이-답'의 순서로 구성되어 있는데, 형식에 얽매어서 자유롭지 못해 일단 쓰기가 부담스러웠다. 그리고 줄이 없으니까 글씨가 삐뚤빼뚤해져서 불편하기도 하였다. 그래서 요즘에는 일반 수학 문제는 줄 노트를 반으로 접어서 쓰고 있다. 하지만 도형 문제 종류는 이와 같이 줄 없는 노트에 하는 것이 오히려 효과적인 것 같다.

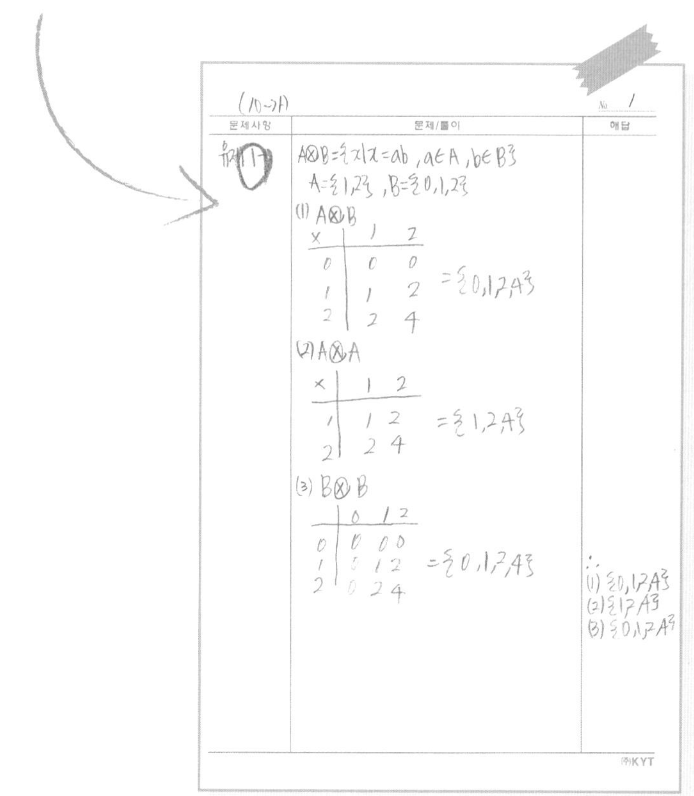

문제 풀이는 반으로 접은 줄 노트에

줄 노트를 반으로 접어서 왼쪽부터 순서대로 풀어나간다. 반으로 접어서 풀어야 문제마다 풀이가 똑똑 떨어지게끔 정리가 된다. 반으로 접지 않고 그대로 한 줄로 이어서 풀면 중간에 끊어지는 부분이 명확치 않아서 풀이 과정을 한눈에 알아보기가 어렵다.

문제와 풀이 과정은 각각 다른 색깔로 써라!

나는 문제는 초록색 등 색깔펜으로, 풀이 과정 및 답은 연필이나 검정색 펜으로 주로 썼다. 색으로 구별을 해야 문제 풀이 내용이 일목요연하게 정리된다.

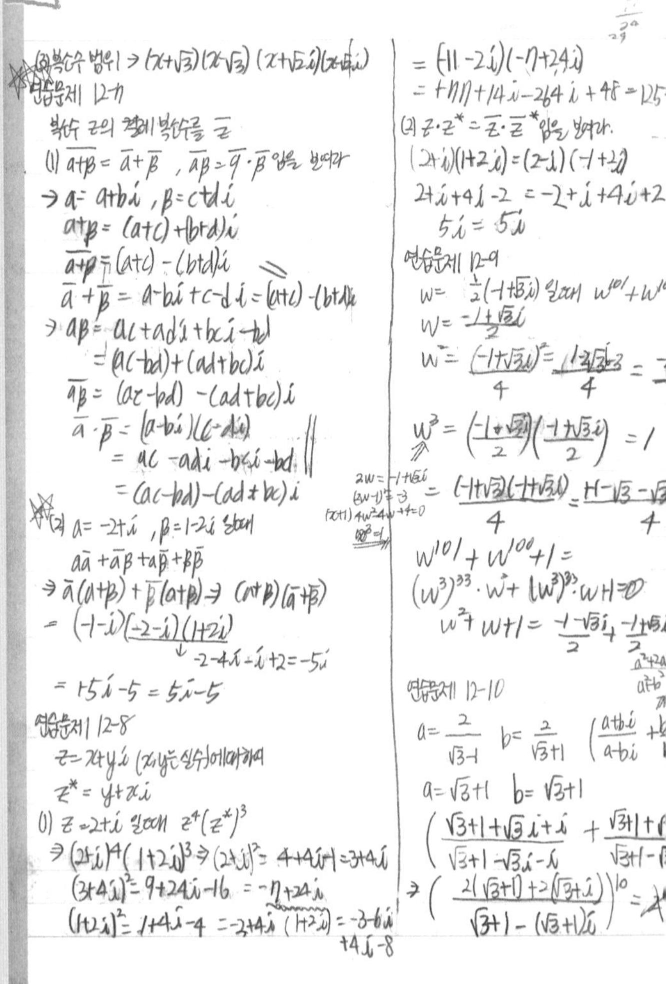

어려운 문제라도 답지는 절대 보지 마라!

한두 번 풀어서 안 되면 바로 답지를 보고 확인하는 친구들이 많다. 이 방법은 별로 좋지 않다. 심리적으로 답지를 보고 이해를 하면 자신이 정말 다 알았다고 착각하기 쉽기 때문. 교과서와 참고서의 개념정리를 확인하면서 3~4번 반복해서 풀면 어지간한 문제는 다 풀린다. 3번 이상 반복해서 풀었는데도 안 풀리는 문제가 있다면 그때는 답지의 도움을 구한다. 이런 문제는 다 푼 뒤에 별표를 3개 이상 해두고, 시험 준비할 때 몇 차례 더 풀어보면 완전 정복할 수 있다.

문제의 난이도에 따라 다르게 표시하라!

수학은 직접 풀어보았을 때 풀려야 제대로 아는 것이다. 선생님과 수업 시간에 풀 때는 알 것 같지만 조금이라도 미심쩍다면 집에서 다시 풀곤 했다. 그런 문제는 문제 풀이 노트에 형광펜으로 그어 표시를 했다. 풀었는데도 잘 이해가 안 되서 2번 풀었던 문제는 별표 2개, 3번 풀었던 문제는 별표 3개 등의 방식으로 문제의 난이도와 중요성을 다르게 표시했다. 시험 준비를 할 때는 교과서와 4권의 문제지, 기출문제 등을 푼 문제 풀이 노트를 보면서 형광펜 및 별표가 된 문제만 집중해서 다시 풀어보았다.

초등학교 저학년 때부터 부모님은 늘 집안을 영어 환경으로 만들어주셨다. 그때부터 지금까지 거의 하루도 빠짐없이 영어 공부를 꾸준히 하고 있는데, 덕분에 학교 영어 시험 정도는 그렇게 어렵지 않다.

비디오와 오디오 적극 활용

초등학교 저학년 때부터 부모님은 항상 영어 테이프를 집안에 틀어놓으셨다. 듣거나 말거나 상관없이 영어 환경에 익숙해지게 하는 것이 부모님의 목적이었다. 나는 'Apple' 등 아는 단어가 나오면 귀가 솔깃해서 듣다가 곧 다른 일에 빠지곤 했고, 잠자리에 들어서는 영어 테이프를 배경 음악 삼아서 듣다가 잠이 들었다. 영어 비디오테이프도 열심히 보았다. 자막이 없는 영어 비디오를 주로 보았고, 자막이 뜨는 경우에는 TV 하단에 종이를 붙여서 가리고 시청했다. 중학교 진학 후에는 방과 후에 학원에 가기 전 30분 동안 케이블 방송의 디즈니 채널을 통해 『미녀와 야수』, 『헤라클레스』 등 영어 만화를 시청했다.

★영어 시청각 교재의 좋은 점은 '기계적인 음'이 아닌 '일상적인 음'에 익숙해진다는 것이다. 영어 듣기 평가를 위해 듣는 음은 톤이 일정한데, 만화 비디오를 통해서 듣는 음은 목소리와 톤이 제각각 다르기 때문에 듣기 영역이 그만큼 확대된다고 볼 수 있다. 또 정확히 문법에 맞진 않지만 일상적으로 사용되는 생활 회화를 접할 수 있다는 점도 좋다. 무엇보다 만화 영화 자체가 재밌으므로 지루하지 않아서 꾸준히 영어를 접할 수 있게 만들어준 것 같다.

의외로 효과가 높은 '수능 문제집'

나는 중학교 1학년 때 우연히 형이 사용하던 '수능 문제집'을 발견해서 풀기 시작했다. 시험 삼아서 풀기 시작한 것이 벌써 2년이 넘었다. 방학 때는 매일, 학기 중에는 주 2~3회 40문제를 30분 동안에 푸는 연습을 했다. 수능 문제는 크게 '빈칸 채우기', '주제문 찾기', '작문과 독해', '순서 찾기', '추론하기', '부정확한 것 찾기' 등으로 나뉘는데, 특정 지문을 빨리 해석하고 핵심 주제를 찾는 훈련에 특히 도움이 되었다. 또한 단어 공부도 효과적으로 할 수 있었다.

수능 문제집은 권당 500문제 이상 수록되어 있는데 지금까지 내가 푼 문제집은 4권 가량 된다. 영어 실력을 높이는 나만의 숨은 비법이라고나 할까?

이동준NOTE

동준이의 공부법 핵심 포인트

시험 3주 전부터 계획표를 짜되, 매우 구체적으로!

나는 중학교 1학년 때부터 계획적으로 시험 준비를 했다. 시험 일정이 발표되면 시험 시작 3주 전에 시험 계획표를 작성하는 것으로 시험 대비에 들어갔다.

우선 시험 전체 일정을 적고,* 3주 간의 일정표를 작성한다. 보통 첫째 주는 주요과목을 공부했고, 두 번째 주는 암기과목, 세 번째 주는 주요과목과 암기과목을 병행해 총정리를 했다. 시험 당일까지 과목별로 4~5번 반복 학습을 한다는 생각으로 일정표를 작성했다.

주간 계획표를 작성한 뒤에는 일일 계획표를 짰다. 계획표는 두루뭉술하게 작성해서는 실행 가능성이 낮아진다.* 구체적이고 세세하게 짜야한다. 예를 들어 '국어 + 국사 공부하기', 이렇게 하기보다는 '국어 1~3단원 읽고 문제 풀기, 자기 전에 국사책 읽어보기'라고 계획을 짜야한다. 교과서 및 문제지의 목표량을 페이지까지 구체적으로 작성하면 더욱 좋다. 여기에다 이전 점수와 목표 점수를 적고 시험이 끝난 후 시험 결과를 적는 란을 마련하면 한눈에 성적 변화까지 알 수 있다.

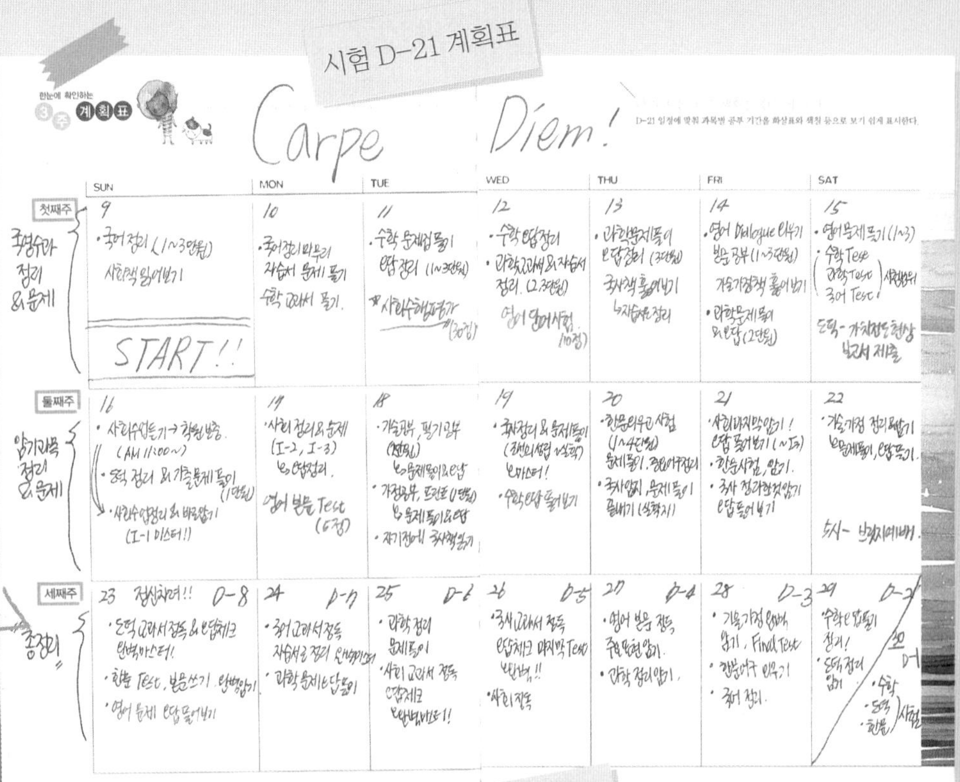
시험 D-21 계획표

한눈에 확인하는 3주 계획표

Carpe Diém!

D-21 일정에 맞춰 과목별 공부 기간을 화살표와 색칠 등으로 보기 쉽게 표시한다.

	SUN	MON	TUE	WED	THU	FRI	SAT
첫째주 (국영수과 정리 & 문제)	9 •국어 정리 (1~3단원) 사회책 읽어보기 / START!!	10 •국어정리 마무리 자습서 문제 풀기 수학 교과서 풀기.	11 •수학 문제집 풀기 오답 정리 (1~3단원) * 사회수행평가 (30점)	12 •수학 오답정리 •과학 교과서 & 자습서 정리. (2,3단원) 영어 단어시험 (10점)	13 •과학문제풀이 오답정리 (3단원) 국사책 훑어보기 ↳자습서로 정리	14 •영어 Dialogue 외우기 본문 공부 (1~3단원) 기술가정책 훑어보기 •과학문제풀이 & 오답 (2단원)	15 •영어문제 풀기 (1~3) •수학 Test (과학 Test, 국어 Test) 시험범위 도덕 - 가치정립 현상 보고서 제출
둘째주 (암기과목 정리 & 문제)	16 •사회수업듣기 → 학원보충. (AM 11:00~) •도덕 정리 & 기출문제 풀이 (1단원) ↘사회수업정리 & 바로암기 (I-1 마스터!)	17 •사회 정리 & 문제 (I-2, I-3) ↳오답정리. 영어 본문 Test (5점)	18 •기술공부, 필기공부 (정보) ↳문제풀이 & 오답 •가정공부, 프린트 (1단원) ↳문제풀이 & 오답 •자기전에 국사책 읽기	19 •국사정리 & 문제풀이 (3단원 심화) 마스터! •수학 오답 풀어보기	20 •한문외우고 시험 (1~4단원) 문제풀이, 3단원 마무리 •국사암기, 문제풀이 (실력지)	21 •사회마지막암기! 오답 풀어보기 (~I-3) •한문시험, 암기. •국사 정리한것암기 오답 풀어보기	22 •기술가정 정리 & 암기 ↳문제풀이, 오답풀기. 5시 - [illegible]
셋째주 (총정리)	23 정신차려!! D-8 •도덕 교과서 정독 & 오답체크 완벽마스터! •한문 Test, 본문쓰기 완벽암기! •영어 문제 오답 풀어보기	24 D-7 •국어 교과서 정독 자습서로 정리 완벽마스터 •과학 문제 오답풀이	25 D-6 •과학 정리 문제풀이 •사회 교과서 정독 오답체크 완벽마스터!	26 D-5 •국사 교과서 정독 오답체크 마지막 Test 완벽!! •사회 정독	27 D-4 •영어 본문 정독, 주요표현 암기. •과학 정리암기.	28 D-3 •기술가정 완벽 암기, Final Test •한문어구 외우기 •국어 정리.	29 D-2 수학 오답풀기 천재! •도덕 정리 암기 / 30 D-1 •수학 •도덕 •한문 시험

시험 일일 계획표

시험 일정표

시험 스타트를 끊는 가장 중요한 과정

시험 전체 일정을 상세히, 구체적으로 짠다. 이 부분이 확실하면 절반은 성공한 셈!

첫째 날 5월 1일 월요일 공부 기간 부터 까지

교시	과목	지필 평가 / 수행 평가	필요한 교재	시험 범위
☆1	수학	% 100 점 / % 점	개념원리, 쎈, 수학 테마학습, 수준별 수학	제곱근 ~ 연립방정식
	이전 점수 100 점	목표 점수 100 점	시험 결과 98	
2	도덕	% 100 점 / % 점	기출문제집, 교과서	1단원
	이전 점수 100 점	목표 점수 100 점	시험 결과 100	
3	한문	% 100 점 / % 점	교과서, 자습서	1~4과
	이전 점수 100 점	목표 점수 100 점	시험 결과 100	
4		% 점 / % 점		
	이전 점수 점	목표 점수 점	시험 결과	

둘째 날 5월 2일 화요일 공부 기간 부터 까지

교시	과목	지필 평가 / 수행 평가	필요한 교재	시험 범위
☆1	국어	% 60 점 / % 40 점	기출문제집, 자습서	3과 까지
	이전 점수 100 점	목표 점수 100 점	시험 결과 98	
☆2	과학	% 70 점 / % 30 점	자습서, 교과서	2,3단원
	이전 점수 96 점	목표 점수 100 점	시험 결과 100	
3	기술 가정	% 70 점 / % 30 점	기출문제집, 교과서	1,3단원
	이전 점수 100 점	목표 점수 100 점	시험 결과 96	
4		% 점 / % 점		
	이전 점수 점	목표 점수 점	시험 결과	

힘 내라 힘!

사람이 마음으로 길을 계획할지라도 그 걸음을 인도하는 자는 여호와시니라 (잠 16:9)

글씨 쓰기가 학습 태도를 결정한다

"'글씨는 얼굴'이란다. 늘 깨끗이 씻고 다듬어 상대방에게 좋은 인상을 남기는 얼굴처럼, 글씨 역시 그 사람의 됨됨이를 알려주는 지표와 같은 것이란다"라고 부모님은 어릴 때부터 귀에 못이 박히도록 강조하셨다.

연세대학교 1학년에 재학 중인 형은 악필로 유명하다. 대학 입시를 앞두고 글씨가 엉망이라 부모님은 늘 애를 태우셨다. 논술 답안이 직접 글씨를 써서 작성하는 이상, 깔끔하게 쓴 글씨와 엉망으로 쓴 글씨와는 점수 차이가 분명히 있을 것이라는 것이 부모님의 지론이셨다. 실제로 형이 쓴 글씨 중에서 숫자 0과 6, 2와 3 등은 휘갈겨 쓰면 정말 알아보기 힘들었고 'ㅁ'과 'ㅂ'이나 받침 'ㄹ'을 구분하기도 어려웠으니 채점을 할 때 감점 요인이 될 만도 하였다. 그래서 논술 시험을 앞두고 남들은 논술 학원에 다니느라 바쁜 와중에 부모님은 집에서 형에게 펜글씨 연습만 시켰던 것으로 기억한다.

부모님의 엄격한 글씨 지도 원칙

부모님이 워낙 바른 글씨에 대한 집념이 강하셨던 터라 나는 막 글씨를 배우기 시작한 6, 7세부터 펜글씨를 쓰기 시작했다. 글씨 교본을 구입해 펜촉에 잉크를 찍어서 쓰는, 그야말로 전통적인 방법으로 글씨 쓰기 연습을 해야 했다. 손에 잉크가 묻고, 잘못 쓰면 야단을 맞으니 글씨 쓰기가 수학 문제보다 더 어렵고 지겹게 느껴지기도 했었다. 초등학교 1학년 이후로는 1주일에 1~2회 집에서 부모님 지도하에 펜글씨 연습을 했으며, 중학교 진학 이후로도 펜글씨 연습을 꾸준히 해오고 있다. 요즘도 학원에서 쓴 글을 교본에 다시 깔끔하게 정리를 해서 아버지께 검사를 받고 있다. 이런 호된 훈련의 결과일까. 나는 깔끔하게 노트를 정리하는 것으로 알려져서 시험 때가 되면 내 노트는 내 손에 있는 시간보다 친구들 손에 있는 시간이 더 많다. 초등학교 때는 학교 경필대회에서 최우수상을 수차례 수상하는 등 글씨 잘 쓰는 학생으

펜글씨 교본

TOPIA 독서지도 첨삭 프로그램

줄탁(啐啄)

책을 스승삼아 껍질을
깨고 넓은 세상으로!

펜글씨로 다시 써보기

도서명 : 세계사 100장면 | 4 주

미국은 일본의 항복을 앞당기고, 미국의 영향력을 확대하기 위해 일본에 원자폭탄을 투하하였다. 두 차례에 걸친 원자폭탄의 투하에 일본은 8월 15일 항복하였다. 미국의 원자폭탄 세례로 일본의 많은 사람이 죽었고, 그 2세까지 기형아로 태어나는 재앙이 일어났다. 이 일로 우리나라는 독립을 얻었지만, 한국

사람을 포함한 많은 사람들이 죽었다. 원자폭탄을 투하하지 않고 승리할 수 있었음에도 불구하고, 자신들의 영향력을 넓히고 일본의 항복을 받으려고 수많은 인명피해를 낸것은 잘못됐다고 생각한다. 대화와 타협을 통한 합리적인 결정이 바람직하다고 생각한다.

펜글씨로 다시 써보기 7

부모님 확인란

아버지의 글씨 지도

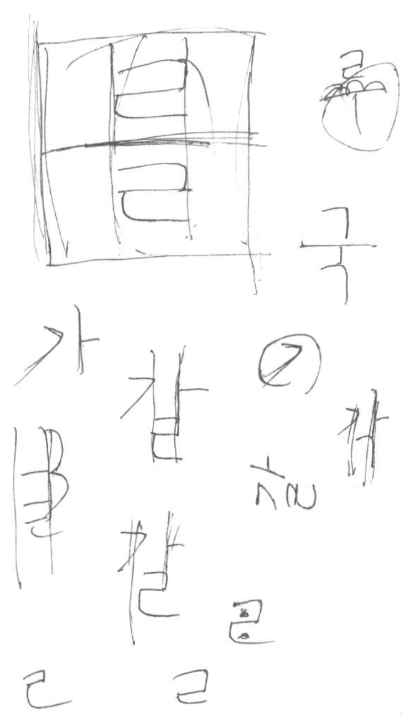

로 인정을 받았었다. 하지만 글씨 쓰기가 학습에 도움이 된다는 직접적인 깨달음을 얻은 것은 중학교 진학 이후였다.

한 자 한 자 바르게 글씨를 쓰는 습관을 들이면 글자만 바르게 써지는 것이 아니라 공부에 임하는 자세까지 바르게 잡아주는 효과가 있다. 이런 이유로 나는 '어떻게 하면 형처럼 공부를 잘해요?' 라고 묻는 동생들에게 '글씨 쓰기를 바르게 하는 것부터 시작해!' 라고 자신 있게 말해준다.

Note

중1 때 80점대에서 중2, 3 때 최상위권으로 진입한 비결

동준이는 요즘 학습 풍토에서 찾아보기 힘든 사례로 손꼽힌다. 모두들 열심히 하는 분위기라 아무리 열심히 해도 성적 역전의 쾌거를 올리기란 여간 어렵지 않기 때문. 성적 변화가 가장 어려운 단계는 80점대의 중위권에서 90점대의 상위권으로의 진입, 그보다 더 어려운 단계가 95점대의 상위권에서 95점 이상의 최상위권으로의 진입이다.

주요과목이나 암기과목 중 일부 틈새가 남아있는 부분을 완전 땜질하지 않으면 평균 97, 98점의 최상위권 진입이 어렵다. 최상위권은 국영수 등 주요과목에서 거의 만점을 받아야 하고, 암기과목에서 한 두 개 정도 틀리고 수행평가에서 몇 점 깎이는 정도여야 전교 1% 내에 진입할 수 있는 실력이 된다.

동준이는 중위권에서 상위권으로 또 최상위권으로 진입하는데 모두 성공했다. 운이 좋아서가 아니다. 동준이는 준비된 실력자였고, 거기에 성실성과 노력이 더해져서 최상위권 진입의 성적 역전 신화가 가능했다. 동준이의 성적 향상에 큰 도움이 되었던 몇 가지 팁을 공개한다.

수업 시작 전 5분 예습, 끝난 후 5분 복습

동준이에게 쉬는 시간은 복습과 예습 시간이다. 쉬는 시간 총 15분 중에서 5분은 지난 시간에 배운 부분을 복습하는 시간으로 할애한다. ★복습의 원칙은 '되도록 빠른 시간 내에 배운 것을 반복학습 하는 것' 이다. 수업이 끝난 후 쉬는 시간의 5분이 바로 그 시간이다.

5분은 다음에 배울 내용을 한번 훑어보는 정도의 예습을 하는 시간이다. 5분 동안의 예습은 짧은 시간에 비해 효과가 크다. 선생님이 오시고 나서 책을 펴는 것과 오시기 전에 책을 펴는 것의 차이는 크다. 수업의 긴장도를 높이고, 그 시간에 배울 것에 대한 흥미와 자신감을 높이는 데 효과적이다.

과목별 선생님을 철저히 분석하라

비주요과목의 경우 한 학년을 담당하는 선생님은 단 한 분이다. 2~3분의 선생님이 나눠서 가르치는 주요과목에 비해 한 명의 선생님이 담당하는 과목은 그 선생님의 비중이 100%다. 따라서 수업 시간에 하나라도 놓치면 낭패를 보기 쉽기 때문에 더욱 집중해야한다.

또한 선생님의 성향에 따라서 문제를 주요 부분에서만 내는 분이 있고, 별로 중요하지 않다고 생각되는 사소한 부분, 즉 구석에서 문제를 내는 분도 있다. 교과서 내의 학습 활동에 게재된 문제를 거의 비슷하게 내는 분도 있고, 그런 문제는 거들떠보지도 않고 보다 심화된 참고서형 문제를 내는 분도 있다. 선생님의 성향을 제대로 분석하면 시험에서 고득점을 받을 확률이 높아진다.

중학교 1학년 때 80점대의 평균으로부터 시작해서 중학교 2학년 1학기 기말고사에서 전교 1등을 하기까지의 과정에서 동준이는 선생님을 분석하고 각각의 출제 방향을 예측하는 노하우를 깨달았는데, 성적 향상에 상당한 도움이 되었다고.

Note

한자는 초등학교 때 상당 실력을 다져놓아야 한다

한자의 중요성을 늘 강조하셨던 부모님 덕분에 동준이는 유아기부터 그림 한자 학습지, 한자 카드 등으로 매일 한자 공부를 했다. 그러다 초등학교 5학년 때 한자능력검정시험 4급에 합격한 것을 끝으로 한자 공부는 접었다.

어릴 때부터 다져진 한자 실력은 학습량이 많아지고 내용이 어려워지는 중학교 진학 이후에 빛을 발했다. 어렵게 느껴지는 단어는 거의 한자어인데 한자를 많이 알면 쉽게 이해를 할 수 있다. '가치중립성', '유리된다' 등의 단어는 한자를 알고 읽으면 술술 넘어가지만 한자를 모르면 막히기 때문에 교과서 내용을 이해하는 데 그만큼 힘이 들고 결국 단순 암기를 하게 되어 학습 능률이 떨어지는 원인이 된다.

한자 실력은 우리말 어휘력을 향상시킬 뿐만 아니라 일본어, 중국어 등 외국어를 습득할 때도 상당한 도움이 된다.

동준이가 추천하는 **괜찮은 참고서 & 문제집**

국어 : 수 프로젝트

난이도 있는 문제가 많고 생활 국어 정리가 잘 되어있다. 또 시험 대비용 내용 정리나 문제도 좋다.

영어 : 올백 영어

주요 어구가 잘 정리되어 있다. 단원마다 중요한 문제들이 많아서 시험을 앞두고 정리할 때 좋다.

수학 : 최상위 수학

쉬운 문제부터 어려운 문제까지 다양한 난이도의 문제들을 접할 수 있고, 부록인 서술형 대비 문제가 특히 좋아서 이 책을 본다. 어려운 문제를 많이 풀어 보면 다른 문제들이 쉬워지기 때문.

과학 : 오투

그림 자료가 많아 과학을 이해하는 데 도움이 된다. 또 개념정리가 잘 되어 있으며 문제들이 다양하고 문제의 질이 좋다. 핵심정리 미니북도 유용하게 쓰인다.

사회 : 디딤돌 자습서

내용정리가 잘 되어 있고 새로운 사회 용어나 단어에 대한 풀이도 잘 되어 있다. 디딤돌 교과서에 많은 탐구 활동에 대한 정리도 잘 되어 있다.

NOTE 02 * 장지수

정신여중 3학년 재학 중. 친구들 사이에서는 중1 때 1번, 중2 때 2번, 중학 진학 이후 지금까지 3번이나 '괴물의 점수'라 불리는 '올 100'을 받아 화제가 되기도 했다. 틈틈이 인터넷 서핑을 즐기고 역사소설이나 자서전 읽기를 좋아하는 평범한 여중생이지만 공부법에 있어서만은 결코 평범하지 않은 지수 양. '학교 공부의 지존'이라고 불려도 손색이 없을 정도로 각 과목마다의 공부 비법들을 갖고 있다. 특히 지수 양의 공부법은 학원이나 과외에 의존하지 않고 여러 시행착오를 겪으면서 스스로 갈고 닦은 것들이라 더욱 귀하다. 시험에서 한 개만 틀려도 반드시 문제점을 파악해 보충을 해나간다는 지수 양의 공부법에 귀를 기울여보자.

지수의 과목별 노트법 & 공부방법

복습과 예습은 매일 규칙적으로, 성실성으로 승부하라!

나는 성격이 꼼꼼하고 공부 욕심이 많은 편이라 '틀리는 것'이 너무 싫다. 실수로 틀리면 그날은 잠도 잘 오지 않는다. 시험공부를 게을리해서 틀린다면 나를 용서하지 못할 것이다. 이런 나의 승부욕과 공부 욕심 때문에 우리 가족들은 시험 때만 되면 보좌관 노릇을 해주어야 한다.

교과서를 통째로 외운다!

일단 나는 연습장 등에 '깜지'를 하듯이 책을 베껴 쓰면서 외운다. ★**'교과서를 사진으로 찍듯이 통째로 외운다'는 것이 내 암기과목 공부의 제1원칙이다.** 단원 제목 외에 소제목과 본문에 이르기까지 '몇 페이지 몇 째줄에 어떤 내용이 있고, 그림과 도표는 어느 부분에서 나온다'라고 줄줄 꿸 수 있을 정도로 완벽하게 외운다.

제대로 외웠는지 확인 작업을 하기 위해 엄마나 동생이 책을 보면서 내가 외우는 것을 체크해주곤 하는데, 시험 때만 되면 동생은 또 귀찮게 한다고 툴툴거리기 일쑤다. 그 많은 내용을 어떻게 다 외우냐며 놀라는 사람들이 많은데, 한두 번만 이렇게 싹쓸이하듯이 외우면 그 다음부터는 중요 부분만 외우는 정도의 시간만 투자해도 될 정도로 익숙해진다.

현대 사회에서는 국가 정책이 다양 하고 복잡하여 국민이 정치에 참여 하기 어려움.

이러한 문제점을 보완 → 의회제.

→ 국민이 정치에 참여 하는 비용과 불편을 줄이는 한편,
시민의 자유와 권리를 최대한 보장하는 간접 민주 정치제도.

의회 국민이 선출한 사람들로 구성 ⟨ ① 국민의 뜻을 대변 하여 입법 ② 행정 각부의 공정을 감시. 견제

선거 통해서

국회(임기 4년) → [지역에서 직접 선출된 지역구 의원 / 정당 득표율 (비례대표 의원)]

지방 의회

기초의회

선거제 : 국민이 정치에 참여 하는 기본적인 수단.
민주정치 실현의 제1관문. 의사와 이익을 반영.

원칙 과제도 : 보통선거. 비밀선거. 평등선거. 직접선거

선거구 법정. ⟨ 중앙 선거관리 위원회 / 각급 선거 관리 위원회 ⟩ 선거에 관한 사무를 관장. 선거공영제 실시.

then
endure

현대민주주의 : 일정한 연령에 달하고 결격 사유가 없으면 정치에 참여할 권리가 부여되는
→ 대중민주주의의 성격.

시민은 자신의 의사를 형성하고 조직 하는데 적극적이지 못하며 정치에 무관심해 지는 경향.

정당이 자유롭고 적극적으로 활동해 시민의 의사를 반영 복수정당제 → 민주주의 정치 발전에 필수적인 제도.

"정당의 설립을 자유이며 복수 정당제 보장."

법률에 의해 국가의 보호를 받고, 자금을 보조 받을 수 있다.

목적, 조직, 활동이 민주적이어야 하며 헌법재판소의 심판에 의해 해산될 수 있다.

I work for a small company. I have a wife and two children, ~~tat~~ a daughter who is 14, a son who is 17. My days are usually long and stressful. but I can stand them all because I have a family that I love. whenever I feel weak I think about them and get new strength. of course, sometimes I get frustrated with my ~~family~~, especially with my children. The otherday I was shocked that my son dyed his hair yellow. ~~whenve when~~ whenever I ~~feel weak~~ have a problem. I always do my best to understand them. I try to talk with them as much as possible. I hope that they know this.

All my children are married, and my husband and I are living in a little village near Seoul. I always wanted to live in the country but it was impossible while my husband was working. ~~He retired last year, now we are enjoying~~ the peaceful life ~~near~~ in the country side. once a week, we go to an orphanage near ~~Seoul~~ our house and do volunteer work.

I take care of the young children while my husband teaches English to the older children. It gave us a great joy that we can still do something for others.

민주주의 민중에 의한 지배, 국민이 국가의 주인으로서 국가의 권력을 가지고 권력을 행사 하는 정치.

직접 정치가가 되어 나라를 다스리거나.. 대표를 뽑아 나라를 다스리게 함.

기본이념) 존엄성 + 자유와 평등
모든 인간은 그 인간으로서 존중할 가치를 지닌다. → 자유와 평등을 찾기 위한 민주화 운동을 전개해 왔다.

~~고대민주주의~~의 민주정치의 시작 : 고대 그리스의 도시 국가인 아테네
모든 시민이 모여 의사와 정책을 결정 하는 민회에 참여 직접민주정치
여자와 노예들에게는 시민권이 주어지지 않은 제한된 형태의 민주정치.

모든 국민에게 평등한 정치적 권리 보장 : 근대이후 : 영국 17세기.
귀족과 시민은 자신의 자유와 생명을 지키기 위해 국왕의 절대 권력에 항거하여 대헌장, 권리청원, 권리 장전과 같은 민주적인 문서 작성.

의회중심의 정치와 법에 의한 통치가 이루어지는 입헌군주제 전통 확립.
미국독립혁명, 프랑스 혁명의 결과로 시민의 자유와 권리는 더욱 확대.

20세기 후반 ⇒ 현대적 의미의 민주정치. 인간의 존엄성을 존중하여 재산, 신분, 성별, 교육을 초월, 평등한 정치적 자유, 권리 보장

왕권의 제한 → 의회에 의한 왕권의 제한 → 계몽사상 → 자유와 평등권 보장 → 사회권 보장.

국민의 / 국민주권
국민에 의한 / 국민자치
국민을 위한 / 국민복지

개인의 자유와 권리를 보장 하기 위하여 국가의 개입이 최소화 되어야 한다는 생각이 지배적인 때가 있었다.
~~사회~~ 빈부격차의 심화, 실업자 증가 등 사회 문제가 나타남에 따라 국가의 기능이 확대 되고 있다.
국가는 사회적 갈등 조정, 복지를 증진.
시민의 권력 ←→ 정치 권력 간에 갈등이 일어나기도 한다.

정치권력 : 시민이 자신의 행복을 추구 하는 과정에서 자유와 권리를 안전 하게 행사 하기 위해.
정치권력 : 자신이 정의롭다고 생각 하는 신념을 실현 하기 위해 종종 시민의 자유와 권리 제한.
강제적인 정책을 시민의 반발을 무릅쓰고 일으켜 ~~불화~~ 서로 맞서게 함
정치권력의 행사 → 그 근본은 시민의 자유와 권리에서 양도 받아 형성된 만큼 보장, 시민들로 하여금 안전하고 행복한 삶.

지역이기주의, 님비 현상 (시민의 자유와 권리가 지나치게 ~~행사~~) 행사
국가 ~~정부의~~ 정당한 집행을 방해해 공동체~~의~~ 생활에 해 ~~안정~~ X.
⇒ 공동체의 안정과 이익이 해치지 않는 범위에서 이루어져야 한다.

↗ 민주적인 정치참여

시민이 정치에 무관심 하면
~~소수의 뜻~~ 소수의 사람들이 정치적 권력을 독점하여 시민의 자유와 권리를 억압하는 독재 정치

시민이 정치에 적극적으로 참여
시민의 다양한 이익이 반영되어 국가가 발전

① 국민으로서 책임과 의무를 생각 하지 않는 이기적인 정치 참여는 부당한 시위나 폭력.
②. 자신의 자유와 권리를 행사 ~~하면서 다른 사람의~~ 자유와 권리도 존중 해야 한다.
③ 공동체의 목적과 이를 달성 하기 위한 방법 결정에 참여하는 자세

소리 내어 쓰면서 외우기

책을 보면서 점잖고 한가하게 눈으로만 공부하면, 보기엔 차분하게 공부하는 것처럼 보이겠지만 사실상 잘 외워지지 않는다. 외울 때 효율성을 높이려면 다소 부산스럽게 해야 한다. 내가 암기과목을 공부할 때는 일단 시끄러워진다. 하도 '중얼중얼' 거려서 방 밖에서 들으면 연극 연습을 하는 것 같다고도 한다.★ 소리를 내어 읽으면 눈으로 한 번 읽고 입으로 한 번 읽고 귀로 듣기까지 3번 외우는 효과가 있다. 게다가 쓰기까지 하면 4번이나 내용을 접하는 게 되니 눈으로 하는 것보다 3배 이상 더 효과적인 셈이다.

또 하나, 소리를 내면서 쓰면서 외우면 집중도 잘된다. 졸릴 틈도 없다.

암기과목 시험 대비는 학교 기출 문제만 푸는 정도로

이렇듯 통째로 외울 만큼 철저히 공부하면 굳이 문제지를 풀어볼 필요가 없다. 암기과목은 교과서를 벗어난 응용 문제가 거의 없기 때문이다. 단, 가르치는 선생님이 예전과 같다면 학교 기출 문제를 구해서 풀어보면 도움이 된다. 나는 종합학원에 다니지 않기 때문에 기출 문제를 친구들을 통해 구해서 보고 있다. 암기과목 시험을 위해 과목별로 문제지를 몇 권씩 푸는 친구들도 많은데 나는 문제 푸는 시간을 교과서를 이해하고 외우는 데 투자했다. 나에게는 그 방법이 적절했다고 생각한다. 틀린 문제가 거의 없었다는 것이 그 증거이다.

나만의 요약정리 비법

요약정리 노트는 공부를 하고자하는 학생이라면 누구나 한번쯤 해보았을 것이다. 나는 암기과목 교과서나 노트를 보고 쓰면서 소리 내어 외운 다음 보지 않고 줄줄 외울 정도가 되었다면 생각하면 그때부터 과목별 요약정리를 한다.

1단계

단원의 소제목만 쓰며 외운다

1.소나타형식 – 2.소나타형식과 소나타 – 3.실내악 편성 – 4.변주곡 형식 등 소제목만 적는다. 소제목을 한 개씩 적을 때마다 빈칸을 넣는다.

2단계

소제목 아래 빈칸을 책과 노트를 보지 않고 채운다

각각의 소제목 아래 남겨둔 빈칸을 책과 노트를 보지 않고 외우며 내용을 채워나간다.

음악은 대부분 이해하지 않고 줄줄 외워 시험을 보는 친구들이 많다. 그러나 외우기만 해서는 조금만 응용을 해도 모르기 쉽다. 나는 음악 이론에 자신이 있는 편인데, 이해를 하면서 공부를 하니 더 쉽고 더 잘 외워지는 것 같다. 한 가지 방법은 '그림' 을 이용하라는 것이다.

'변주곡' 을 공부할 때 1, 2, 3, 4, 5 변주곡의 의미를 깔때기 모양의 그림을 그려서 표현했다. 소타나 형식을 이해할 때도 내 나름대로 이해한대로 그림을 그려서 집합 형식으로 표현했다. 이렇게 공부하면 시험 전날 그림만 보면 내용이 다 읽혀져 막판 정리하기에도 수월하다.

음악 요약정리 노트

Music

1. 소나타 형식.

겹세도막이 발전된 형태로 제시부·전개부·재현부로 구성되는 기악곡의 형식.

제시부 Ⓐ	전개부 Ⓑ	재현부 Ⓒ
1주제 ~ 2주제		1주제 ~ 2주제
•성격이 다른 두 주제의 제시	•주제의 변화·발전	•두 주제의 재현

2. 소나타 형식과 소나타

1악장에 '소나타형식'을 포함시키는 악곡 → '소나타'

명 칭	구성 내용	악장 수
(○○) 소나타 (소나타)	(기악) 독주악기	3 or 4
(○○) 협주곡 (Concerto)	독주악기 + 관현악 (Orchestra)	3
실내악 (chamber music) →연주자가 10명 내외	앙상블 (Ensemble)	3 or 4
교향곡 (Symphony)	관현악 (orchestra)	4

↳ 4악장으로 된 최대규모의 관현악곡 ⇒ 오케스트라 필요
* 슈베르트의 '미완성교향곡'은 2악장까지

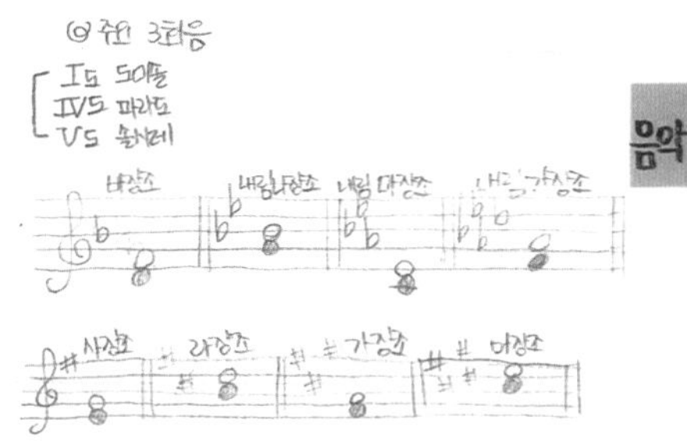

3. 실내악 편성

두 사람 이상이 각기 다른 악기로 동시에 연주하는 것.

(1) 현악 3중주
- 바이올린
- 비올라
- 첼로

(2) 현악 4중주
- 제 1바이올린
- 제 2바이올린
- 비올라
- 첼로

(3) 피아노 3중주
- 바이올린
- 첼로
- 피아노

(4) 피아노 4중주 (현악 3중주 + 피아노)
- 바이올린
- 비올라
- 첼로
- 피아노

(5) 피아노 5중주 (현악 4중주 + 피아노)
- 제 1바이올린
- 제 2바이올린
- 첼로
- 비올라
- 피아노

4. 변주곡 형식

주어진 주제에 따라서 그 멜로디의 모양을 바꾸거나 리듬 또는 화성을 변화시키며, 더 나아가 느낌이나 성격까지도 바꾸어서 이를 예술적인 구상에 의하여 배열한 것을 변주곡이라 한다.

*주제: 간결, 따악확실, 목적에 따른 적당한 멜로디나 화성적 특징이 있어야 함.

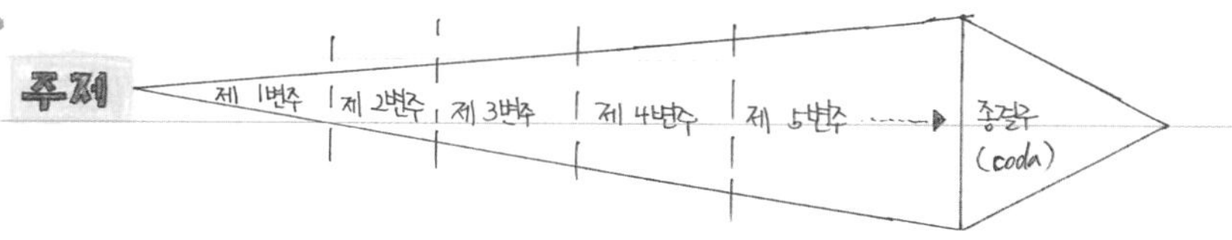

음악

ibis

국사 요약 노트

국사와 세계사는 통시대적인 정리가 필요한 과목이므로 전체적인 흐름을 파악하는 것이 중요하다. 국사 첫 단원인 '우리나라 역사의 시작'의 소단원인 '선사 시대의 생활' 약 15쪽 분량의 교과서 내용을 시대별로 '구석기-신석기-청동기'로 나눠 일목요연하게 정리를 했다. 교과서에 삽입된 지도와 유물 사진 등도 꼼꼼히 체크하면서 공부를 해야 한다.

〈구석기시대〉

① 약 70만년전
② 한반도 전지역에 살진 유적 ④ [함북 웅기군 굴포리 / 공주시 (충청남도) 석장리.
③ 돌을 그냥 사용 하다 점차 뗀석기 이용 (ex) 주먹도끼, 찍개, 찌르개, 긁개.
④ 짐승을 잡아먹거나, 물고기 식물의 뿌리를 채취하거나 열매를 먹음. → 불사용!!
⑤ 계절에 따라 이동 하면서 동굴이나, 강가에 막집을 짓고 살았음.
↳ 이동생활.

구석기시대 : 약 70만년전.
신석기시대 : BC 8000년경, 약 1만년전
청동기시대 : BC 1000년경
철기시대 : BC 4세기경.

〈신석기 시대〉

① 기원전 8000년전 경부터 시작.
② 전국에 유적이 퍼져 있으며 주로 큰강, 해안지역에 ...
③ 간석기, 뼈도구 (낚시, 바늘).
④ 빗살무늬 토기.
⑤ 뼈낚시, 그물로 고기를 잡거나, 활창 돌화살로 사냥.
⇒ 농사를 짓고 가축을 기르게 됨
↳ 신석기 혁명.

⑥ 돌괭이, (조, 피, 재배)
⑦ 돌낫, 뼈낫으로 추수를 하고, 돌갈판에 음식을 갈아서 먹게
⑧ 가락바퀴로 실을 뽑고 뼈바늘로 옷을 지음.
⑨ 땅을 파고 지붕을 씌운 움집
구덩이 ← → 강대, 강가의 곁.

⑩ 정착생활.
⑪ 씨족을 형성하고 부족.
⑫ 권력이 없는 부족장이 농사, 사냥등 생산활동 지휘.

ㄱ 자연숭배신앙 [= 정령숭배신앙 = 영혼숭배신앙 ≒ 애니미
↳ 해, 달, 산, 강, 큰나무, 동물에 영혼이 깃들어 있음.
ㄴ 영혼숭배신앙 [= 조상숭배신앙 = 토테미즘] ⇒ (ex) 단군신
↳ 특정 동물을 부족의 수호신으로 ...

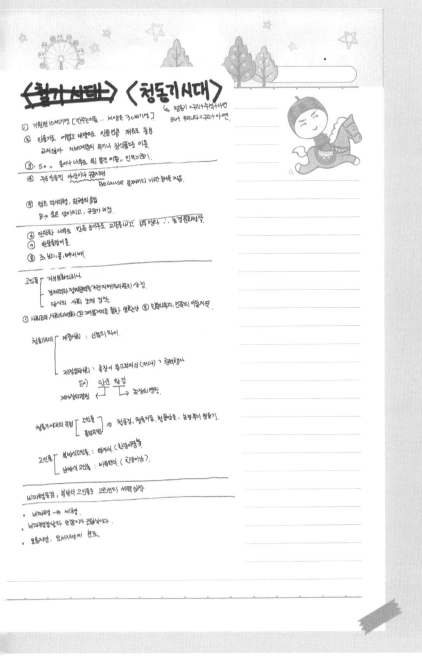

~~<철기시대>~~ <청동기시대>

6. 청동기 = 구리+주석+아연
B.C 우리나라 = 구리+아연.

① 기원전 10세기경 [만주는 이른.. 서양은 30세기경]

② 만들기도 어렵고 대량으로 만들 만큼 재료도 풍부
하지 않아 지배계급의 무기나 장식품으로 이용.

③ So.. 돌이나 나무로 된 물건 이용.. 민무늬토기.

④ 주요 집중지 야산이나 구릉지대
Because 움집이의 거리 범위를 지음.

⑤ 집은 직사각형, 원형의 움집
B→ 움은 얕아지고, 규모가 커짐.

⑥ 단단한 나무로 만든 농기구로 고랑을 내고 김을 매다 ∴ 농경문화발달.

⑦ 반달돌칼이용.

⑧ 조, 보리, 콩, 벼재배.

고인돌
- 거석문화의하나.
- 경제력과 정치권력을 가진 지배자(족장) 상징.
- 당시의 사회 조직 짐작.

① 사회조직, 사회의변화 ② 계급사회를 통한 생활상 ③ 민족의뿌리, 민족의 이동지역.

청동기시대
- 계급사회 : 신분의 차이.
- 제정일치사회 : 족장이 종교적의식(제사) ↗ 권력행사

Ex) 단군 왕검
제사장의명칭 ← 단군 / 왕검 → 족장의명칭.

청동기시대의 무덤 [고인돌 / 돌널무덤] ⇒ 청동검, 청동거울, 청동방울, 농경무늬 청동기.

고인돌
- 북방식고인돌 : 탁자식. (한강이북)
- 남방식 고인돌 : 바둑판식. (한강이남).

비파형동검, 북방식 고인돌로 고조선의 세력 짐작

- 비파형 → 세형.
- 비파형칼날과 손잡이가 조립식이다.
- 요동지방, 요서지방에 분포.

번번이 올 100의 걸림돌이 되어서 늘 안타깝게 만든 대표과목이 '국어'였다. 국어에서는 특별히 모르는 문제도 아닌데 꼭 한 개씩 틀리곤 했다. 1학년 때부터 줄곧 '국어 한 개 공포'가 뒤따라 다녀서 나는 어떻게든 이 한계를 넘어서야 한다고 굳게 다짐을 했다.

사설 읽기로 국어 한계점 뛰어넘다

국어 공부 방법을 찾다가 '신문 사설 읽기'를 시도해보기로 했는데, 그게 중2 여름방학 때였다. 국어 전문학원은 매주 1회 다니면서 논술 1시간, 교과 공부 1시간 30분을 해왔지만, 그것만으로는 역부족이라고 판단해 나름대로의 자구책을 찾아낸 것이다.

방학 때라 시간 여유가 있어서 하루 3개의 사설을 스크랩했다. 그리고 ★핵심 문장에 줄을 그으며 내용 파악을 했다. 동시에 ★해당 사설과 관련된 기사를 찾아 그 아래에 붙이고 사설을 완벽히 이해하려고 노력했다. 때론 ★핵심 주제만 뽑아서 정리하기도 하고 때론 나의 의견을 장황하게 쓰기도 했다. 누가 시키거나 방법을 알려준 것이 아니기 때문에 그날그날 사설의 주제에 따라서 내가 하고 싶은 대로 정리했다.

방학 때는 매일 하루 반나절 이상을 투자해 사설 읽기와 주제 찾아내기, 느낀 점 쓰기에 매달렸고 학기 중에는 1주일에 2~3회, 하루 1시간 정도 투자를 해서 사설 읽기를 꾸준히 지속해오고 있다. 중2 여름방학 이후로 사설 읽기를 충실히 한 결과, 그 이후로 국어 시험은 모두 100점을 받았다. 보통 설명문, 논설문 등 비문학 단원은 내용이 어렵고 재미가 없는 글이어서 특히 여학생들이 어려워하고 싫어하는 편이다. 그러나 나는 사설 공부 이후로는 비문학작품도 웬만한 건 한번 읽으면 어렵지 않게 이해가 됨과 동시에 핵심 주제 또한 눈에 들어왔다.

사설 공부는 시험뿐만 아니라 글짓기에도 도움이 되었다. 예전에는 교과서에 나오는 수준의 어휘만 구사할 수 있었는데, 이제는 조금은 어려워 보이고 세련되어 보이는 단어를 선택하는 등 그 폭이 상당히 넓어지고 자유로워졌음을 스스로 느낀다.

사설 노트

사 설

정치권이라도 제자리 찾기를

사방을 둘러봐도 세상이 온통 어수선하다. 황우석 교수 사태로 온국민이 허탈증에 빠져 있는 상황에서 우리 농민 11명이 홍콩 경찰에 구속되는 악재까지 겹쳤다. 여의도 시위 과정에서 다친 농민이 두 사람이나 잇따라 숨지는가 하면, 호남·충청·제주 지방의 폭설 피해는 눈덩이처럼 불어나고 있다. 어디 한군데서도 밝고 희망찬 소식은 들려오지 않는다.

눈을 국회로 돌려보면 더욱 한숨이 나온다. 사립학교법 강행처리를 둘러싼 여야의 대치상태가 장기화하면서 국회가 두주째 헛바퀴를 돌고 있다. 정치가 사회적 분쟁을 장내로 수렴해 조정하기는커녕 오히려 갈등에 편승해 거리로 치닫고 있으니 한심한 노릇이다. "칼을 뽑았으니 적당히 하지 않겠다" "정 그러면 한나라당 빼고 하면 된다"는 식의 삭막한 구호만 들려올 뿐이다. 한마디로 정치 부재의 슬픈 현실이다.

정치가 이 지경이 된 일차적 책임은 물론 여당 쪽에 있다. 열린우리당은 모처럼 수세에서 벗어났다는 정치적 포만감에 젖은 채 여당 본연의 책무를 잊은 듯하다. 하지만 책임의 많은 부분은 한나라당에 돌아갈 수밖에 없다. 사학법 문제가 한나라당 처지에서는 아무리 중요할지 몰라도 당면한 현안이 사학법만 있는 것은 아니다. 당장 새해 예산안 심의 지연은 심각한 사태다. 또 한나라당 앞에는 국회 안에서 정부의 실정을 파헤치고 대안을 모색할 과제가 산적해 있다. 그정도 거리투쟁을 했으면 한나라당으로서는 할 만큼 했으니 사학법 문제는 관련단체에 맡기고 국회로 복귀했으면 한다.

정치는 이제 본연의 자리로 돌아와야 한다. 그것이 국민에 대한 최소한의 예의다. 가뜩이나 우울하게 젖은 국민들의 가슴을 녹여주지는 못할 망정 정치가 오히려 국민의 걱정거리가 돼서야 말이 되는가.

"한나라 복귀에 노력… 책임있게 현안 처리 협력"

여야 4당 원내대표 회담

열린우리당과 민주당, 민주노동당, 국민중심당(가칭) 등 여야 4당은 20일 임시국회 등원을 거부하고 있는 한나라당이 국회에 복귀하도록 최대한 대화 노력을 기울이되, 새해 예산안 등 임시국회의 시급한 현안 처리에 대해서는 책임있게 대처하기로 합의했다.

정세균 열린우리당, 이낙연 민주당, 천영세 민주노동당, 정진석 국민중심당(가칭) 원내대표는 이날 국회에서 긴급 회담을 열어 이렇게 의견을 모았다고 오영식 열린우리당 공보담당 원내부대표가 전했다.

열린우리당의 제안으로 소집된 이날 원내대표 회담은 한나라당이 등원을 계속 거부할 경우 4당만으로 임시국회를 가동해 새해 예산안 등 주요 현안을 처리할 수도 있음을 시사한 것으로 해석된다. 오 부대표는 "4당 원내대표는 한나라당이 복귀하도록 대화 노력을 기울여야 하지만, 시급한 예산안 처리를 마냥 늦출 수만은 없다는 데 의견을 함께했다"며 "4당이 책임있는 태도로 현안을 처리하기 위해 협력해 나갈 것"이라고 말했다.

그러나 한나라당은 이날 서울 염창동 당사에서 사학법 투쟁 확대회의를 열어 23일 인천에서 거리집회를 열기로 확정하는 등 원외투쟁 지속 방침을 재확인했다. 박근혜 대표는 회의에서 "우리는 칼을 뽑았으며, 일사불란하게 우리의 의지가 관철될 때까지 나가야 한다"고 강조했다.

이지은 기자 jieuny@hani.co.kr

책임있게 행동할 수 있는 [illegible] 민족이 되었으면.

수학 교과서 문제 풀이

1 제곱근의 성질

Date Page

10P. 문제 1. 넓이가 다음과 같은 정사각형의 한 변의 길이를 구하여라.

(1) $64cm^2$ (2) $0.81m^2$

넓이 > 0 이므로 -8을 제외한 ∴ 8cm

넓이 > 0 이므로 -0.9를 제외한 ∴ 0.9m

문제 2. 다음수의 제곱근을 구하여라.

(1) 100 (2) 0.49 (3) $\frac{4}{25}$ (4) $(-6)^2 = 36$

$10^2 = (-10)^2 = 100$ 이므로 ± 10

$0.7^2 = (-0.7)^2 = 0.49$ 이므로 ± 0.7

$\left(\frac{2}{5}\right)^2 = \left(-\frac{2}{5}\right)^2 = \frac{4}{25}$ 이므로 $\pm \frac{2}{5}$

$6^2 = (-6)^2 = 36$ 이므로 ± 6

11P. 문제 3. 다음 수의 제곱근을 근호 $\sqrt{\ }$를 사용하여 나타내어라.

(1) 5 의 제곱근 $\pm\sqrt{5}$ (2) 7의 제곱근 $\pm\sqrt{7}$ (3) 0.4의 제곱근 $\pm\sqrt{0.4}$

12P. 문제 4. (1) $\sqrt{36} = \sqrt{6^2} = 6$ (2) $-\sqrt{49} = -\sqrt{7^2} = -7$ (3) $\sqrt{\frac{4}{25}} = \sqrt{\left(\frac{2}{5}\right)^2} = \frac{2}{5}$ (4) $\pm\sqrt{1.21} = \pm\sqrt{(1.1)^2} = \pm 1.1$

제곱근과 제곱

① $\sqrt{a^2}$: $a>0 : a$, $a<0 : -a$

② $(\sqrt{a})^2 = a$ $(-\sqrt{a})^2 = a$

③ $\sqrt{a^2} = a$ $\sqrt{(-a)^2} = a$

단 ②, ③은 일반적으로 $a>0$ 일때 등식이 성립한다.

13P. 문제 5 (1) $(\sqrt{10})^2 = 10$ (2) $(-\sqrt{11})^2 = 11$ (3) $(\sqrt{0.4})^2 = 0.4$ (4) $\sqrt{144} = \sqrt{12^2} = 12$

(5) $\sqrt{(-0.3)^2} = -(-0.3) = 0.3$ (6) $-\sqrt{(-3)^2} = -3$

13P. 문제 6. (1) $\sqrt{16} + \sqrt{(-5)^2} = \sqrt{4^2} + \sqrt{(-5)^2} = 4-(-5) = 4+5 = 9$ (2) $(-\sqrt{7})^2 - \sqrt{(-4)^2} = 7-4 = 3$ (3) $\sqrt{\left(-\frac{2}{3}\right)^2} \times (-\sqrt{36}) = -\left(-\frac{2}{3}\right) \times (-6) = \frac{2}{3} \times (-6) = -4$ (4) $-\sqrt{\frac{4}{25}} \div (-\sqrt{2})^2 = -\sqrt{\left(\frac{2}{5}\right)^2} \div (-\sqrt{2})^2 = -\frac{2}{5} \div 2 = -\frac{1}{5}$

3/8 H.M

$1^2 = 1$, $2^2 = 4$, $3^2 = 9$, $4^2 = 16$, $5^2 = 25$, $6^2 = 36$

$7^2 = 49$, $8^2 = 64$, $9^2 = 81$, $10^2 = 100$, $11^2 = 121$, $12^2 = 144$

$13^2 = 169$, $14^2 = 196$, $15^2 = 225$, $16^2 = 256$, $17^2 = 289$, $18^2 = 324$

$19^2 = 361$, $20^2 = 400$

morning glory

예를 들어 '전략적 유연성', '~증후군' 이란 단어들은 신문에서 흔히 읽어서 익숙해진 단어라서 가끔씩 글 쓸 때 사용하는데, 내가 봐도 이런 다양한 표현은 글을 훨씬 깊이 있고 멋스러워 보이게 한다. 국어 성적이 오르지 않아 걱정인 친구들에게 사설 공부는 정말 '강추!' 다.

성적을 올리기 위해서는 기본적으로 성실한 태도가 중요하다고 생각한다. 아무리 다 아는 교과서 문제라 하더라도 허투루 넘기지 않는다.

시험 100점을 위한 수학 공부법

1. 배운 그날 교과서 문제는 모두 푼다

학교에서 진도가 나가면 미루지 않고 그날 바로 교과서 문제는 모두 풀었다. 본문의 '선생님과 함께', '확인 그리고 한 걸음 더', '연습문제와 보충 심화문제', '단원 평가 문제', '수행과제' 등등 기본 문제부터 심화에 이르기까지 하나도 남김없이 푼다. 수학을 잘하는 학생들 중에 자신감이 넘쳐서 교과서 기본 문제를 우습게보고 그냥 넘어가는 경우가 있는데, 이런 경우 꼭 '실수로' 한두 개 틀리는 결과가 나오기 쉽다. ★교과서 전용 문제 풀이 노트를 별도로 마련, 그날그날 작성했다.

2. 학원에서 교과서 위주 문제 시험 대비

시험 기간이 되면 수학 전문학원에서 시험 범위의 문제를 다시 한 번 다뤄준다. 주로 교과서 위주로 문제 풀이를 하기 때문에 이 단계까지 오면 교과서 수학 문제는 거의 외우다시피 완벽 대비가 된다.

3. 복습은 참고서로

교과서 문제를 모두 푼 뒤 한 번 더 다지기를 위해 참고서로 그날 배운 단원의 문제를 풀어본다. 이로써 교과서 수준의 문제는 거의 접한 셈. 여기까지 수학을 배운 날 즉석 처리가 되기 때문에, 교과서 한도 내에서는 빈틈이 없게끔 실력이 다져진다.

4. 학교 시험 수준의 문제지와 기출 문제 풀이

시험 대비를 하면서 『개념원리』 수준(교과서 수준이거나 약간 응용한 정도)의 문제집을 한 권 꼼꼼히 푼다. 학원에서 제공하는 기출 문제를 풀고 오답을 반복해서 푸는 것으로 시험 대비 끝!

학교 시험 수준에 맞는 문제지

예제 2

교과서 10쪽

다음 수의 제곱근을 구하여라.

(1) 81　　(2) 0.16　　(3) $\frac{1}{4}$

풀이 (1) $9^2=81$, $(-9)^2=81$이므로 81의 제곱근은 9, -9

(2) $0.4^2=0.16$, $(-0.4)^2=0.16$이므로 0.16의 제곱근은 0.4, -0.4

(3) $\left(\frac{1}{2}\right)^2=\frac{1}{4}$, $\left(-\frac{1}{2}\right)^2=\frac{1}{4}$이므로 $\frac{1}{4}$의 제곱근은 $\frac{1}{2}$, $-\frac{1}{2}$

답 (1) 9, -9 (2) 0.4, -0.4 (3) $\frac{1}{2}$, $-\frac{1}{2}$

착안점

양수의 제곱근은 양수와 음수 두 개가 있다.

$9^2=81$
81의 양의 제곱근

$(-9)^2=81$
81의 음의 제곱근

문제 2

교과서 10쪽

다음 수의 제곱근을 구하여라.

(1) 100　　(2) 0.49　　(3) $\frac{4}{25}$　　(4) $(-6)^2$

풀이 (1) $10^2=100$, $(-10)^2=100$이므로 100의 제곱근은 10, -10이다.

(2) $0.7^2=0.49$, $(-0.7)^2=0.49$이므로 0.49의 제곱근은 0.7, -0.7이다.

(3) $\left(\frac{2}{5}\right)^2=\frac{4}{25}$, $\left(-\frac{2}{5}\right)^2=\frac{4}{25}$이므로 $\frac{4}{25}$의 제곱근은 $\frac{2}{5}$, $-\frac{2}{5}$이다.

(4) $(-6)^2=36$이고 $6^2=36$이므로 36, 즉 $(-6)^2$의 제곱근은 6, -6이다.

착안점

$x^2=a$에 알맞은 x의 값이 a의 제곱근임을 이용하여 주어진 수의 제곱근을 구한다.

(4) $(-6)^2=36$이고 양수의 제곱근은 양수와 음수 두 개가 있음에 유의한다.

제곱근은 어떻게 나타내는가?

교과서 11쪽

다음 물음에 답하여 보자.

❶ 넓이가 $9\,m^2$인 정사각형의 한 변의 길이를 구하여라.

❷ 넓이가 $2\,m^2$인 정사각형의 한 변의 길이를 유리수로 나타낼 수 있는지 알아보아라.

❸ 넓이가 $50\,m^2$ 이하인 정사각형 중에서 한 변의 길이를 자연수로 나타낼 수 있는 것을 모두 찾아라.

해설과 답

어떤 양수의 제곱근은 근호를 쓰지 않고 나타낼 수 있는 경우도 있지만, 근호를 쓰지 않으면 나타낼 수 없는 경우도 있음을 알아본다.

❶ 넓이가 $9\,m^2$인 정사각형의 한 변의 길이는 $3\,m$이다.

❷ 넓이가 $2\,m^2$인 정사각형의 한 변의 길이는 유리수로 나타낼 수 없다.

❸ 넓이가 $1\,m^2$, $4\,m^2$, $9\,m^2$, $16\,m^2$, $25\,m^2$, $36\,m^2$, $49\,m^2$인 정사각형의 한 변의 길이는 차례로 $1\,m$, $2\,m$, $3\,m$, $4\,m$, $5\,m$, $6\,m$, $7\,m$인 자연수로 나타낼 수 있다.

장지수NOTE

지수의 공부법 핵심 포인트

학원과 강사는 내가 선택한다!

'공부를 해야 한다' 라는 의무감, 그리고 '잘하고 싶다' 는 성취욕, '나는 잘할 수 있다, 이기고 싶다' 는 자신감과 승부욕, 이 4가지만 단단히 가슴 속에 새기면 누구나 공부를 잘할 수 있다고 생각한다. 이런 정신으로 무장하고, 누가 시키지 않아도 잘하고 싶어서 이렇게 저렇게 갖은 시도를 하다보면 나에게 맞는 공부법이 자연스럽게 쌓이는 것이다.

중학교 1학년 때 나는 1주일에 4번 강의하는 종합학원에 다녔다. 친구들이 대부분 내신 관리를 위해서 다니는 것을 보고 나도 별 생각 없이 따라서 갔던 것이다. 중학교 진학 후 첫 중간고사를 보았는데 전교 1등을 했다. 성적은 만족스러웠지만 학원에 다니는 내내 나는 불만족스러웠다. 방과 후에 학원으로 가서 저녁 늦게까지 공부를 하는데 특히 시험 대비 기간에는 암기과목까지 가르쳐주었다. 하지만 나는 그런 수업 방식에 별 매력을 느끼지 못했다.

주요과목이든 암기과목이든 학교 공부만 열심히 하면 내신 관리는 굳이 학원의 도움을 받을 필요가 없다고 판단했다. 그리고 종합학원에 다닐 당시 다른 친구들과 마찬가지로 학원 숙제를 학교까지 가지고 가서 쉬는 시간에 했는데, 하긴 했지만 아무래도 학교 공부가 부실해지는 것 같아 영 찜찜했다. 거의 매일 학원과 학원 숙제에 매달리다보니 혼자 공부하는 시간이 턱없이 부족하다는 점도 마음에 들지 않았다. 그래서 중간고사가 끝난 후 종합학원을 그만 두고 국영수 주요과목만 단과학원에 다니기로 결정했다.

집이 잠실인 나는 처음에 유명학원이 많다는 대치동에 있는 학원을 찾아갔다. 친구들 사이에서 유명학원이라고 소문난 곳이어서 믿고 등록을 했다. 그러나 기대 이하였다. 잘 가르친다고 소문은 났지만, 한 반 정원이 30명이라 인원수도 너무 많아서 분위기가 산만한 편이었고, 숙제도 너무 많아서 역시 학원 공부에만 매달려야 했다. 강의 내용 역시 별 다른 것이 없게 느껴졌다. 또 집에서 멀어 하루 왕복 1시간이 넘는 시간을 길에다 버려야하는 것도 부담스러웠다.

다시 방향을 바꿔야했다. 이번엔 시행착오를 줄이기 위해 보다 꼼꼼하게 선택을 하자고 마음을 먹고 집 근처 학원을 중심으로 신중하게 골랐다. 일단 등록하기 전에 예비로 수업을 받아보고 선생님이 성실하게 가르치는지, 숙제 양이 너무 많지는 않은지 직접 보고 들었다. 홈페이지가 있는 학원은 동영상으로 미리보기를 한 뒤에 선택을 했다. 그런 과정을 거쳐 집에서 10분 거리인 단과 학원으로 옮겼다.

★동네 학원의 장점은 유명하지는 않지만 한 반이 10명 내외로 소규모로 운영되니 개개인을 잘 챙겨준다는 점, 질문을 하면 성심껏 대답해준다는 점 등을 들 수 있다. 무엇보다 집과 가까워서 시간 부담이 없다는 점이 좋았다. 대치동 유명학원의 강의를 듣기 위해 하루 왕복 2~3시간씩 소요하며 엄마가 매일 승용차로 데려다주는 학생들도 많다는데, 다시 한 번 효율성에 대해서 생각해보라고 권하고 싶다.

스스로 공부 : 학원 공부 = 7 : 3이 적절

학원 시간표마다 매일 일정이 조금씩은 달라지지만 10시간을 기준으로 할 때 나는

3시간 이상 학원 공부에 할당하지 않는다. 이것은 학원 수강과 숙제하는 것까지 포함한 시간이다. 나머지 70%는 학교 수업의 복습과 예습, 독서와 사설 읽기 등으로 채워 혼자 공부하는 시간을 최대한 많이 확보하려고 노력한다.

그러니까 내가 공부하는 것이 '핵심'이고 학원 강의는 '보조 수단'일 뿐이라는 것이다. 그런데 주변 친구들을 보면 이 둘의 관계가 뒤바뀐 경우를 흔히 본다. 많은 아이들이 내가 중1 1학기 때 했던 것처럼 학교에서도 학원 공부, 학원이나 집에서도 학원 공부에 매달린다. 학원에서 가르쳐주거나 주어진 과제물은 수동적으로 하는 공부일 뿐 '내 것'이 되려면 내가 스스로 정리하고 이해하는 시간이 절대적으로, 그리고 최대한 많이 필요하다.

정리하자면,* **꼭 필요한 학원을 선택해서 다니되 시간에 쫓겨서 학원 숙제를 하고 학원 강의를 들어야 할 정도라면 과감히 학원 수강을 줄이라는 것이다.** 학원 숙제까지 하고도 시간이 남아서 학교와 학원 공부의 예습이나 복습까지 할 수 있을 정도의 자기 공부 시간을 확보하는 것이 실력 향상에 효율적이라는 점을 다시 한 번 강조하고 싶다.

동영상 강의의 장점

동영상 강의는 방학 때 이용해볼 만하다. 평소에는 학교와 학원 공부만으로도 시간이 벅차기 때문에 동영상 강의까지 찾아서 공부할 여력이 없기 때문. 월 5만원 내외의 저렴한 가격에 강남의 유명강사의 강의를 안방에서 들을 수 있기 때문에 시간을 절약할 수 있다는 것이 동영상 강의의 최대 장점이다. 원하는 시간에 반복해서 들을 수 있고, 게다가 실시간 채팅창을 통해 질문을 하고, 바로 답을 받아볼 수 있을 정도로 시스템이 편리하게 갖춰져 있어서, 잘만 활용하면 가격 대비 매우 훌륭한 공부법이라고 생각한다.

나는 방학 때 과학을 동영상 강의로 예습을 했다. 어렵게 느껴지는 과목이라 미리 예습을 해두지 않으면 학교 공부만으로는 제대로 이해하기가 힘들다고 판단했기 때문이었다. 2학년 겨울방학 2개월 동안 과학 동영상 강의를 들었는데 3학년 1학기 과정을 주 2회, 1회 3시간 강의로 60일 동안 마스터하는 프로그램이었다. 학원을 내가 찾아서 선택을 했듯이 동영상 강의 역시 친구들 사이의 입소문이나 각 사이트에서의 평가 등을 참고로 샘플 동영상 강의를 들어보면서 직접 선택을 했다. 학원과 마찬가지로 아무리 유명강사라고 하더라도 본인에게 맞지 않으면 별 효과가 없으므로 직접 찾아보는 것이 좋다고 생각한다. 내가 검색할 때는 '재미있게 하려고 지나치게 오버하는' 선생님이 가장 눈에 거슬렸다.

겨울방학 때 동영상 강의로 과학을 열심히 예습한 덕분에 3학년 중간고사 때 과학 시험은 그리 어렵지 않게 만점을 받을 수 있었다.

Note

학생들 사이에서 지수는 '괴물' 이라고 불린다고 한다. 이는 초등학교 시험도 아니고 중학교 시험에서 3번이나 만점을 받은 것에 대한 놀라움의 표현일 것이다. 한 치의 실수나 불성실함이 있어서도 만점은 받기 힘들다. 그러나 지수의 가족들이나 가까운 친구들은 '지수는 100점 받을 자격이 있다' 고 고개를 끄덕인다. 그만큼 보기 드물게 학교 공부와 자기 관리에 성실하기 때문이다. 100점의 비결 중 핵심적인 부분만 정리했다.

✓ 예습은 이렇게

국영수사과 등 주요과목은 항상 예습을 한다. 시간을 따로 내어서 예습을 하기보다는 '워밍업' 수준으로 가볍게 한다. ★다음 날 책가방을 싸면서 교과서의 배울 단원을 한 번 읽어보고 참고서의 문제를 눈으로 훑으면서 풀어보는 정도.

암기과목들은 수업 시간 5분 전에 배울 내용을 한 번 읽어본다. 지수는 과학 중에서도 물리를 특히 어려워하기 때문에 전날 배울 내용을 읽어보고 문제까지 풀어보

자신이 없는 과목은 이중 예습을 하라!

지수가 어려워하는 과학은 장기와 단기로 나눠 이중 복습을 한다. 겨울방학 때는 새학년 1학기 분을, 여름방학 때는 2학기 분을 동영상 강의를 통해 장기 예습을 한다. 그리고 그때그때 수업에 임하기 전에 배울 단원을 읽어보고 문제를 풀어보는 단기 예습을 또 한다. 지수는 '평소에 자신이 없다고 생각되는 과목이라도 스스로 선행학습을 통해 꾸준히 대비하면 만점이 가능하다!'고 자신 있게 말한다.

면서 가장 꼼꼼히 수업에 대비한다고. 수업 시간에 하나라도 놓칠까봐 촘촘히 그물을 치는 셈이다.

✓ 복습은 이렇게

복습은 주요과목, 비주요과목을 나누지 않고 매일 전 과목을 대상으로 이루어진다. ★암기과목 복습은 수업 끝난 후 5분 안에 하는 것이 가장 효과적이라고 지수는 말한다. 수업 시간에 배운 내용을 다시 한 번 훑어보고 중요한 부분은 체크를 해두면, 예습을 한 번 한 것까지 총 3번을 반복해서 보는 것이므로 시험 때까지 거의 기억에 남아 있다. 주요과목의 복습은 보다 철저히 한다. 과목마다 교과서와 필기를 읽고 관련된 문제를 푼다. ★매일 복습을 하기 때문에 총 소요 시간은 과목별로 30분 이내로 이뤄진다.

✓ 시험은 끝이 아니라 시작이다

시험 공부 하느라 몇날 며칠 잠을 설쳐 토끼눈이 된 지수는 집으로 돌아오면서 끝난 시험에 대한 기억은 툴툴 털어 날려버린다. 그리고 '이제 다시 시작이다!' 라고 마음을 다잡는다. 많은 아이들이 시험이 끝나면 1주일 이상은 해이해져서 내내 게임에 빠지거나 친구들과 어울려 노는데, 지수는 다른 학생들에 비해 시작 포인트가 빠른 셈이다.

지수는 특히 한 학기를 마무리하는 기말고사가 끝나면 서점으로 향한다. "다음 학기를 준비하려는 마음으로 서점에 가요. 국어, 영어, 수학 등 주요과목을 중심으로 자습서와 문제지를 직접 골라 구입해요. 더불어 시험 공부하느라 읽지 못했던 역사 관련 책이나 소설책 등 읽을거리를 사요. 갈 때마다 10권 이상은 구입하는 편이예요." 기말고사가 끝났다는 홀가분함도 좋지만, 새롭게 시작하려는 마음으로 고른 새 책을 들고 오는 발걸음은 날아갈 듯 신이 난다고 한다.

✓ 교과서에 소개된 관련 도서 찾아 읽기

평소에 한국사 관련 책을 읽어 바탕지식을 쌓아두면 이해가 훨씬 빠르며 서술형 문제도 어렵지 않게 풀어낼 수 있다. 국사의 교과서 관련 책은 책 속에 친절하게 소개가 되어 있으므로 그것만 찾아 읽어도 충분하다.

'고조선 건국' 부분에서는 책 속의 읽기 자료에서 단군 이야기가 일부 소개되는데, 이때 단군의 전기를 찾아 읽으면 도움이 된다. 연이어 나오는 읽기 자료에는 고구려의 건국 이야기가 짤막하게 소개가 되는데, 역시 고구려 건국 및 주몽의 일대기와 관련된 책을 읽는다. 이외 도움글에 '광개토대왕', '계백장군' 등의 일화가 소개되면 그에 관련된 책을 찾아 읽는다.

지수는 시험이 끝나고 서점에 갈 때 교과서와 연계된 책들도 다수 구입을 하는데, 특히 국사는 이때 구입해 평소에 틈틈이 읽었던 역사책, 위인전 등이 공부에 적지 않은 도움을 주었다고.

✓ 내신 관리의 첫걸음은 '선생님 관리'부터

여리여리하고 예쁘게만 보이는 지수는 보기와는 달리 '전략가'이다. 시험 점수를 잘 따려면 열심히 공부하는 것도 중요하지만 수행평가가 적지 않은 비중을 차지하는 만큼 '선생님 관리'도 중요하다고 강조한다.

과목 담당 선생님이 바뀌는 새학기가 시작되면, 지수는 일단 선생님을 분석하는 작업부터 시작한다. 선생님마다 성향이 각각 다른데, '공부보다는 사람이 먼저 되어야 한다'고 주장하는 인성주의자부터 '학생은 공부가 우선, 무조건 잘하고 봐야한다'고 주장하는 공부주의자까지 다양하다. 과목별 선생님의 취향은 수업을 한두 번만 들어보면 거의 파악이 된다. 보수적인 선생님에게는 최대한 공손하고 예의바른 모습으로 일관하고, 자유로운 분위기의 선생님은 조금은 편하게 친구처럼 스스럼없는 태도를 보인다. 보고서 제출도 선생님 취향에 따라 방향을 잡아야 유리하다.★ 테크닉보다는 성의를 중요시하는 선생님이라면 보고서를 손으로 직접 쓰고, 성격이 깔끔한 선생님이라면 타이핑을 하고 색색의 펜을 이용해서 눈에 띄게 작성한다.

선배들에게 물어서 특정 선생님의 문제 출제 취향을 물어보기도 하고, 전 학년의 기출 문제를 보면서 스스로 감을 잡기도 한다. 대부분 쉬운데 한두 문제씩 함정을 파놓는 선생님도 있고, 교과서 내에서만 문제를 내는 선생님, 교과서보다는 응용 문제에 더 비중을 두는 선생님 등 다양한 패턴이 있다. 이런 문제 출제 유형을 파악하면 수업 시간에 선생님이 강조하는 부분을 더 쉽게 알아차릴 수 있다.

'지피지기면 백전백승!', 이 정도로 꼼꼼하게 관리를 해야 만점의 신화가 이루어진다는 사실을 지수를 통해 알 수 있다.

지수가 추천하는
괜찮은 참고서 & 문제집

수학 :

개념원리

중학교 수학에서 잘 다루어지는 대표적인 문제들이 정리되어 있어서 전체적인 흐름을 알기가 좋다. 그리고 기본적인 문제부터 시작해서 어려운 문제까지 문제집 한 권에서 다양한 문제를 풀 수 있다.

개념과 유형

비슷한 문제 유형들을 반복해서 풀기 때문에 문제에 익숙해질 수 있고, 개념과 유형 편이 같이 있기 때문에 기초적인 문제와 좀 더 수준 높은 문제들을 동시에 접할 수 있다.

국어 :

프리미엄 자습서

앞부분 소단원 소개와 설명 풀이가 쉽게 잘 정리되어 있다. 시험에 나올 만한 정보들(학교에서는 가르쳐 주지 않지만 좀 더 주의 깊게 공부해야 알 수 있는 부분)의 소개도 훌륭하다.

한끝

교과서를 중심으로 문제가 잘 정리되어 있다. 다른 문제집들처럼 쓸데없는 문제들이 없어서 좋다

과학 :

오투

시험에 응용되서 나올 수 있는 실험 방법들이 알아보기 쉽게 풀이되어 있고, 문제의 수준이 그다지 높지도 낮지도 않아서 풀기 좋다.

완자

선생님 같은 문제집. 중간 중간 이 부분은 알아두어야 한다, 이렇게 외우면 쉽다는 암기 방법까지 나와 있어서 좋다. 또 문제집만큼 풀이집도 자세해서 틀린 문제를 혼자 점검하는 데 도움이 많이 된다.

NOTE 03 * 원우현

자동차에 관심이 많아서 자동차 관련 잡지를 정기 구독하고 추리소설 읽기를 즐긴다는 대원외국어고등학교 서반어과 2학년 우현 군. 현재 경제경시대회 준비를 위해서 열심히 공부하고 있는 중이다. 경제경시대회는 대학에서 경제 경영 분야를 전공할 학생들의 실력을 고등학교 과정에서 사전 점검하는 절차로 자리 잡고 있을 정도로 중요하고도 어려운 시험이다. '대학교 4년 동안 배울 경제 공부를 경시 준비하면서 다 공부한 것 같다'고 말할 정도라고. 우현 군은 초등학교 때부터 '사회 박사'라고 소문이 날 정도로 탁월한 사회 실력을 갖고 있는데 그만큼 가지고 있는 공부 노하우도 다양하다.

원우현NOTE

우현이의 과목별 노트법 & 공부방법

초등학교부터 지금까지 사회 과목은 거의 만점을 받았다. 그래서 얻은 별명이 '사회 만물박사'. 중학교 때 사회 선생님이 '둘이서만 노는 것 같다!'고 우스개 소리를 할 정도였다. 사회는 어느 과목보다도 자신있게 효율적인 공부법을 소개할 수 있다.

학교 수업은 이렇게

1. 수업 시간의 필기는 연습장에 낙서하듯 편안하게

칠판에 해주는 필기, 교과 내용에 얽힌 이야기나 농담, 사례 등을 연습장에 편안하게 썼다. 교과서나 노트에 필기하면 지저분하게 쓸 수가 없으니까 받아 적는 데 한계가 있다고 판단해서 연습장에 쓴 것이다. 필기하면서 내 생각이나 장난스런 그림도 편하게 끼워넣곤 했다.

2. 방과 후 교과서에 다시 깨끗이 정리

연습장에 자유롭게 필기한 내용을 방과 후에 교과서에 깨끗이 정리한다. 필요 없는 부분은 빼고 내가 이해한 뒤에 걸러낸 내용들을 선생님 설명을 기억해가며 기록하

연습장 수업 필기

2. 기업.
· 경영혁신 & 신기술개발 / 원가절감 / 혹직 지원
· 근로자는 (생산성향상 범위 내에서) 임금인상 요구 자제.

3. 소비자
- 건전한 소비풍토 조성.

* 실업에 관하여..
(1) 의미: 노동 능력과 의지를 가지고 있음에도 취업의 기회를 갖지 못한 상태
(2) 유형: 경기적 실업: 경기가 불황일 때
· 구조적 실업: 산업구조가 급속하게 변할 때
· 계절적 실업: 계절적 요인으로 일거리가 줄어들 때 생기는 실업
· 마찰적 실업: 직장을 옮기는 과정에서 생기는 실업..
(3) 영향 ..
Individual: 물질적, 심리적 고통, 개인의 생존 자체의 문제, 자존·가정생활의 파괴
Social: 생산자원의 낭비, 국내 총생산 감소, 노동력의 질 저하, 각종 범죄의 증가

6. 우리나라의 실업.
1960년
① 실업률 2% → 그 이후 경제 침체 경제활동인구 증가
→ 1990년대 외환위기 실업률 급상승
→ 1660년대 실업률 8% 상회
② 정부는 경기회복을 통한 일자리 창출, 직업훈련 강화를 통한 재취업 촉진 등.

물가와 실업과의 관계
긴축정책 (물가안정) ⇒ 실업률 높아짐
확장정책 (실업률 하락) ⇒ 물가 불안

2) 물가와 실업은 역의 관계
물가 상승률
실업률
(필립스 곡선)

∴ 물가안정과 실업문제를 동시에 해결할 수는 없다.
· 긴축정책: 인플레 해결을 위해 세금↑ 정부지출↓ 금리↑ 통화발행↓
· 확장정책: 실업을 감소를 위해 세금↓ 정부지출↑ 금리↓ 통화발행↑

무역: 경제교류 확대의 배경,
① 수출입: 일상생활의 많은 부분을 외국으로부터의 수입에 의존
② 국가간 노동력 이동: 외국인 노동자 고용, 해외취업
③ 국경을 넘어선 투자: 외국인의 국내 경제에 대한 투자, 우리 기업의 해외투자
→ 상호 의존의 증대
⇒ 교통·통신수단의 발달로 이와 같은 국가간 거래를 촉진한다.

* 우리나라는 부존자원이 부족하기 때문에 다른나라와의 경제교류 없이는 지속적 경제발전이 불가능하다

2. 경제교류 확대에 따른 여러 문제들
① 국제-국내경제가 민감하게 연관됨.
② 국제경제의 흐름에 적절하게 대처하지 못할 경우 국내경제는 큰 어려움을 겪는다..
3) WTO
① 출범 1995
② 무역자유화 촉진 - 정부 보호나 지원 제한

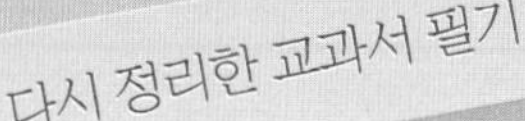

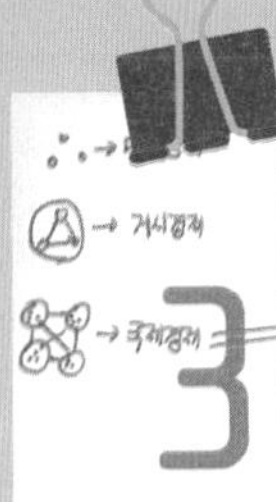

3 세계 시장의 경제 경쟁과 협력

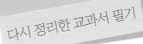

미국 경제가 재채기하면 한국 경제는 감기에 걸린다는 말을 들어 본 적이 있니? 즉, 미국 경제와 한국 경제는 서로 밀접한 관련을 맺고 있다는 말이지. 오늘날에는 세계적으로 경제 교류가 확대되고 있는데, 이에 따라 국제적인 유대 없이 혼자 살아가기가 매우 어려워졌단다. 그러나 다른 나라가 재채기를 한다 해서 우리가 감기까지 걸려서야 되겠니. 혹독한 추위도 이겨 낼 수 있는 건강을 유지해야 한단다. 이를 위해 우리는 무엇을 해야 할까?

무역 없이는 못 살아!

국제 사회와 관련된 경제 현상을 일상 생활 경험 속에서 찾아 그 의미를 분석할 수 있다.

우리는 일상 생활을 해 나가는 과정에서 많은 부분들을 외국으로부터 수입해 온 상품에 의존하고 있다. 식사 후에 마시는 커피, 버스를 움직이게 하는 석유, 휴대 전화의 핵심 부품인 반도체 칩 등이 그 예가 될 수 있다.

또한 많은 국내 기업들이 외국인 노동자를 고용하여 상품을 생산하고 있으며, 국내 기업에 대한 외국인의 투자가 증가함에 따라 외국인이 국내 경제에서 차지하는 비중도 높아지고 있다. 물론 우리 기업이 생산한 옷이나 자동차, 텔레비전 등도 세계 여러 나라에 수출되어, 외국인의 생활을 보다 윤택하게 만들고 있다.

교통·통신 수단의 발달은 이와 같은 국가 간의 거래를 더욱 활발하게 하고 있으며, 이에 따라 국민 경제 상호간의 의존도도 높아지고 있다. 특히, 우리 나라와 같이 좁은 국토와 빈약한 부존 자원을 가진 국가들은 다른 나라와 경제 교류를 하지 않고서는 지속적인 경제 발전을 기대하기 어렵게 되었다.

전지(일본)
기억 장치(국산)
안테나(국산)
반도체 칩 (미국)
액정 화면(국산)

오늘날 우리가 소비하는 상품 가운데는 세계 여러 나라에서 생산한 부품들로 만들어진 것들도 많다.

240 Ⅷ. 국민 경제와 합리적 선택

는 것이다. 보통 세 가지 색깔 이상을 사용해서 중요한 부분은 빨간색 등 눈에 잘 띄는 색으로 구분해서 정리했다. 교과서는 여백이 정해져 있기 때문에 글씨는 되도록 작게 썼고, 펜은 작게 쓰면서도 번지지 않고 깔끔하게 정리가 되는 하이테크펜 종류를 주로 이용했다.

색깔펜을 골라가면서 깔끔하게 교과서 정리를 하고 나면, 그 과정만으로 그날 배운 내용은 머릿속에 확실하게 정리가 되며 시험 볼 때 한번 훑어보기만 해도 선명하게 기억난다.

교과서 읽기는 이렇게

사회 과목은 '책 읽는 방법'이 중요하다. 일단 학기 초에 한 학기 분량의 책 내용을 전반적으로 훑어보는 것이 좋다. 우선 큰 제목부터 읽고, 그 다음 각 단원의 소제목을 읽는다. 그리고 단원별로 시작 부분에 정리된 학습 주제를 꼼꼼히 읽는다. 즉 '무엇을 배울 것인가?'에 대한 탐색 과정이다. 사회는 단순 암기과목이라고 생각하는 친구들 대부분이 사회를 어려워한다. 그리고 이런 친구들은 제목 읽기보다는 본문 내용에 집착한다. 선생님이 중요하다고 표시해준 부분을 외우기에 급급하다보니, 시험이 끝나면 뭘 배웠는지 기억조차 할 수 없다. 산에서 솟아난 샘물이 계곡을 거쳐 강으로 바다로 흘러가듯 역사는 흘러간다. 계곡을 빼놓고 강만 보고, 강을 빼놓고 바다만 보면 바다가 어떻게 생성되었는지를 종합적으로 판단하기가 어렵듯이 역사도 전체적인 흐름 파악 없이는 제대로 이해하기 어렵다. 이렇게 한번 흐름을 놓치면 매번 시험 볼 때마다 사회는 점점 재미없고 어려워지는 것이다.

★학기 초에 사회 과목이 시작되기 전에 그 학기에 배울 단원의 목차부터 훑어보면서 '무엇을 배울 것인가?'를 먼저 정리하자. 이를 아는 것과 모르는 것이 점수 10점 차이를 낳게 한다.

사회와 역사의 공식을 파악하자

사회, 국사, 세계사 등의 과목은 통합적, 통시대적인 꿰뚫기가 가능해야 비로소 재미가 있어진다. 현실과는 분리된 책 속의 내용이라고 생각하기보다 우리가 살아가는 세상의 이야기와 원리, 질서들을 묘사해놓은 것이라고 생각하면 교과 내용이 보다 친근하게 느껴질 것이다.

예를 들면 '고려의 국교는 불교였다. 그래서 불교문화가 융성했고, 그 당시 절이 유난히 많이 지어졌다. 그러나 조선시대로 넘어오면서 숭유억불정책을 펴서 불교가 억압을 당했다. 따라서 불교문화는 쇠퇴할 수밖에 없었고, 대신 유교문화가 융성했다'로 이어지는 기본적인 역사 흐름을 이해를 한 뒤에 교과서 내용들을 읽어 가면, '팔만대장경'의 의미, 조선시대의 학자와 학풍 등이 보다 선명하게 이해가 된다.

참고로, 이렇게 전체 흐름을 이해하기 위해서는 사회, 역사 관련 책을 많이 읽는 것이 가장 좋은 방법이다. 나는 삼국시대, 고려시대, 조선시대, 근대, 현대 등 연대별로 배울 때마다 그에 관련된 책을 최소한 한 권 정도는 찾아서 읽으려고 노력한다. 일연, 홍선대원군 등 당시 사회에 영향력을 미쳤던 인물의 일대기를 읽어보면 그 시대의 전반적인 흐름을 읽을 수 있으므로 재미도 있고 학습 효과도 높다.

한국사와 세계사의 연대표를 주의 깊게 보자

한국사와 세계사는 동떨어진 것이 아니다. 따라서 세계 역사의 큰 흐름 속에서 한국 역사의 여건이 어떠했는지를 파악하는 것이 중요하다. 세계사의 이해는 임진왜란, 청일전쟁, 러일전쟁, 세계대전 등 역사의 한 획을 긋는 사건들을 이해하는 데 결정적인 역할을 하기 때문이다. 국사 교과서 맨 뒤를 보면 우리나라와 다른 나라의 연대표가 친절하게 그려져 있다.

예를 들어보자. 1392년 고려가 멸망하고 조선이 건국했고, 그 즈음인 1368년엔 원나라가 멸망하고 명나라가 건국했다. 이런 동시대 상황을 알고 있다면 '태종 때부

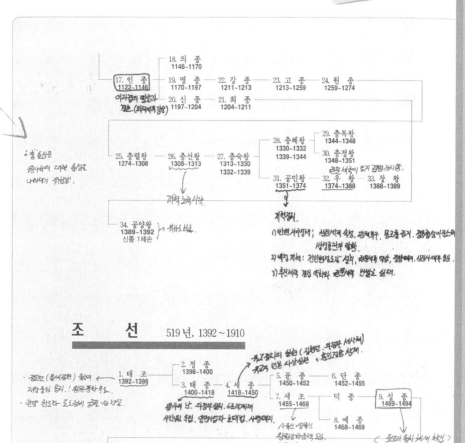

17. 인 종 1122~1146 — 이자겸의 딸과 결혼. (외척세력 강화)
- 18. 의 종 1146~1170
- 19. 명 종 1170~1197 — 22. 강 종 1211~1213 — 23. 고 종 1213~1259 — 24. 원 종 1259~1274
- 20. 신 종 1197~1204 — 21. 희 종 1204~1211

25. 충렬왕 1274~1308 — 26. 충선왕 1308~1313 — 27. 충숙왕 1313~1330, 1332~1339
- 28. 충혜왕 1330~1332, 1339~1344
  - 29. 충목왕 1344~1348
  - 30. 충정왕 1348~1351
- 31. 공민왕 1351~1374 — 32. 우 왕 1374~1388 — 33. 창 왕 1388~1389

34. 공양왕 1389~1392 신종 7세손

* 충 ~ 칭호는 원나라에 대한 충성을 나타내기 위함임.
* 26. 충선왕: 개혁 노력 시작.
* 32. 우왕: 권문세족이 토지 겸병 가속화.
* 34. 공양왕: 위화도 회군.
* 31. 공민왕: 개혁정치.
  1) 반원 자주정책; 친원세력 숙청, 관제복구, 몽고풍 금지, 정동행성 이문소 폐지, 쌍성총관부 탈환.
  2) 내정 개혁: 전민변정도감 설치, 권문세족 억압, 정방 폐지, 신진사대부 등용.
  3) 추진세력 결집 약화와 권문세족 반발로 실패.

조 선 519년, 1392~1910

1. 태 조 1392~1398
- 2. 정 종 1398~1400
- 3. 태 종 1400~1418 — 4. 세 종 1418~1450
  - 5. 문 종 1450~1452 — 6. 단 종 1452~1455
  - 7. 세 조 1455~1468
    - 덕 종 — 9. 성 종 1469~1494
    - 8. 예 종 1468~1469

- 10. 연산군 1494~1506
- 11. 중 종 1506~1544
  - 12. 인 종 1544~1545
  - 13. 명 종 1545~1567
  - 덕흥 대원군 — 14. 선 조 1567~1608
    - 15. 광해군 1608~1623
    - 원 종

* 1. 태조: 정도전 (불씨잡변) 중심의 재상중심 통치. / 왕권강화 목표. 한양 천도와 도로정비 궁궐 시설 건설.
* 3. 태종: 왕자의 난. 의정부 설치. 6조직계제 사간원 독립. 양전사업과 호패법. 사병폐지.
* 4. 세종: 유교정치의 실천 (집현전. 의정부 서사제) 유교적 민본 사상실천. 훈민정음 창제.
* 7. 세조: 사육신 생육신 왕권강화 중앙집권 도모. 경국대전 편찬 시작.
* 9. 성종: < 조선의 통치 체제 확립 > 홍문관 설치. 경연 확대 경국대전 완성.
* 14. 선조: 임진왜란 발발 허준의 동의보감 편찬 시작
* 15. 광해군: 뛰어난 외교술 중립 외교로 전후 혼란한 국제 정세에서 조선의 중심을 지킴.

세계사 연대표

연도	한국사	시대	중국	연도	세계사
1019	귀주 대첩	고려 시대	북송(요)	1037	셀주크 투르크 제국 건국
				1054	크리스트 교 동서로 분열
				1066	노르망디 공 윌리엄, 잉글랜드 정복
1076	전시과 개정, 관제 개혁			1069	왕안석의 신법
1086	의천, 교정도감 두고 속장경 조판			1095	클레르몽 종교 회의
1097	주전도감 설치			1096	십자군 원정(~1270)
1100					
1102	해동통보 주조		(금)남송	1115	금 건국
1107	윤관, 여진 정벌			1125	금, 요를 멸망시킴.
1126	이자겸의 난			1127	북송 멸망, 남송 시작
1135	묘청의 서경 천도 운동				
1145	김부식, 삼국사기 편찬			1163	프랑스, 노트르담 성당 건축 시작
1170	무신 정변				
1179	경대승, 도방 정치			1192	일본, 가마쿠라 막부 세움.
1196	최충헌 집권				
1198	만적의 난				
1200					
1219	몽고와 통교			1206	칭기즈 칸, 몽고 통일
1231	몽고의 제1차 침입			1215	영국, 대헌장 제정
1232	강화 천도				
1234	금속 활자로 상정고금예문 간행			1241	신성 로마 제국, 한자 동맹 성립
1236	고려 대장경 새김(~1251).		원	1271	원 제국 성립
1270	개경으로 환도, 삼별초의 대몽 항쟁			1279	남송 멸망
1274	여·원의 제1차 일본 정벌			1299	마르코 폴로, 동방견문록 출판
1300					
1304	안향의 주장으로 국학에 대성전 세움.			1302	프랑스, 삼부회 성립
1314	만권당 설치			1309	교황, 아비뇽에 유폐
1359	홍건적의 침입(~1361)			1321	단테, 신곡 완성
1363	문익점, 원에서 목화씨 가져옴.			1338	일본, 무로마치 막부 성립
1376	최영, 왜구 정벌				영국·프랑스, 백년 전쟁(~1453)
1377	최무선의 건의로 화약 무기 제조(화통도감 설치), 직지심체요절 인쇄			1356	황금 문서 발표
1388	위화도 회군		명	1368	원 멸망, 명 건국
1389	박위, 쓰시마섬 토벌				
1392	고려 멸망, 조선 건국	조선 시대			
1394	한양 천도				
1400					
1402	호패법 실시				

(시대 구분: 중세 사회)

340 부록

1392 : 조선건국
1492 : 스페인 통일과 신대륙
1592 : 임진왜란

터 명나라와 가까이 지냈고 1590년 일본은 도요토미 히데요시가 전국시대를 통일하고, 1592년 선조 때 도요토미 히데요시의 지휘로 임진왜란이 발발, 이때 명나라가 조선을 도와주었다' 라는 내용이 서로 맞물려 더 쉽게 이해가 된다. 이런 식으로 통합적인 연대표를 보면서 공부를 하면 국사와 세계사를 넘나드는 통시대적인 이해가 가능하다.

여기에 더하여 조선시대, 명나라, 도요토미 히데요시 등과 관련이 있는 역사책을 따로 읽어주면 연대표를 직접 그릴 수 있을 만큼 훤하게 시대상이 보인다. 한 번만 이런 경험을 하면 그 다음부터 국사와 세계사는 아주 재미있어진다.

'지도' 를 기본 참고서로 활용

사회 과목을 싫어하는 친구 중에는 '고구려, 백제, 신라' 의 위치조차 모르는 아이들도 있다. 심지어 경주가 강원도에 있다고 말할 정도로 지리 감각이 없는 친구들이 의외로 많다. 앞서 말했듯이 국사와 세계사는 '흐름' 과 전체적인 '맥락' 을 이해하는 것이 중요하고, 그러기 위해서는 지도를 수시로 보고 지형적 특성, 위치 등에 대해서 익숙해져야 한다.

유럽이 성립되는 과정을 예로 들어보면, 프랑크 왕국이 세 나라로 분열되어 프랑스와 독일, 이탈리아의 기원이 되는데, 지도를 보면 각 나라의 경계선에 피레네 산맥과 알프스 산맥, 라인 강 등이 있음을 알 수 있다. 이처럼 이러한 거대한 산맥과 강들이 나라의 경계가 된다는 사실을 알면 산맥과 강의 위치 등도 따로 외울 필요가 없다.

또 하나의 예를 들면 '이집트 문명', '메소포타미아 문명', '인더스 문명', '황하 문명' 등 세계 4대 문명의 발원지를 무작정 외우지 말고 지도를 보면서 위치를 파악해보자. 모두 중위도 권역에 있음을 알 수 있다. 즉 기후가 좋고, 강을 끼고 있어서 식량이 풍부하며, 교역이 자유로운 지형적 조건이 그 지역에서 문명의 꽃을 피우게

했을 것이라는 유추가 가능해진다. 사시사철 춥고 눈 내리는 남극이나 북극, 반대로 내내 땡볕 기후인 적도 인근 지역 등 사람이 살기 어려운 기후에 위치한 지역에서는 문명 발달이 상대적으로 원활하지 않았을 것임을 지도를 통해 확인할 수 있다.

나는 초등학교 때부터 사회과부도를 재미삼아 늘 들여다보았고 친구들과 지명 찾기 놀이도 자주 했었다. 가족끼리 여행을 갈 때는 지도를 보면서 위치 확인부터 먼저 하곤 했다. 지금도 세계 지도를 보지 않고도 그릴 수가 있다. 국가명과 대양, 큰 강과 산맥 등도 표시할 수 있을 정도.

결론적으로 국사와 세계사를 공부할 때는 지도를 항상 가까이 두고 지형적 특성과 위치 등을 확인하면 '살아있는 공부', '재밌는 공부'를 하는데 큰 도움이 된다는 것이다. 지금 당장 공부방 벽에 세계지도를 붙여라!

나는 수학 과학을 썩 좋아하는 편이 아니다. 외국어고에 진학한 이유도 문과 성향이 강하다고 판단했기 때문인데, 그래서 수학을 심도 있게 공부하지는 않았다. 여기서 '심도 있게'라는 말은 대부분 학생들처럼 학원에서 1년 이상 선행학습을 할 정도로 깊이 있게 공부하지는 않았다는 것이다. 대신 교과서에 올인했다. 교과서를 주요 텍스트로 삼고, 완벽하게 소화하도록 반복해서 풀고 또 풀었다.

시험 대비는 교과서로

1. 교과서에 문제를 푼다

교과서의 기본 문제, 연습 문제, 심화 문제 등을 직접 풀었다. 연필을 사용해서 마음껏 낙서하듯이 자유롭게 풀었다. 그날 배운 내용의 1차 복습 과정이다.

2. 문제 풀이를 지운다

교과서에 문제를 풀고 난 후 지우개로 깨끗이 지웠다. 지울 것을 대비해 처음부터 너무 진하게 쓰지 않았다. 지우는 이유는 반복해서 다시 풀어볼 때를 대비해서 답과

연습 문제 Ⅰ-1

1 다음 두 점 사이의 거리를 구하여라.

(1) $(-3,\ 2)$, $(1,\ -2)$ (2) $(4,\ -1)$, $(7,\ 3)$

(3) $(\sqrt{3},\ \sqrt{5})$, $(\sqrt{5},\ -\sqrt{3})$ (4) $(a+b,\ b-a)$, $(a-b,\ a+b)$

2 두 점 $A(0,\ 3)$, $B(5,\ -2)$로부터 같은 거리에 있는 x축 위의 점 P의 좌표를 구하여라.

3 평행사변형 ABCD의 세 꼭지점 A, B, C의 좌표가 각각 $(-1,\ 2)$, $(-2,\ -1)$, $(3,\ 1)$이고 $\overline{AB}$, $\overline{BC}$가 이웃한 두 변일 때, 꼭지점 D의 좌표를 구하여라.

4 $\triangle ABC$의 무게중심이 $(3,\ 1)$이고 각 변 AB, BC, CA를 $2:1$로 내분하는 점을 각각 P, Q, R라고 할 때, $\triangle PQR$의 무게중심의 좌표를 구하여라.

5 두 점 $A(1,\ 1)$, $B(4,\ 3)$이 있을 때, x축 위의 점 P에 대하여 $\overline{AP}+\overline{BP}$가 최소가 되도록 점 P의 좌표를 구하여라.

6 한 평면 위에 직사각형 ABCD와 한 점 P가 있을 때, 이들 사이에 다음이 성립함을 보여라.

$$\overline{PB}^2+\overline{PD}^2=\overline{PA}^2+\overline{PC}^2$$

풀이 과정을 보지 않기 위해서다.

3. 문제 풀이 노트에 푼다

지우개로 답과 풀이 과정을 깨끗이 지운 교과서의 문제를 문제 풀이 노트에 다시 풀어본다. 2번째 반복해서 푸는 것이다. 이 정도면 교과서 문제는 거의 막힘이 없이 풀린다. 이 과정까지 2차 복습을 하는 셈이다.

4. 수학 정석으로 심화 문제를 푼다

교과서 문제만으로는 심화 서술형 문제나 교묘한 응용 문제를 푸는 데는 한계가 있다고 생각해, 수학 정석을 유일한 수학 참고서로 정해놓고 시간 나는 대로 학교에서 배우는 진도에 맞춰 풀었다. 심화 복습을 하는 것이다. 여기까지가 3차 복습 과정이다.

5. 수학 시험 준비

3차까지 복습을 하면 학교 시험 대비는 어느 정도 해결이 된다. 여기에 더하여 시험 전에 오답 노트와 선생님이 주신 프린트 문제 등을 꼼꼼히 훑어보았다. 그리고 시험 전날엔 연습 문제만 교과서에 다시 풀어보았다. 즉 교과서 문제는 시험 보기 전까지 3번을 반복해서 푸는 셈이다.

심화 복습용
수학 문제지

문제 1 다음 직선의 방정식을 구하여라.

(1) y절편이 -1이고, 기울기가 2인 직선

(2) 기울기가 -3이고, y축과 $(0,\ -4)$에서 만나는 직선

보 기 1

(1) 방정식 $x+y+2=0$은 $y=-x-2$로 변형할 수 있으므로 기울기가 -1, y절편이 -2인 직선을 나타낸다.

(2) 방정식 $y=4$는 $y=0\cdot x+4$의 꼴로 변형할 수 있으므로 기울기가 0, y절편이 4인 직선을 나타낸다. 이 때, 기울기가 0이므로 임의의 두 점 사이의 y값의 증가량이 0, 즉 x축에 평행한 직선이다.

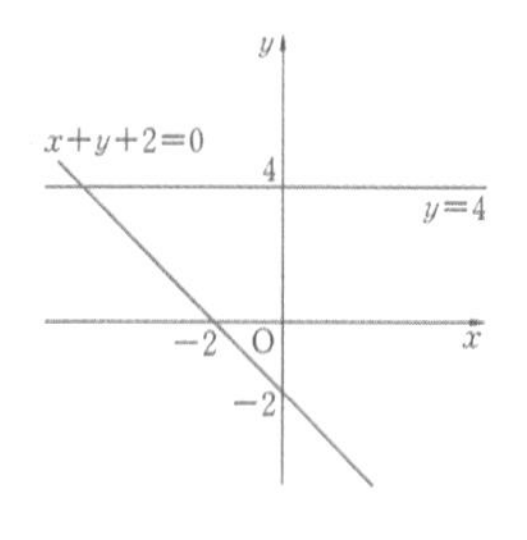

문제 2 다음 방정식이 나타내는 도형을 그려라.

(1) $y=2x+1$

(2) $y+5=0$

(3) $2x-4y+5=0$

(4) $x-3=0$

x축과 만나는 직선의 방정식은 $y=mx+b(m\neq 0)$의 꼴, 즉 $mx-y+b=0$의 꼴이고, x축에 평행인 직선의 방정식은 $y=k$의 꼴, 즉 $0\cdot x+y-k=0$의 꼴이 된다.

따라서, 직선은 $x,\ y$의 일차방정식

$$ax+by+c=0$$

의 형태로 나타낼 수 있다. 단, $a\neq 0$ 또는 $b\neq 0$이다.

역으로 $x,\ y$의 일차방정식 $ax+by+c=0$은 하나의 직선을 나타낸다.

참고 x축에 수직인 직선의 방정식 $x=k$의 꼴도 $x+0\cdot y-k=0$의 꼴로 바꿀 수 있으므로 일차방정식 $ax+by+c=0$의 형태로 나타낼 수 있다.

문제 3 방정식 $ax+by+c=0$으로 나타내어지는 직선에 대하여 다음 물음에 답하여라.

(1) $b\neq 0$일 때, 기울기와 y절편을 구하여라.

(2) $a=0$일 때, 이 직선이 x축에 평행임을 보여라.

원우현NOTE

우현이의 공부법 핵심 포인트

특목고를 준비하며 깨달은 학습의 원칙

우등생들이라면 한번쯤 특목고를 꿈꿀 것이다. 대원외고에 합격하던 날의 기쁨은 지금 생각해도 가슴이 두근거릴 만큼 '감동'이었다. 그러나 주변 친구들과 나는 외고 입시 준비의 방법이 많이 달랐다. 친구들이 '그렇게 공부를 하면 합격하기 힘들텐데' 라고 말할 정도로 남들과는 다른 내 방식대로 밀고 나갔는데, 여하튼 성공을 했으니 이 방법을 후배들에게 전수를 시켜주는 것도 나름 의미가 있다고 생각한다.

학교 수업이 먼저, 입시 공부는 나중

현재의 교육 구조상 중학교 교육 과정에만 충실해서는 특목고에 합격하기란 불가능에 가깝다고들 말한다. 내가 사는 태릉에서는 매년 특목고 합격생을 300명 넘게 배출한다는 P학원이 '특목고 지존' 이라 불린다. 그 학원을 거치지 않고 외고나 과고를 준비하는 학생들이 거의 없을 정도니까. 학교에 선생님들도 '특목고 준비는 학원에서 하라' 는 것이 기본 입장인 듯 진로 지도에 별로 적극적이지 않다. 그러니 학교 공부 따로, 특목고 입시 준비 따로 할 수 밖에 없는 시스템이다.

이런 이유로 특목고를 준비하는 아이들이 학교 수업 시간에 학원 숙제를 하는 경우를 종종 본다. 심지어 시험을 앞둔 중학교 3학년 2학기가 되면 학교에 병가를 내고 1주일씩 결석을 하면서 입시 준비를 하는 학생들도 있다(하지만 이런 학생 중 다수가 결과적으로 낙방했다).

나는 이런 태도가 일단은 선생님과 학교에 대한 예의가 아니며, 또 그렇게 해서 설사 특목고에 진학한다고 해도 장기적으로는 크게 이로울 것이 없다고 생각했다. 그래서 나는 나의 원칙대로 학교 수업을 우선 순위로 두고, 일단 학교 수업에 충실하려고 노력했다.

외고 입시도 학교 교과 과정에서 출제된다

나는 외고 입시 학원에 시험 직전 2주 동안 다닌 게 학원 경력의 전부였다. 대부분 길게는 초등학교 6학년부터 시작하거나 중학교 1학년부터 특목고 대비반에서 준비를 하는 것에 비하면 턱없이 짧은 편이다. 거의 혼자 방법을 찾아다니며 공부했다고 해도 과언이 아닐 것이다.

어렵다고 소문난 외고 구술 면접 문제를 풀어보니 사실상 학교 교과 과정에 충실하면 대부분 풀 수 있는 것들이었다. 예를 들어 지리와 지구과학이 접목된 '편서풍' 관련 문제가 나왔는데 이는 학교 사회 수업을 충실히 들었다면 다 풀 수 있다. 또 미술 관련 문제에서 '원근법'의 원리와 관련된 부분은 미술 시간에 이론을 제대로 정리해두었다면 어렵지 않게 접근할 수 있다고 생각한다.

학원에 너무 의존하지 말고 학교 공부에 일단 충실히 임하는 것이 고등학교 입시 준비의 기본임을 강조하고 싶다.

시험 전날의 요점정리 노트

시험은 2주 전부터 본격 대비에 들어갔고 준비는 3주 전부터 했다. 1주의 준비 기간 동안 과목마다 문제지를 각각 2권씩 선택해서 구입을 했고, 또 노트 필기 보충이 필요한지를 친구 노트를 보면서 확인했다. 말하자면 워밍업 기간인 것이다. 전 과목 교과서를 3~4회 읽으면서 확실하게 이해와 암기를 했고, 그 후에 문제지를 2권 푸는 것으로 정리를 했다. 문제지에는 오답도 체크했다.

그리고 시험 전날은 최종 마무리 과정으로 '요점정리 노트'를 만들었다. 꼭 외워야 하는데 잘 안 외워지는 것, 양이 많거나 단어가 어려워서 외우기 힘든 것, 특별히 중요한 부분 등을 주로 기록하였다. 이 노트는 스쿨버스를 타고 가는 동안이나 시험 보기 직전 쉬는 시간에 집중해서 보았다. 교과서나 문제지 등에 체크되어 있는 핵심 부분은 시험 때의 자투리 시간에 일일이 찾아보기가 힘든데, 이렇게 정리를 해두면, 5분, 10분 자투리 시간에 한눈에 쉽게 훑어볼 수 있어 효율적이다.

시험이 끝난 후에 과목별 요점정리 노트를 보면 내가 공부한 흔적을 고스란히 보는 것 같아서 소중하게 느껴진다. 그래서 거의 버리지 않고 모아두고 있다.

요점정리 노트

- 사회규범: 당위의 법칙, 다양성과 상대성
  관습, 도덕, 종교규범, 법
  ㄱ. 관습: 반복행동이 기준화
  ㄴ. 도덕: 인간 양심에 바탕.
  ㄷ. 종교규범: 계율.
  ㄹ. 법: 강행 및 제재의 방법을 명확화한 규범

- 단순 → 복잡, 사적 → 공적.

- 법의 이념.

ㄱ. 정의: 법이 추구하는 궁극 이념

Ulpianus: 정의란 각자에게 그의 몫을 돌려주려는 항구적 의지

Aristotle: 정의의 본질은 평등 ┬→ 평균적 정의
└→ 배분적 정의

ㄴ. 합목적성: 목적에 맞도록 방향을 설정.

ㄷ. 법적안정성 (각종 시효제)
- 법에 의하여 보호되고 있다는 안정감.
  ① 법의 변동× ③ 실현가능한것
  ② 내용명확 ④ 국민 법의식과 합치해야.

- 궁극적으로는 정의, 인간의 자유와 권리가 우선시

법
- 국내법
  - 공법
    - 실체법: 헌법, 행정법, 형법
    - 절차법: 형사·민사소송법
  - 사회법 — 노동법, 경제법, 사회보장법
  - 사법 — 민법, 상법
- 국제법 - 조약, 국제법규, 국제관습법

오답은 포스트잇으로 처리

나는 전 과목의 오답 노트를 따로 만들지 않았다. 문제와 답을 다시 쓰는 것이 번거로워 시간 손실이 많다고 생각했기 때문이다. 그리고 그림이나 도표 등이 딸린 문제는 오답 노트를 만들 때 그대로 베끼기가 어려운 점도 있다. 이러한 오답 노트에 대한 부담감을 줄이기 위해서 난 포스트잇을 사용했다.

어려운 문제나 틀린 문제 옆에 포스트잇을 붙이고 문제 풀이 분석을 했다. 즉 보기 항목마다 내 나름대로 해설을 한 것. '맞는 것을 고르시오' 라는 문제라면 각각 틀린 보기에 왜 그것이 틀렸는지 번호를 달아 설명했고, 맞는 답 역시 그 이유까지 적었다. 그리고 중요 단어는 형광펜 등으로 별도 표시를 했다.

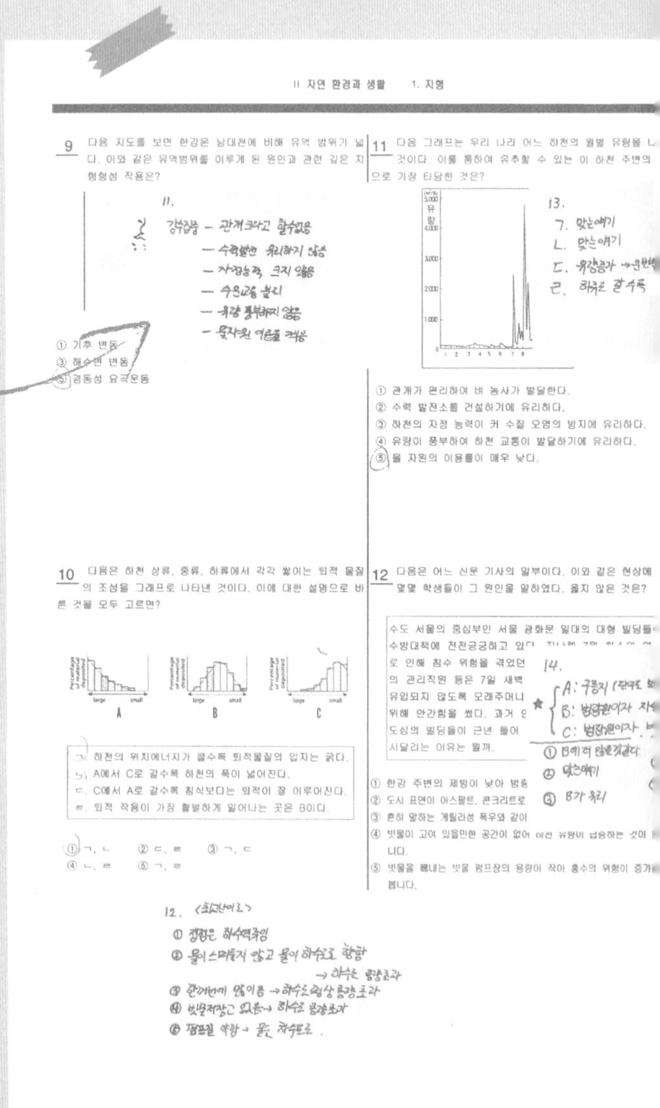

II 자연 환경과 생활 1. 지형

9 다음 지도를 보면 한강은 낙동강에 비해 유역 범위가 넓다. 이와 같은 유역범위를 이루게 된 원인과 관련 깊은 지형형성 작용은?

① 기후 변동
③ 해수면 변동
⑤ 경동성 요곡운동

11 다음 그래프는 우리 나라 어느 하천의 월별 유량을 나타낸 것이다. 이를 통하여 유추할 수 있는 이 하천 주변의 특징으로 가장 타당한 것은?

① 관개가 편리하여 벼 농사가 발달한다.
② 수력 발전소를 건설하기에 유리하다.
③ 하천의 자정 능력이 커 수질 오염의 방지에 유리하다.
④ 유량이 풍부하여 하천 교통이 발달하기에 유리하다.
⑤ 물 자원의 이용률이 매우 낮다.

10 다음은 하천 상류, 중류, 하류에서 각각 쌓이는 퇴적 물질의 조성을 그래프로 나타낸 것이다. 이에 대한 설명으로 바른 것을 모두 고르면?

ㄱ. 하천의 위치에너지가 클수록 퇴적물질의 입자는 굵다.
ㄴ. A에서 C로 갈수록 하천의 폭이 넓어진다.
ㄷ. C에서 A로 갈수록 침식보다는 퇴적이 잘 이루어진다.
ㄹ. 퇴적 작용이 가장 활발하게 일어나는 곳은 B이다.

① ㄱ, ㄴ ② ㄷ, ㄹ ③ ㄱ, ㄷ
④ ㄴ, ㄹ ⑤ ㄱ, ㄹ

12 다음은 어느 신문 기사의 일부이다. 이와 같은 현상에 대해 몇몇 학생들이 그 원인을 말하였다. 옳지 않은 것은?

① 한강 주변의 제방이 낮아 범람
② 도시 표면이 아스팔트, 콘크리트로
③ 흔히 말하는 게릴라성 폭우와 같이
④ 빗물이 고여 있을만한 공간이 없어 이런 유량이 급증하는 것이니다.
⑤ 빗물을 빼내는 빗물 펌프장의 용량이 작아 홍수의 위험이 증가됩니다.

포스트잇 오답 노트의 장점

❶ 오답 노트를 따로 볼 필요가 없이 바로 즉석 확인이 가능하다.

❷ 문제를 따로 베껴 쓴 것이 아니기 때문에 정확한 문제를 알 수 있다.

음은 분수계와 하천이 흘러가는 모습을 나타낸 것이다. 통해 알 수 있는 내용으로 가장 바른 것은?

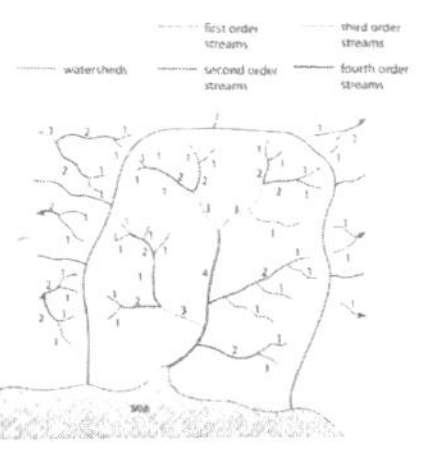

<보 기>

연적이 넓을수록 하천의 규모가 커진다.
은 낮은 차수의 지류들을 합류하면서 바다로 유입된다.
로 갈수록 하천에 의해 운반되는 물질이 많다.
로 갈수록 하천의 유속이 빨라진다.

② ㄱ, ㄷ ③ ㄴ, ㄷ
⑤ ㄷ, ㄹ

음은 1900년 경 논산천 부근의 지형도이다. 이 지역을 한 내용 중 옳은 것은?

3에 비해 터돋움집을 많이 볼 수 있다.
침식 지형, B는 퇴적 지형이다.
C가 거주지 개발에 유리하다.
C가 배수가 잘된다.
거친 자갈, A는 모래와 진흙이 많이 쌓여 있다.

(15-16)다음 지도를 보고 물음에 답하라

<지도해석>
A= 전형적 농촌형 취락
B= 배산임수형
D= 유로변화 자유곡류
16. (가)→ 빙하기

15 희조네 반에서는 아래 지도를 보고 모둠별로 각 지점의 지리조사의 주제를 정했다. 조사의 주제 선정이 적절하지 못한 모둠은?

① A - 농촌 취락의 인구 변화
② B - 배산임수의 취락 입지
③ C - 범람원의 토지 이용
④ D - 자유곡류천의 유로 변화
⑤ E - 지반 융기량에 따른 지형 변화

16 다음 그림의 (가)시기에 위 지도의 지역은 어떤 모습이었을지 추론한 것 중 옳은 것은?

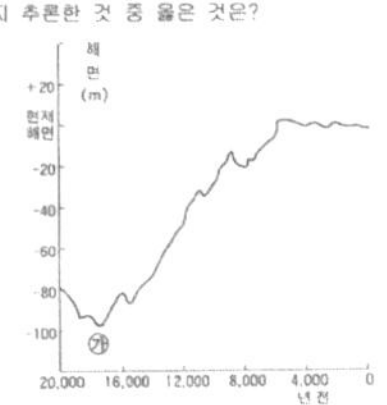

① 연정리는 자주 범람했다.
② 신태인리는 고위 평탄면이었다.
③ 신용리에서는 많은 돌리네를 볼 수 있었다.
④ 정읍천은 지금보다 더 깊은 계곡을 이루며 흘렀다.
⑤ 정촌에서는 많은 우각호와 하중도를 볼 수 있었다.

83

Note

우현이는 학원 등의 사교육을 의도적으로 기피한다. 그리고 부모님의 뜻이 아니라 본인의 의지로 '나만의 공부'를 고집해왔다. 초등학교 때부터 지금까지 꼭 필요한 부분이 아니면 혼자 공부하는 것이 최고이고 학원보다는 학교 공부가 우선이라는 자신만의 원칙으로 밀고나갔는데, 그 결과가 상위 1~2%의 우등생이었다. 우현이의 공부 원칙은 '학원에 다니지 않으면 불안하다'고 여기는 대부분의 사교육 의존도가 높은 학생들에게 귀감이 되리라 생각한다.

✓초등학교 5학년 때부터의 신문 읽기

초등학교 5학년 때 우연히 TV 뉴스를 통해서 '야당, 여당'이라는 말을 듣고는 우현이는 그게 무엇인지 궁금증이 발동했다고 한다. 예전에 신문에서 본 적이 있는 것 같아서 신문을 읽으면 알 수 있을 것이라고 생각하고 신문을 뒤적이기 시작했는데, 이게 신문을 보기 시작한 동기라고.

이후 정치, 경제, 국제, 사건과 사고, 칼럼 등을 눈에 띄는 대로 읽었다. 읽다 어려워서 모르는 부분은 부모님께 질문을 하곤 했는데, 우현이 부모님 표현에 의하면 '귀가 짓무르도록' 질문을 했다고 한다. 우현이는 신문과 TV 뉴스를 통해 국내외 정세 파악은 물론 시사 상식까지 풍부하게 쌓을 수 있었고, 그 기초 지식이 중고등학교 때의 최상위권 성적을 만든 기본이 되어주었고 더불어 '사회 박사' 탄생의 기틀이 되었다.

✓ 학원 대신 독서로 보낸 방과 후의 시간들

우현이는 학원을 거의 다니지 않았기 때문에 상대적으로 시간이 많았다. 방과 후에 집에 오면 일단 낮잠부터 자고 그 다음 맑은 정신으로 자기만의 스케줄로 채워나갔는데 그중 많은 비중을 차지했던 것이 '독서'다.

당시 우현이 동네에 이동도서관 버스가 주 1회 왔었는데, 우현이는 단골 고객이었다. 4권씩 빌려서 읽었는데 밀리는 법은 없었다. 초등학교 1학년부터 6년 내내 도서관 책을 빌려 읽어 그렇게 읽은 책만 해도 셀 수 없이 많았다. 그러다가 5학년 때부터는 엄마에게 책을 사달라고 말씀드렸다. 또 읽고 싶은데 반납을 해야 하기 때문에 읽을 수가 없는 것이 안타까웠기 때문이다. 그래서 그 후 엄마에게 읽고 싶은 책 목록을 적어서 보여드리고 ★한 달에 한 번 서점에 가서 2~3권의 책을 구입하곤 했는데, 그 습관은 지금까지 이어지고 있다. 초등학교 때 『15소년 표류기』를 서점에서 샀을 때의 기쁨은 지금도 생생하게 기억이 난다고. 『상대성원리』, 『소설 조선왕조실록』, 『먼나라 이웃나라』, 『과학사 대논쟁』, 『다빈치코드』 등은 몇 번씩 반복해서 읽는 우현이의 애독서라고 한다. 풍부한 독서량 덕분에 초등학교 내내 글짓기 상은 우현이 몫이었다. 교내 대표로 출전해 수상한 적도 여러 번이다.

또 우현이는 책을 좋아할 뿐만 아니라 무척 아낀다. 책장 하나도 조심스럽게 넘기며 침이나 음식물 등을 절대 묻히는 법이 없다. 그래서 몇 년 전에 구입한 책도 마치 새 책 같다. 책장도 늘 깔끔하게 정리가 되어 있다.

✓꾸준한 예습과 복습

다른 친구들처럼 학원 공부와 학원 과제물을 해야 하는 부담감이 없었던 우현이는 온전히 학교 공부에만 충실할 수 있었다. 배운 과목들은 그날그날 예습과 복습을 충실히 했고 참고서를 읽기도 하고 문제지를 풀기도 한다. 또 시간이 허락되면 교과 내용과 관련된 책을 찾아서 읽기도 한다.

✓뛰어난 자기 스스로 학습 능력

우현이는 중학교 1학년부터 부모님과 은근한 투쟁을 벌여야 했다. 부모님은 학원에 다니라고 종용했고, 우현이는 학원에 다닐 필요가 없다고 주장해 늘 팽팽히 맞섰던 것. '학교 공부만 충실히 하면 아무런 문제가 없다' 고 우현이는 당당히 말했고 학원에 다니지 않고도 최상위권 성적을 늘 유지하니 부모님은 더 이상 할 말이 없었다.

더 나아가 우현이는 고등학교 입시 전략도 직접 짰다. 우현이는 중학교 3학년 때 대원외고를 목표로 정하고 직접 학교 홈페이지를 검색해 입학 요강을 훑어보았다. 그리고 필요한 TOEFL 준비를 했으며, 학교장 추천이 유리한지, 일반 전형이 유리한지 등을 스스로 판단해 부모님은 물론 학교의 진로 담당 선생님과 상담하였다. 이리저리 정보를 얻어서 혼자 외고 입시 준비를 마쳤으며, 막판에 구술 면접을 위해 특목고 대비반을 2주일을 다닌 것이 외고 준비 학원 공부의 전부였다.

진학 전략을 스스로 구상하고 준비하는 학생은 정말 찾아보기 힘들다. 대부분의 학생들이 학교 시험 공부도 학원 기출 문제에 의존하지 않으면 불안해하는 것과 비교했을 때 진학 계획까지 스스로 세웠다는 사실은 우현이의 '스스로 학습능력' 이 얼마나 대단한지를 어렵지 않게 가늠할 수 있다.

우현이가 추천하는 **괜찮은 참고서 & 문제집**

국어 :

비유와 상징 수능실전서

문제 양이 적어서 부담이 없는 것이 특징. 동시에 꼭 풀어야 하는 핵심적 문제만 모아뒀다.

완자

안에 참고서와 문제집이 같이 들어 있다. 보는 사람 위주로 내용이 정리되어 있어서 원하는 부분을 빠르게 찾아볼 수 있다.

수학 :

수학의 정석

이미 검증된 최고의 수학 학습서. 교과서보다 명쾌한 해설과 심화된 문제가 매력적이다.

라이브 수학

교과서가 추구하는 형식의 심화된 문제를 제시하고 있어 교과서 위주 시험 대비에 좋다.

사회 :

알짬

선배 추천. 일반적 문제를 연습하기에 좋다. 설명란이 일목요연하다.

디딤돌 수능실전

말 그대로 수능 실전 문제들로 구성되어 있다. 수능형 문제를 효과적으로 접해볼 수 있으며 모의고사까지 대비할 수 있다.

과학 : 두산 하이탑

과학고 대비생들이 쓰는 교재로, 최고난도 문제들과 혼동하기 쉬운 문제들을 연습함으로써 실전에서의 실수를 막을 수 있다. 오답 노트까지 만들면 효과는 훨씬 up!

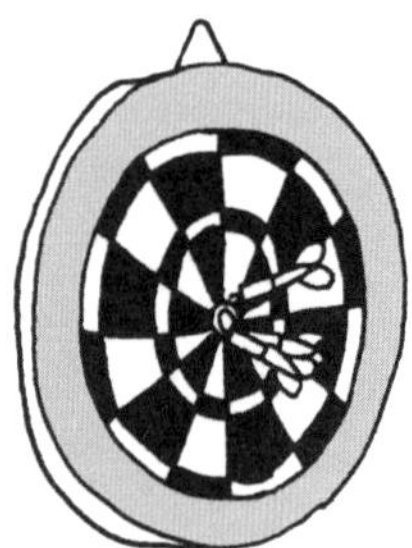

NOTE 04 * 임윤정

중계중학교 2학년 재학 중인 윤정 양은 민족사관고등학교를 목표로 열심히 공부하고 있다. 평균 98~99점에 전교 1, 2등을 놓치지 않을 정도로 최상위권의 성적을 줄곧 유지하고 있는 윤정 양이지만 학교 공부만 하는 '찐따형'의 우등생은 절대 아니다. 좋아하는 책도 열심히 찾아 읽고, 어지간한 개봉작은 거의 빼놓지 않고 다 볼 정도로 영화를 좋아한다. '논술 시대의 우등생'의 전형을 보여주는 윤정 양의 공부법은 특히 기초 실력이 부족한 학생들에게 많은 도움이 될 것이다.

임윤정NOTE

윤정이의 과목별 노트법 & 공부방법

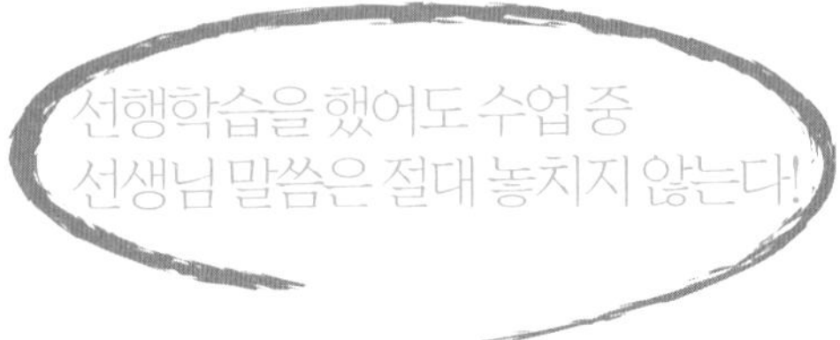

선행학습을 했어도 수업 중
선생님 말씀은 절대 놓치지 않는다!

민사고반은 다른 반에 비해서 높은 수준이기 때문에 선행학습 기준으로 하면 보통 2년 이상은 앞서서 공부를 한다. 중학교 1학년이 중3 수준을 공부하는 식이다. 수학 역시 2년 이상 선행학습을 하고, 심화학습까지 하기 때문에, 사실 내 학년에서 배우는 교과서 수학 문제는 막힘이 없다는 것이 솔직한 생각이었다.

교과서 문제는 모조리 다 푼다

나는 6학년 2학기부터 학원의 '민사고반'에 등록해서 다니고 있다. 난이도가 높은 내용으로 선행학습을 한 덕분에 학교 수업 내용은 아주 쉬웠다. 교과서 문제는 기본에 속한다고 생각해 꼼꼼하게 풀어볼 생각은 하지 않았고, 문제지만 2권 선택해서 풀었다. 그런데 내가 가장 자신이 있어 하던 과목이자 100점짜리들이 종종 나오는 수학 시험에서 그만 틀리고 말았다. 최상위권은 주요 과목에서 한 개라도 틀리면 전체 등수가 밀리기 쉽다. 그만큼 타 과목에 비해서 배점이 높다는 이야긴데, 수학에서 틀리고 말았으니!

내가 틀린 문제는 주관식도 아닌 객관식이었고, 별로 어려운 문제도 아니었다. 단순히 계산 실수 때문이었다. 나는 심각하게 반성했다. 그리고 그 다음부터★ 교과서

수학 교과서
문제 풀이 노트

Date. Page.

〈Ⅱ-1 연습문제〉

1. (1) $2x^3 \times 3x^5 = 6x^{15}$

고치기 : $2x^3 \times 3x^5 = 6x^8$

(2) $(4a^3)^2 = 16a^5$

고치기 : $16a^6$

(3) $(3xy)^2 = 9x^2y^2$

맞음

(4) $\left(\frac{2a}{b^2}\right)^3 = \frac{8a^3}{b^6}$

틀린 곳 (1) $6x^{15} \Rightarrow 6x^8$
(2) $16a^5 \Rightarrow 16a^6$
(4) $\frac{2a^3}{b^5} \Rightarrow \frac{8a^3}{b^6}$

2. (1) $(3a^3)^2 \times (-3a^2b)^3$
$= 9a^6 \times (-27a^6b^3)$
$= -243a^{12}b^3$

(2) $-12x^3y^2 \div (-3xy^2)^2$
$= -12x^3y^2 \div 9x^2y^4$
$= \frac{-12x^3y^2}{9x^2y^4} = -\frac{4x}{3y^2}$

(3) $(-3ab^2c)^2 \times (-9ac^2) \div (3b^3c^2)^2$
$= 9a^2b^4c^2 \times -9ac^2 \div 9b^6c^4$
$= \frac{-81a^3b^4c^4}{9b^6c^4} = -\frac{9a^3}{b^2}$

(4) $3x^6y^4 \div (3x^2y^3)^2 \times (-2x)^2$
$= 3x^6y^4 \div 9x^4y^6 \times 4x^2$
$= \frac{3x^6y^4}{9x^4y^6} \times 4x^2 = \frac{4x^4}{3y^2}$

수학 문제집

Ⅱ-1
연습 문제

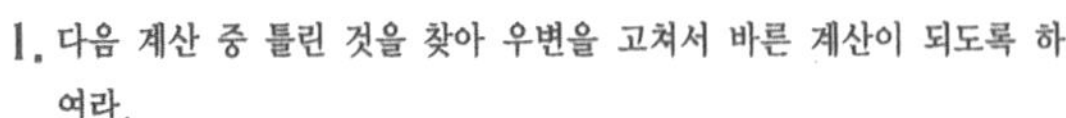

1. 다음 계산 중 틀린 것을 찾아 우변을 고쳐서 바른 계산이 되도록 하여라.

(1) $2x^3 \times 3x^5 = 6x^{15}$ (2) $(4a^3)^2 = 16a^5$

(3) $(3xy)^2 = 9x^2y^2$ (4) $\left(\frac{2a}{b^2}\right)^3 = \frac{2a^3}{b^5}$ (단, $b \neq 0$)

2. 다음을 계산하여라.

(1) $(3a^3)^2 \times (-3a^2b)^3$

(2) $-12x^3y^2 \div (-3xy^2)^2$

(3) $(-3ab^2c)^2 \times (-9ac^2) \div (3b^3c^2)^2$

(4) $3x^6y^4 \div (3x^2y^3)^2 \times (-2x)^2$

> 곱셈, 나눗셈이 혼합된 경우 차례로 지수법칙을 이용하여 계산한다.

3. 오른쪽 그림과 같이 밑면은 직각을 낀 두 변의 길이가 각각 $3a$, $2b$인 직각삼각형인 삼각기둥이 있다. 이 삼각기둥의 부피가 $15a^2b$일 때, 이 삼각기둥의 높이를 구하여라.

> (삼각기둥의 부피) =(밑면의 넓이) ×(높이)

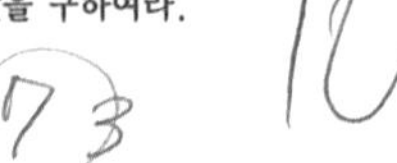

4. 다음을 계산하여라.

(1) $(2ab^2)^2 \times \{a^4b \div (ab^2)^3\}^4$

(2) $(2xy^2z)^3 \div \{(xyz^2)^2\}^3 \div (xyz^2)^2$

> 지수법칙을 이용하여 괄호를 풀고, 같은 문자끼리 모아서 곱하거나 나눈다.

5. $2^7 \times 5^{10}$이 n자리의 자연수일 때, n의 값을 구하여라.

> $2^3 \times 5^3 = 10^3$은 4자리의 자연수이다.

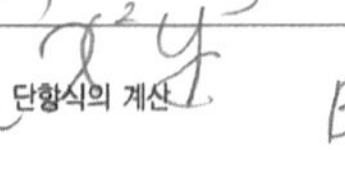

6. 등식 $(-2x^3y)^A \div 4x^By \times 2x^5y^2 = Cx^2y^3$으로부터 $A+B+C$의 값을 구하여라.

53 1. 단항식의 계산

문제는 한 문제도 빠트리지 않고 풀기로 계획하고 그대로 실천에 옮겼다.

시험 볼 때까지 총 5번 교과서 반복 학습으로 실수 극복

수학 시간이 끝나면 점심시간이나 쉬는 시간을 이용해 바로 복습에 들어갔다.*교과서에 나오는 문제들을 별도의 노트를 만들어 모두 풀었다. 그리고 해당 단원의 문제지도 풀었다. 풀다가 막히는 문제는 별도로 표시를 해두고, 3번 이상 반복해서 풀면서 완벽하게 소화하고 넘어갔다. 2권의 문제지를 풀면서 역시 어렵게 생각되는 문제는 별도로 체크해두었다.

학원에서 예습을 했으니까 학교 수업이 복습이 되는 셈이고, 다시 별도로 복습을 하고 문제지 풀이까지 하니 같은 단원을 총 4번 반복해서 학습하는 것과 같았다. 평소에 이렇게 교과서 중심으로 철저하게 공부를 하고, 시험 전날에는 그 전에 별도 표시를 해둔 어려운 문제만 3번 이상 다시 풀어가면서 훑어보는 정도로 점검했다. 2년 이상 해온 선행학습과 심화학습 덕분에 수학의 서술형 문제는 오히려 객관식 문제보다 더 쉽게 느껴졌다.

나에게 제일 만만하고 쉽고 재밌는 과목은 바로 사회다. 평소에 역사 관련 책을 많이 읽을 정도로 국내외 역사에 관심이 많은 나는 중학교 2학년 사회에서 배우는 세계사가 너무나 재미있다. 재미가 있으니 공부 방법도 절로 터득이 되었다.

사회 100점을 위한 학습 과정

평소에 역사 관련 책 읽기

역사 관련 책들을 읽다보면 그 재미에 푹 빠져드는데, 이렇게 평소에 읽었던 책들은 중학교 사회 과목을 공부할 때 빛을 발한다. 『먼나라 이웃나라』, 『거꾸로 읽는 세계사』 등 재밌게 풀어놓은 역사서만 평소에 읽어두면 사회 과목 100점 받기 토대는 이미 닦아놓은 셈이다.

수업 시작 전의 복습과 예습

*수업 시작하기 전 10분 동안 복습과 예습을 다 할 수 있다. 5분은 그 전에 배웠던 내용을 교과서 필기와 함께 읽어본다. 선생님이 강조했던 것은 반복해서 읽는다. 바로 전 시간에 배웠던 내용이라 쉽게 눈에 들어온다.

나머지 5분은 예습. 중학교 2학년 사회 교과서는 컬러 그림들이 많이 수록되어 있어서 눈으로 보기만 해도 흥미롭다. 새롭게 배울 단원의 본문 내용을 읽기보다는 그림과 지도를 훑어본다. 그림과 지도를 보면서 상상의 나래를 펴는 것은 나의 작은 즐거움 중 하나다. 특히 사회 과목의 그림 및 지도는 본문 내용의 요약본이라고 할 수 있을 정도로 중요하다. 그림과 지도를 이해해야 본문을 제대로 이해할 수가 있다. 실제 가보진 못하지만 사진으로나마 역사의 현장을 보고 상상한다는 것은 얼마나 멋진 일인가.

교과서 그림 자료

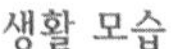

게르만 인들의 사회

인도 · 유럽 어족에 속하는 게르만 족은 원래 발트 해 서쪽의 스칸디나비아 반도 남부와 유틀란트 반도에서 살았다. 이들은 켈트 인을 몰아내면서 남하하기 시작하여 마침내 기원 전후에는 로마 제국의 국경에까지 이르렀다.

당시 왕 또는 몇몇 수장들이 각 부족을 다스렸고, 중요한 일은 회의에서 결정하였다. 수장은 자유민을 종사로 삼아 부양하는 대신, 이들에게 충성을 요구하였다. 이들의 생활을 알려 주는 책으로 '갈리아 전기', '게르마니아' 등이 있다.

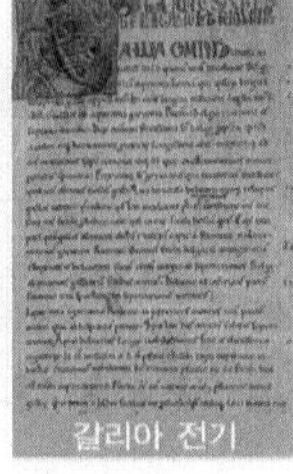
갈리아 전기

종사제

종사(從士)는 자유민의 미성년 자제들 가운데서 뽑았으며, 이들은 종사로 뽑히는 것을 큰 명예로 여겼다. 종사는 주인에게서 옷과 노예, 가축을 받고 함께 살았다. 그러나 토지는 받지 못하고, 성년이 되면 주인과의 관계도 끝났다. 하지만 유력자는 자신의 명성을 과시하려고 많은 종사를 거느렸다. 타키투스의 '게르마니아' 중에서

생활 모습

게르만 족은 일정한 영토를 소유하지 않고 매년 유력자가 토지를 분배하였다. 경계 지역을 넓게 비워서 사람이 살지 않는 것을 아주 큰 명예로 생각한 부족도 있었다. 가사를 돌보고 논 · 밭을 가꾸는 일은 여자들의 몫이었고, 남자들은 사냥과 무예를 닦는 일에 전념하였다. 카이사르의 '갈리아 전기' 중에서

게르만 전사들

민회

사소한 일은 수장들끼리 의논하지만, 중요한 일은 부족민 전체가 의논한다. …… 모인 사람들은 각기 연령이나 신분에 따라 이야기하는데, 명령하기보다는 설득하려고 애쓴다. …… 발표자의 의견이 마음에 들지 않을 때는 웅성거리는 소리로 거부하고, 마음에 들 때는 창을 흔든다. 무기를 흔들어 찬성하는 것이 가장 열렬한 의사 표시이다.

타키투스의 '게르마니아', 11장, 민회 중에서

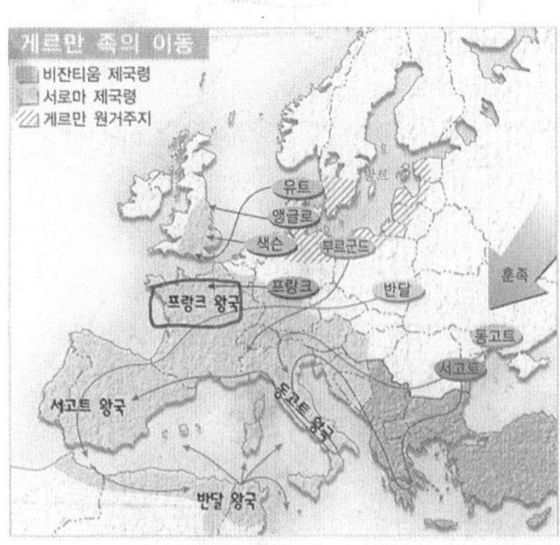
게르만 족의 이동

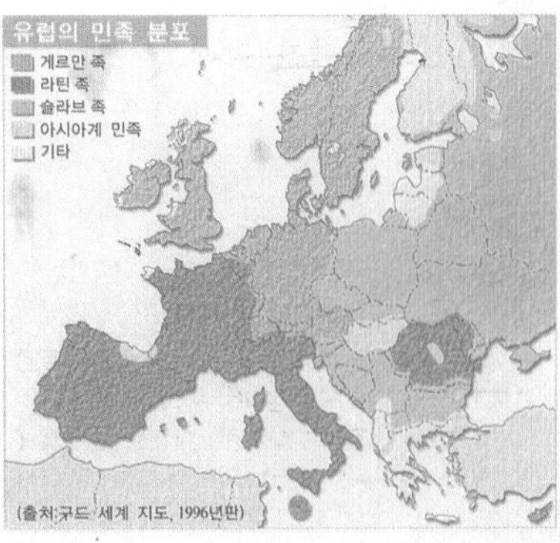
유럽의 민족 분포

(출처:구드 세계 지도, 1996년판)

자료창 열기

자료1 게르만 족의 대이동

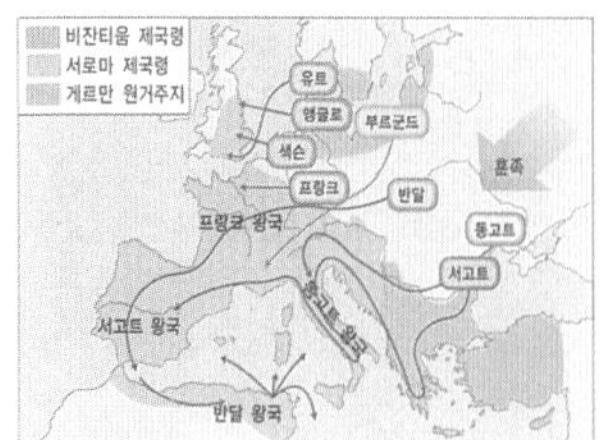

▲ 게르만 족의 이동은 4세기 말부터 6세기까지 계속되었다. 게르만 족은 로마 제국의 곳곳에 왕국을 세웠지만 대부분 오래가지 못하였다.

자료2 프랑크 왕국의 분열

▲ 프랑크 왕국은 베르됭 · 메르센 조약으로 동 · 서 · 중 프랑크로 분열되어 오늘날의 독일, 프랑스, 이탈리아의 기원이 되었다.

자료3 피라미드 식 계층 구조

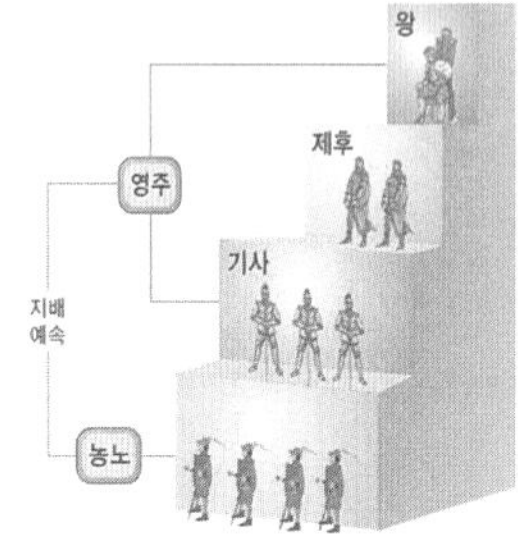

▲ 주종 관계에서 기사는 여러 명의 주군을 섬기는 경우가 많아 피라미드 형태의 주종 관계는 매우 복잡한 구조를 지니고 있었다.

자료4 중세 기사의 모습

▲ **토너먼트** 2명의 기사가 말을 달려 창으로 상대를 쓰러 뜨리는 경기. 기사들이 수입을 얻을 수 있는 기회였다.

▲ **롤랑의 노래** 중세에는 카롤루스 대제의 기사였던 롤랑의 용맹을 그린 기사도 문학이 유행하였다.

진단클릭

1 훈 족의 압박으로 이동하여 서로마 제국을 혼란에 빠뜨린 민족은?

2 (　　) 왕국은 게르만 족이 세운 나라 중에서 가장 강성하였으며, 유럽 세계의 형성에 크게 기여하였다.

3 왕들은 기사들에게 토지를 주었는데, 이 토지를 (㉠)라 하고, 토지를 준 자를 (㉡), 토지를 받은 자를 (㉢)이라 하였다.

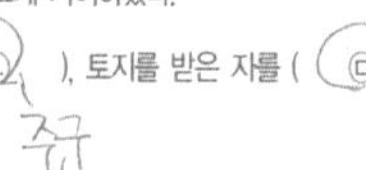

(4~6) 다음 설명이 맞으면 ○표, 틀리면 ×표 하시오.

4 프랑크 왕국의 클로비스는 영토를 확장하고 크리스트 교로 개종하였다. (　　)

5 프랑크 왕국의 분열로 오늘날 영국, 프랑스, 이탈리아가 성립되었다. (　　)

6 주군과 가신의 관계는 서로 의무를 이행하지 않았을 때 깨질 수도 있었다. (　　)

그림+지도를 재밌게 읽는 법

사회책에 나오는 그림과 지도를 읽다보면 교과 내용을 통합적으로 이해하는 눈이 생기게 된다. 예를 들어보자. 비잔티움 제국에 대한 설명이 '수도 콘스탄티노플은 3면이 바다로 둘러싸인 천연의 요새였으며, 유럽과 아시아를 잇는 교통의 요지였기 때문에, 동서 무역으로 많은 부를 쌓을 수 있었다' 라고 나와 있다면, 이 내용을 외우기 전에 그 옆에 나와 있는 지도를 살펴보자. 눈으로 비잔티움 제국과 콘스탄티노플의 위치를 확인하면 바다로 온통 둘러싸여 있는 지형을 보면서 내용을 이해하게 되고, 또 유럽과 동양을 잇는 접경 지역이라 오가는 사람들이 많아 무역이 발달했다는 내용이 외울 필요 없이 바로 이해가 된다.

더 좋은 방법은 세계지도를 보면서 교과서의 지도를 보는 것이다. 아시아의 훈족의 침입을 받은 게르만 민족의 이동 경로를 쫓아가면서 유럽 세계가 어떤 과정을 거쳐 형성이 되었는지 지도를 통해 확인하면 훨씬 쉽고 재미가 있다.
사회 과목을 싫어하는 친구들의 공통점 중의 하나가 지도 읽기를 싫어한다는 것이다. 어느 나라가 어느 곳에 위치해 있는지조차 모르고 그저 본문만 외우고 있으니 좋아질리가 없다. 책에 실린 지도와 그림을 가까이하기 시작하면 사회 과목이 보다 친근하고 재밌게 느껴질 것이라고 확신한다.

★나는 방의 벽에 커다란 세계지도를 붙여놓았다. 그리고 국사와 세계사 공부를 할 때는 늘 전체 지도를 보면서 지형과 국가의 지리적 위치적 구조부터 살펴보고 교과서에 실린 부분 지도를 본다. 자꾸 반복해서 세계지도를 보다보니 언제부터인가 세계지도를 보지 않고 그릴 수가 있게 되었다. 이쯤 되면 나라 이름이 나오면 머릿속에 세계지도 상의 위치를 떠올리게 되고, 자연스레 지형적인 특성은 알고 들어가게 되기 때문에 해당 국가에 대한 이해가 한결 빨라진다.
즉 게르만 민족이 라인 강과 다뉴브 강 북쪽의 삼림 지대에 살고 있었다고 하는데, 책 속의 지도에는 민족의 이동 경로만 나왔을 뿐, 강은 표시가 되어 있지 않다. 나는 세계지도를 보면서 강을 찾아 위치를 확인하면서 보다 구체적으로 게르만족의 이동 경로를 파악하였다.
그리고 세계지도를 보면서 게르만족이 이동하면서 정착했던 앵글로 색슨 왕국, 서고트 왕국, 반달 왕국 등이 현재의 어느 나라인지를 접목시켜 보면 재미도 있거니와, 그 나라의 역사를 되짚어 보는 계기도 되어 자연스럽게 통시대적인 공부를 할 수 있다.
책 속에 삽입된 명화, 왕들의 초상화, 유적지 및 유물 등도 본문 이해에 도움을 주므로 유심히 봐 두는 것이 좋다.

시험공부는 문제지 위주로

평소에 복습과 예습을 체계적으로 했기 때문에, 시험공부는 2주 전에 시작해서 2~3일 동안 끝낸다.

1. 시험 범위까지 교과서를 꼼꼼히 읽어본다

교과서의 목차 읽기부터 시작, 소제목 → 본문 → 그림과 지도 → 필기의 순서로 꼼꼼히 읽으며 다시 한번 정리한다.

2. 문제지의 요점 정리를 읽는다

요점정리를 읽으면서 교과서 내용을 바탕으로 하나하나 풀어서 설명을 하면서 읽는다. 잘 생각이 나지 않으면 다시 교과서와 필기 내용을 읽으면 어느 정도 외워진다.

3. 문제를 푼다

문제지를 풀면서 막히는 문제는 교과서와 필기, 참고서 등을 읽으면서 해결한다. 이때 다시 한 번 읽게 되므로 앞서 '어느 정도' 외우는 수준에서 '확실하게' 외울 정도가 된다. 문제지는 평균 2권을 풀고, 기출문제집을 추가로 더 푼다.

4. 문제까지 다 풀고 나면, 마지막으로 교과서를 더 읽는다

문제를 풀면서 새롭게 알았던 내용, 중요 표시를 해둔 부분 등을 주의 깊게 살피면서 3번 정도 읽으면 교과서 필기는 물론, 사소한 그림과 지도까지 머릿속에 선명히 기록된다.

5. 시험 전날은 문제지의 오답을 체크하고, 교과서를 한 번 더 꼼꼼히 읽는다

이쯤되면 교과서는 내 머릿속에 사진을 찍듯 선명하게 기억되어 있다. 오답 체크와 교과서 읽기로 마무리.

국어 역시 사회만큼 내 '밥' 인 과목이다. 학년이 올라갈수록 그렇고 특히 수학능력시험에서는 언어영역이 가장 어렵다고 하므로 중학교 때부터 제대로 공부법을 찾아 확실하게 공부하는 것이 무엇보다 중요하다. 학교 성적을 올리기 위한 공부법은 '전략적'이어야 한다.

시험 보기 전까지 평균 10여 차례 반복 학습

내가 가장 자신 있는 과목 중의 하나인 국어는 시험 보기 전까지 10여 차례 이상 교과서를 숙독한다. 학원에서 선행 학습을 통해 예습을 한 후, 학교에서 다시 공부를 하고, 쉬는 시간에 배운 부분을 다시 한번 훑어 평소에 한 단원을 3번 반복해서 학습을 한다. 시험 공부는 이틀에 걸쳐서 교과서를 읽고 문제지를 2권 선택해서 풀고, 시험 전날 오답체크를 하는 걸로 마무리 한다.

비문학 완전 정복을 위한 나만의 예습법

설명문, 논설문 등 비문학 분야의 글은 다소 딱딱하고 어렵게 느껴지기 쉽다. 국어 교과서는 '문학' 과 비문학류인 '읽기' 로 나뉘어 각각의 단원별로 매우 친절하게 이해를 돕게끔 구성되어 있다. 따라서 교과서에 호흡을 맞추면서 단원마다 끝까지 마무리를 하면 국어 만점은 크게 어렵지 않다.

1. '읽기 전에' 를 꼼꼼히 풀어보자

본문이 시작되기 전에 본문의 이해를 돕는 점검 작업으로 '읽기 전에' 를 풀어본다. 수업 시작 전에 이것만 해두어도 본문 이해가 한결 쉬워진다. 나는 교과서에 한 개도 빠짐없이 질문의 답을 적으면서 예습을 했다.

2. 본문은 꼼꼼히 뜯어보자

❶ 본문을 정독하면서 단락을 나눈다.
❷ 단락끼리 묶어서 문단별로 크게 나눈다.
❸ 단락마다의 핵심 주제를 뽑고, 문단별 주제를 뽑는다.
} 글의 맥락을 파악하는 과정

❹ 글을 자세히 읽으면서 주요 단어와 문장 등에 밑줄을 그으면서 읽는다.

현재 TOEFL 시험을 목전에 두고 공부하고 있다. 목표 점수는 270점 이상. 평소에 매일 2시간 이상씩 영어 공부에 투자해 왔으며, 시험을 앞둔 요즘에는 평균 10시간 가량 영어 공부에 몰입하고 있다.

다방면의 독서가 TOEFL 고득점의 밑받침이 되다

TOEFL은 과학과 사회, 문학 등의 분야의 심층적인 이해가 뒷받침되어야 한다. 영어 실력뿐 아니라 평소에 다방면의 독서를 통해서 배경 지식 또한 쌓아두어야 고득점이 가능하다. 어릴 때부터 꾸준히 해온 독서가 TOEFL 준비에도 효자 노릇을 톡톡히 하고 있다. 예를 들어 TOEFL 공부를 하면서 평소에 읽어두었던 리차드 파인만의 과학 이론, 에드거 앨런 포의 일생 등과 관련된 내용을 접할 땐 '감'으로 때려잡을 수 있는 기본 지식이 있어서 더욱 쉽게 느껴진다.

중학교 진학 이후부터 TOEFL 준비

외국어고 및 자립형 사립고 등을 준비하는 상당수의 아이들이 중학교 때 TOEFL을 준비한다. 욕심을 내느라 초등학교 때부터 TOEFL을 공부하는 애들도 있다고 하는데, 시험에서 좋은 성적을 받기 위해서는 미국 대학에서 학습이 가능한 수준의 지식과 미국의 문화와 사고방식 등 다방면의 지식이 우선 뒷받침되어야 하므로 초등학생들에게는 괜히 '진을 빼는' 과정이 될 수도 있다고 생각한다.

학습의 범위와 난이도가 훨씬 넓고 어려워지는 중학교에 진학해 교과 공부를 하면서 준비하면 한결 수월하다. 예를 들어 중학교 1학년 때 지각변동에 대해 배우는데, TOEFL에 '판 이동설' 관련 내용이 듣기 문제로 출제가 된 적도 있다. 따라서 앞서 언급했듯이 관련된 책을 읽어서 교과서 내용을 심층적으로 이해하면서 TOEFL을 공부하면 보다 효과적이다.

학교 영어가 쉽게 느껴진다면 TOEFL 준비로 실력을 키워라

나는 초등학교 3학년 때 파닉스를 시작으로 영어 공부에 첫발을 디뎠다. 이후 지속적으로 영어 공부를 해왔는데, 중학교 진학 이후로 학교 영어 시험에서는 거의 100점을 받았다. 또한 1학년 초부터 TOEFL 공부를 시작해 지금까지 공부한 결과 영어 실력이 눈에 띄게 향상되었음을 실감할 수 있었다. 중학교 3학년 때 TOEFL 시험을 치른다는 목표로 요즘 매일 2시간 이상씩 영어 공부를 하고 밥 먹을 때나 차를 타고 이동할 때도 테이프를 듣는 등 영어에 몰입하고 있기 때문에 영어 실력이 부쩍 향상된 것 같다.

굳이 특목고나 자립형 사립고 등을 준비하지 않는다고 해도 학교 영어 수준이 좀 쉽게 느껴진다면 학교 성적에 만족하지 말고 중학교 때 TOEFL 준비를 하면서 실력을 몇 단계 업그레이드 시키라고 권하고 싶다.

임윤정NOTE

윤정이의 공부법 핵심 포인트

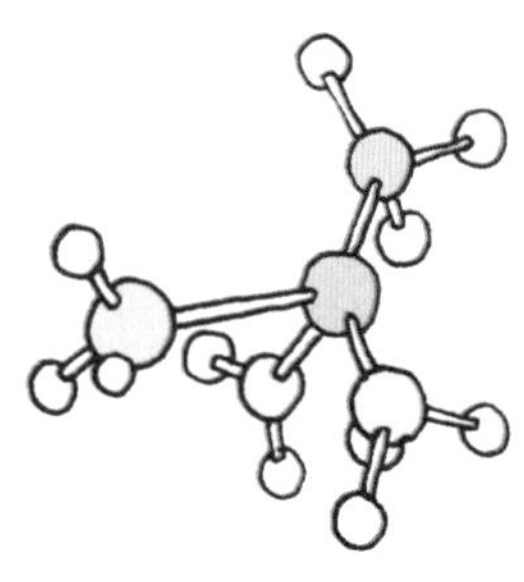

최상위권은 '뒷심'이 필요하다

흔히 성적에 따라 하위권, 중위권, 중상위권, 상위권, 최상위권, 이렇게 다섯 단계로 구분을 한다. 등수를 기준으로 하면 중간 이하의 성적은 하위권으로, 20~10등을 중위권, 10~5등은 중상위권, 5등 이내를 상위권으로 분류하고, 전교 5등 이내에 들어야 최상위권으로 진입을 했다고 평가한다.

경험에 비추어 봤을 때 하위권에서 중위권, 중상위권에서 상위권으로의 진입은 그리 어렵지 않다. 공부에 집중하는 시간을 배로 늘리면 등수 변동은 얼마든지 가능하다. 성실성과 성취욕이 덧붙여지면 상위권으로 진입도 수월하다. 그러나 상위권에서 최상위권으로의 진입은 쉽지 않다. 성실성과 노력, 집중력 이외에 '뒷심'이라는 또 하나의 요소가 필요하기 때문이다. 뒷심을 만들기까지는 며칠 동안의 시험 공부만으로는 불가능하고, 2~3년 이상 지속적으로 쌓은 실력이 필요하다고 생각한다. 뒷심이 든든한 학생이 성실성과 노력과 집중력과 자기성취감, 승부욕 등으로 똘똘 뭉쳤을 때 비로소 최상위권으로 진입할 수 있다는 이야기다. 중학교 내내 최상위권 성적을 유지할 수 있었던 나의 '뒷심' 이야기를 지금부터 시작한다.

'뒷심'을 키워주었던 4가지 요소

1. 초등학교 6학년 때부터 신문을 읽다

나는 초등학교 6학년 때부터 신문 읽기에 취미를 붙였다. 우연히 펼쳐본 신문에는 무궁무진한 세상 소식들이 있었는데, 특히 국제면의 기사들은 나의 눈길을 붙잡았다. '이란 대통령이 미국 부시 대통령을 조롱하다', '에너지 전쟁이 다가온다' 등의 제목들은 구미를 당겼으며, 다소 어려운 내용들도 있었지만 아주 재미있었다. 그 이후 나는 매일 신문을 읽었다. 하루는 시험을 하루 앞두고 신문만 들여다보고 있는 내가 불안해서 엄마는 '공부해야지 신문만 읽고 있으면 어떻게 하니?'라고 걱정스럽게 물어보셨지만, 나는 아랑곳하지 않고 신문 기사에 빠져들었다. 신문을 읽고 느낀 점들은 그날의 일기장에 기록하기도 했다.

처음엔 조금 어려워도 재미가 있어서 그냥 읽었는데, 6개월쯤 지나니까 이해가 어려운 문장이나 단어들이 별로 보이지 않았다. 그만큼 독해력이 늘어난 것이다. 그리고 시간이 지나면서 국내 및 국외 정세의 흐름이 어느 정도 파악이 된다는 것을 느낄 수 있었다. 유가가 오르고, 콜금리가 오르고 하는 변화가 국제 경제나 한국 경제에 어떠한 영향을 미치는지도 대충은 감이 잡혔다. 2년 넘게 신문을 읽으면서 국내외 사건 사고 및 칼럼 등을 계속 접하니 학교에서 배우는 사회 수업 내용이 절로 이해가 되었다.

민족사관고등학교에 입학하기 위한 중간 단계의 하나로 '토론대회'를 준비하면서 다방면의 시사 상식에 관련된 주제를 정해서 토론을 하는데, 신문을 통해 평소에 쌓아둔 국내외 정세들에 대한 지식이 크게 도움이 된다.

2. 다방면의 왕성한 독서

책 읽기는 영화 관람과 더불어 내가 가장 좋아하는 취미활동이다. 장르를 가리지 않고 어떤 책이든 욕심껏 읽는 편이다. 최근 영화화되어 화제가 되고 있는 『다빈치 코드』는 10번도 넘게 읽었을 만큼 재미있게 본 책이다. 초등학교 때부터 역사서를 즐겨 읽었는데, 『영원한 제국』, 『거꾸로 읽는 세계사』 등을 재미있게 읽었고, 『삼국지』는 10번도 넘게 읽었을 만큼 좋아한다.

독서를 많이 하면 학교 공부에도 상당한 도움이 된다. 특히 사회와 국사, 세계사 분야는 아주 쉬워진다. 평소에 읽었던 역사서들이 교과 내용들과 다 연결되어 있기 때문이다. 또 독서를 통해 지식을 풍부하게 쌓아두면 글쓰기 실력은 당연히 향상된다. 음식물을 먹으면 소화가 되고 배설된 후에 또 새로운 음식을 먹게 되는 이치와 같이, *책을 통한 지식을 머릿속에 자꾸 넣어주면 차고 넘칠 때가 되어 글이나 말로 표현하고 싶은 욕구가 자연스럽게 발산이 되는 것이다.** 따라서 글쓰기, 논술의 기초는 평소의 '독서'에서 비롯된다는 것이 내 생각이다.

3. 꾸준한 한자 학습

어휘력과 과목의 이해도가 직결되는 과목이 '사회'와 '국사'이다. 역사와 경제 분야의 낯선 용어들이 나왔을 때 제대로 이해를 하지 않고 무작정 외우려고 하면 힘에 겨울 수밖에 없다. 이런 친구들은 시험을 앞두면 영어와 수학 등 주요 과목 수업 시간에 사회나 국사 교과서를 밑에 숨겨놓고 외우는 경우를 종종 본다.

나에게는 가장 재미있고 쉬운 사회와 국사가 왜 어떤 아이들에게는 국영수보다도 어려울까 궁금해하던 중 한 경우를 보게 되었다. 어떤 친구가 '왕권신수설은 왕의 권한이 신에게로부터 주어졌다는 설'을 중얼거리며 반복해서 외우고 있었다. 문제는 거기에 있었던 것이다. 한자어인 '왕권신수설'은 한자를 풀어가며 이해를 하면 외울 필요가 없을 것 아닌가. '王.權.神.受.說은 왕의 권한을 하늘이 내렸다는 주장'이라고 풀어서 이해를 하면 외울 필요 없이 그대로 머릿속에 저장될텐데 말이다.

나는 유치원에 다닐 때인 7세 때 한자 학습지를 시작하여 초등학교 5학년 때까지 계속했다. 당시 한자능력검정시험 4급까지 합격을 했는데 한자 1,000자를 읽을 수

한 걸음 더

❶ 여러 가지 뜻을 가진 한자

落
- ① 떨어지다 — 落下(낙하) : 아래로 떨어짐.
- ② 마을 — 部落(부락) : 시골의 집이 많이 모여 있는 큰 마을.

❷ 한자의 활용

(1) 干支 ← 支出 ← 出 → 出他 → 他律

(2) 穀 → 穀物 → 物體 → 體溫 → 溫度

- 干支(간지) : 십간과 십이지. 천간과 지지.
- 他律(타율) : 남의 명령이나 구속에 따라 행동하는 일.
- 穀物(곡물) : 사람의 식량이 되는 쌀 · 보리 · 콩 · 조 따위의 총칭.

❸ 생활 한자어의 활용

(1) 西山에 日落하니 東山에 月出이라.

(2) 泰山이 높다 하되 하늘 아래 뫼이로다.(양사언)

(3) 白雪이 滿乾坤할 제 獨也靑靑하리라.(성삼문)

(4) 그 집은 오래 비워 두었는지 마당에 잡초가 茂盛했다.

- 茂盛(무성) : 초목이 우거짐.

읽고 생각하기

時調 속에 담긴 忠節

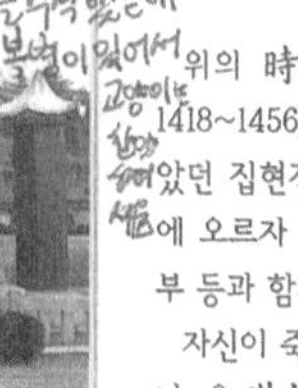

이 몸이 죽어가서 무엇이 될꼬 하니
봉래산 제일봉에 落落長松 되었다가
白雪이 滿乾坤할 제 獨也靑靑하리라.

위의 時調는 사육신(死六臣)의 한 사람인 성삼문(成三問, 1418~1456)이 지은 것이다. 성삼문은 訓民正音 창제의 실무를 맡았던 집현전 學士의 한 사람으로, 세조가 단종을 몰아 내고 왕위에 오르자 단종의 복위를 꾀하다가 발각되어 이개 · 하위지 · 유응부 등과 함께 극형을 당했다.

자신이 죽으면 봉래산 가장 높은 봉우리에 한 그루 소나무로 태어나, 온 世上이 흰 눈에 덮인다 해도 자신은 푸른 빛을 잃지 않고 우뚝 서 있겠다는 다짐을 노래한 이 시조에는 절개를 굳게 지키고자 하는 詩人의 忠節이 잘 나타나 있다.

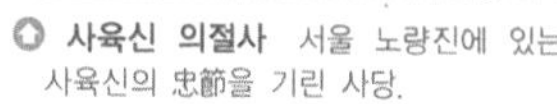

사육신 의절사 서울 노량진에 있는 사육신의 忠節을 기린 사당.

있고 500자까지 쓸 수 있다는 인증서를 받은 것이었다. 그 정도면 중, 고등학교 교과 과정을 공부하는 데 큰 무리가 없다고 해서 거기까지만 공부했다. 초등학교 때까지는 평소에 쌓아두었던 한자 실력이 크게 빛을 보지 못했지만, 중학교 진학한 이후로는 적지 않게 도움이 되었다. 초등학교 때와는 비교도 안 되게 배우는 양도 많아지고 내용도 어려워지면서 한자를 많이 알수록 교과 내용 이해가 빠르다는 것이 몸으로 느껴진다. 특히 6학년 때부터 신문을 매일 읽으면서 나도 모르게 한자 실력이 더 많이 늘었던 것 같다.

특별히 눈에 띄진 않지만 알게 모르게 자신의 바탕 실력이 되어주는 한자 공부는 미리미리 해두라고 후배들에게 권하고 싶다.

4. 유치원 때부터 꾸준히 써온 일기

'일기'는 나에게 '밥' 만큼 중요하며, '밥' 만큼 자연스럽게 생활 속에 녹아 있다. 이제는 일기를 쓰지 않는 나를 생각할 수가 없을 정도이다. 내가 처음 산문형의 일기를 쓰기 시작한 것은 8년 전이었다. 당시 7세였던 나는 그 이전에 이미 그림일기를 꽤 써왔던 이력이 있던 터라 제법 일기를 썼던 것 같다. 초등학교 1학년 때는 이미 줄 노트 한 바닥을 매일 채울 정도로 문장력이 늘어 있었다. 그때부터 지금까지 쓴 일기장만 몇 박스에 달한다. 컴퓨터로 일기를 쓰기 시작하면서 내용은 더욱 길고 다양해졌다. 영화를 본 후 감상문을 쓴 것도 있고, 어느 날은 내가 지은 시로 채워진 날도 있다. 또 책을 읽은 후 독후감을 일기 대신으로 쓴 날도 있고, '대영박물관 한국전'이라는 제목으로 박물관 관람기를 쓴 적도 있다.

내 일기의 특징 중 하나는 바로 '날씨' 내용이다. 보통 정해진 일기장의 형식에 맞춰 의례적으로 '맑음', '흐림' 등 짧게 쓰는데, 난 왠지 그러고 싶지가 않았다. 하루의 날씨가 하루의 컨디션을 좌우할 만큼 중요하다고 생각했기 때문이다. 걸어가야 할지, 버스를 타고 가야할지, 우산을 들었는지, 하복을 입었는지 춘추복을 입었

초등학교
1학년 때 쓴 일기

1999년 11월 25일(목) 날씨: 맑음

제목: 신향주

쓰기 공부 시간에 신향주가 내 치마가 임신복 같다고 나를 임신한 아주머니라고 놀렸다. 그래서 나는 가슴이 너무 아파서 선생님께 일렀더니, 선생님께서 윤정이를 왜 놀렸냐고 하면서 신향주의 등짝을 세 번 아주 세게 때리셨다. 선생님께서 교탁으로 가시고 나서 신향주가 나에게 미안하다고 말하였다. 나는 괜찮아, 다음부터는 놀리지 말라고 하였다.

나도 다른 친구들을 놀리지 말아야겠다. 왜냐하면 내가 놀림을 당해 보니까, 너무 속상했기 때문이다.

"친구들을 놀리지 말고, 착한 어린이가 되자."

초등학교
4학년 때 쓴 일기

(   )

2002년 3월 25일 (월)

날씨: 햇님께서는 방긋방긋 웃으셨는데 뭉게구름님과 새털구름님은 조금 화가 나셨는지 오후에 하늘나라로 살짝 숨어 버리셨다. 황사 바람님께서는 중국으로 되돌아가신 것 같았다.

주제: 엄마한테 된통 야단맞은 날!

학교 수업이 끝나고 청소 당번이라서 청소를 하다가 선생님의 부탁으로 '동시부 계획표'를 컴퓨터로 쳤다. 선생님께서 내게 부탁하신 이유는 내가 '교과담당자'이자 선생님의 비서이기 때문이다. '동시부 계획표' 문서 작성을 끝내고 선생님의 두 번째 부탁인 부활절 카드를 만들었다. 나와 같은 '교과담당자'인 주연이도 도와주었다. 어느 새, 4시가 다 되어 있었다. 나는 허둥지둥 선생님께 인사를 드리고 교실을 나와 집으로 왔다. 엄마께서 왜 이리 늦었냐고 호통치시며

"임윤정! 너 제정신이냐? 적어도 3시까지는 와야지. 엄마가 수학 수업하러 중계동 가는거 뻔히 알면서 이렇게 늦게 오면 어떡해? 너 때문에 엄마 오늘 수업 못 가잖아."

라고 꽥꽥 소리를 지르셨다. 엄마는 봉사에 대해서 잘 모르시는 것 같다. 봉사를 하면 얼마나 기분이 상쾌하고 좋은지도 말이다. 엄마는 봉사심이 하나도 없으신 것 같다. 반면에 나는 봉사면에서는 나서기 좋아하고 봉사심이 굉장히 강한 아이이다. 엄마랑 딸 사이인데 우리 모녀는 왜 이렇게 다른 점이 많을까?

오늘은 봉사를 해서 기분이 좋았으나 봉사심이 하나도 없고 유별난 우리 엄마 때문에 망친 하루가 되었다.

예쁘게 잘했어요

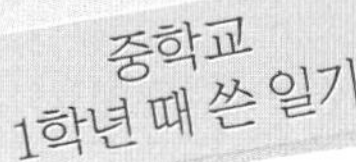

2005년 5월 3일 (화)

날씨: 맑았으며 꽤나 더웠다. 운동장에 서 있다가 음지로 가면 시원해서 이글루에 온 것 같았다. 킥킥... 내일은 오늘보다는 조금 더 시원하되, 지난번처럼 그렇게 바람이 세게 불지는 않기를!!!

주제: **가면**

임 윤 정

너무나도 많은 가면들...
자신을 속이는 사람들....

이 사회에는 가면을 쓰는 사람들이
왜 이리도 많이 있는 것일까요?
다른 사람들을 속이려고
가면을 쓰고, 혹시나 들킬까
두려워하는 이들...

하지만 세상을 속일 순 없겠지요.
가면 속에 있는 내 모습,
그게 진정한 나겠지요.

가면을 벗고
자기 자신의 모습을 바라보세요.
자기가 바랬던 모습보다
더 참다운 모습이 있을 것입니다.

는지 등 아주 많은 사항들이 날씨로 인해 좌우되는데, 그런 날씨를 소홀히 대접해서는 안 된다는 나름대로의 판단을 했던 것이다. 그 날 날짜를 적고, 그 다음 칸에 '날씨 일기'를 서너 줄씩 적었다. '약간 흐린 듯했으나 꽤나 서늘했다. 그러나 뭐 춥지는 않았지만' 이렇게 날씨 묘사를 장황하게 했다. 이것만 읽어도 그날 어떤 옷을 입었는지, 기분이 어떠했는지가 생생하게 느껴진다.

짧게는 A4용지 한 장 분량(200자 원고지 7~8매), 기분이 내킬 때는 A4용지 2~3장 분량(200자 원고지 20매 이상)까지도 쓴다. 지난 8년 동안 매일 장문의 일기를 써왔으니 아무래도 남들보다는 글쓰기 실력이 향상될 수밖에 없었을 것이다. 나는 글짓기나 독서 등과 관련된 학원 수업이나 그룹 지도를 따로 받은 적이 없다. 책도 혼자 읽었고 글도 일기를 통해 혼자 썼다. 그러나 설명문이든 논술이든 기행문이든 어떤 글이든 주제만 주어지면 자신 있고 조리 있게 내 생각을 글로 풀어나갈 자신이 있다. 뿐만 아니라 글로 내 생각을 표현하는 것이 아주 재미있다. 때론 '소설가'가 되고 싶다는 생각을 할 만큼.

★ '글을 잘 쓰고 싶다면, 일기를 꾸준히 써라!' 라고 말하고 싶다.

중학교 1학년 때 쓴 일기
– 대영박물관 한국전 관람기

2005년 5월 8일 (일)

날씨: 약간 흐린 듯 했으며 꽤나 서늘했다. 뭐, 춥지는 않았지만 그래도 으슬으슬 떨린다고 해야할까 어쨌든 어제보단 온도가 좀 떨어진 것 같았다. 내일 하복 입고 가려고 했는데 그냥 춘추복 입어야겠네~

주제: 대영 박물관 한국전

아침에 늦잠을 자고 일어나서 중국어 숙제를(지난주부터 중2 때부터 시작하는 중국어 과목에 대비해서 중국어 과외를 받기 시작했다.) 하고 있는데 엄마께서 하시는 말씀!

"오늘 대영 박물관 한국전이나 갔나 올까?"

야호! 얼마전부터 대영 박물관에 있는 주요 유물 335점을 옮겨와서 우리나라의 예술의 전당에서 전시를 하고 있었는데 가고 싶었었다. 너무 행복해하며 할 일을 빨리빨리 끝냈고 대영 박물관(?)으로 출발!!!!!!! 입장료가 좀 비싸서 나만 들어가고 부모님께서는 밖에서 산책을 하셨는데... 설명을 녹음한 MP3를 대여해서 입장!

첫 번째 코스는 "대영 박물관 역사관"이었는데 "셜록 홈즈"시리즈의 작가인 "코난 도일"의 열람실 서명과 입장권 등 개관 당시부터 박물관의 발전 과정을 한 눈에 볼 수 있었다. 두 번째 코스는 "고대 이집트와 수단"이었는데 주로 미라가 많이 있었다. 불행의 미라라고 불리는 마라의 관이 가장 눈길을 끌었고 람세스 4세 석상도 멋졌다. "어떤 여인의 미라"라는 제목의 미라는 꽁꽁 싸여 있어서 자세히 볼 수 없어서 아쉬웠다. 설명에서는 코가 떨어져 나가고 그랬다는데 볼 수 없어서 얼마나 아쉬웠는지 모른다. 세 번째 코스는 "고대 근동"이었는데 왕에게 화살을 맞고 죽어 가는 사자의 모습을 자세히 표현한 "석제 사자 부조"가 굉장히 인상적이었다. 팽팽하게 당겨진 얼굴 근육이며 내뱉는 피며 참 섬세하다고 생각되었다. 또한 피라미드 안에서 발견된 "여왕의 수금"도 멋졌는데 그 시대에 이런 악기를 만들었다는 것이 참 신기하게 느껴졌다. 네 번째 코스는 "그리스와 로마"였는데 내가 그리스와 로마 신화에 가장 관심이 많은지라 그 신화가 반영된 유물들이 전시관에서 본 것들 중 가장 인상적이었던 것 같다. 한 쪽 팔이 없어진 "디오니소스 상" 당장이라도 살아서 뚜벅뚜벅 걸어나올 것 같았다. 또한 "헤르메스 상" 또한 진짜 사람 같았는데 인체 비례를 엄격하게 사용했다고 한다. 팽팽하게 당겨진 근육이 꼭 금방이라도 욱신거릴 것 같았다. 다섯 번째 코스는 "아프리카, 아메리카, 오세아니아"였는데 이 또한 꽤나 인상깊었다. 뭐랄까, 신비로움과 다채로움을 느꼈다고나 할까? 섬세하게 상아로 조각된 소금그릇과 모아이 마에아 상이 인상적이었다. 이스터 섬의 모아이 석상보다 더

작고 옮길 수 있는 것을 모아이 마에아 석상이라고 한다는 것을 새로 알 수 있었다. 그리고 아프리카에서 쓰는 옷들과 양탄자를 보았는데 색이 참 다채롭고 자연미가 느껴졌다. 여섯 번째 코스는 프린트와 드로잉이었는데 다 빈치의 "대머리 남자의 옆얼굴"이 참 인간적이고 또 사람의 표정에 그 사람의 됨됨이가 표현된다는 다 빈치의 생각이 반영된 것 같았다. 뒤리의 멜랑꼴리아는 섬세하고 신비로운 선으로 정말 우울한 느낌이 들게 하는 그림이었다. 일곱 번째 코스인 "선사와 유럽"에서는 그리스도교의 영향을 받은 유물들이 많이 있었는데 십자가에 못 박힌 예수와 동정녀 마리아, 그리고 요한을 조각한 크리스탈이 가장 멋졌던 같다. 그리고 신성하고 아름다운 루시아를 그린 접시는 그 때의 유행을 잘 보여주는 것 같았다. 팽팽하게 당겨진 머리며, 넓은 이마며, 참 아름다운 자연미를 보여주고 있었다. 참, 노르웨이에서 만든 것으로 추정되는 나이트, 비숍, 킹 세 종류의 체스 말들도 있었는데 영화 "해리포터와 마법사의 돌"에서 나온 것이라 특히 눈길을 끌었던 것 같다. 여덟 번째 코스는 "아시아"였는데 주로 불교에 관련된 것이어서 불교에 별로 그다지 관심을 두고 있지 않은 나에게는 그렇게 흥미롭진 않았다. 가장 눈길을 끄는 것은 우리 나라 유물인 "체제공의 초상화"와 고려청자였는데 먼저 간 아들을 그리며 자신의 초상화 귀퉁이에 쓴 체제공의 글이 멋있고 감동적이었다.

아무튼 아시아를 마지막으로 대영 박물관 한국전을 관람한 후, 나왔는데 참 감동적이고 멋진 경험이었던 것 같다. 비행기를 타고 바다 건너가서야 볼 수 있는 유물들을 가까운 곳에서 볼 수 있어서 참 좋은 기회였던 것 같았다. 또한, 설명이 더 유물들을 내 머릿속에 깊게 남겨놓은 것 같았다. 하하... 이런 기회를 만들어주신 부모님께 감사 드린다. 그림들의 섬세한 선과 유물의 신비로운 조각을 잊을 수 없을 것 같다.

참, 기쁜 소식이 하나 더 있다. 엄마께서 아빠와 나를 위해 "오페라의 유령" 오리지널 내한 공연을 S석으로 두 좌석 예매(7월 10일) 하셨다고 한다. 처음으로 예술의 전당의 오페라 하우스에서 "오페라의 유령"을 본다고 생각하니 떨리고 정말 환상적일 것 같다. 지금도 오페라의 유령 OST를 들으면서 이 일기를 쓰고 있는 중이다.

아! 오늘은 정말 일생에서 그다지 경험하기 쉽지 않은 것을 경험해서 정말 기분이 좋고 감동적인 하루였다. 앞으로도 이런 박물관 체험을 많이 다닐 수 있었으면 좋겠다.

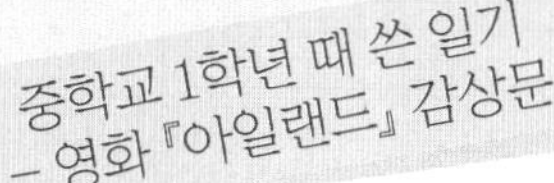
중학교 1학년 때 쓴 일기
– 영화 『아일랜드』 감상문

2005년 7월 24일 (일)

날씨: 아침부터 흐릿흐릿하더니 기어코 비가 내렸다. 어쩐지 어젯밤에도 덥더라~ 지금까지 더웠던 게 이렇게 비 한 번 내리려고 그랬던 건가? 어쨌든 에어컨을 사서 너무 시원하고 살 맛 났다.*^-^*

주제: 아일랜드

오늘은 일요일~ 저녁 때 엄마께서 수업하러 가시는 동안, 아빠랑 나는 "아일랜드"라는 영화를 보기로 하고 극장으로 향했다. 광고가 많이 뜨고 그리고 작품평들이 대부분 좋아서 잔뜩 기대하면서...

21세기 중반, 인간 복제가 가능해지고 현실이 되면서 많은 사람들이 자신을 복제하는 것을 의뢰한다. 대리모나, 장기 이식을 위해서이다. 그래서 외부와는 완벽히 차단된 요새 같은 곳에 메릭 박사(션 빈)는 복제 인간들을 위한 곳을 만든다. 그들이 만들어질 때부터 자신들이 환경오염으로 인한 지구 종말의 생존자라 믿게 한다. 또한, 대리모가 필요하거나 장기 이식이 필요할 때 그들을 격리시키고 사용한 뒤 폐기처분하기 위해서 아일랜드 복권 당첨이라는 것을 만들어서 아름다운 지상의 낙원인 아일랜드로 가는 것이라고 속게 한다. 링컨 6-에코(이완 맥그리거)와 조던 2-델타(스칼렛 요한슨)는 수백 명의 주민들과 함께 부족한 것이 없는 이 유토피아(?) 같은 곳에서 빈틈없는 실시간 통제를 받으며 살고 있다. 잠자리에서 일어나면서부터 몸 상태를 점검 받고, 먹는 음식과 인간관계까지 격리된 환경 속에서 사는 이들은 모두 지구에서 유일하게 오염되지 않은 희망의 땅 '아일랜드' 에 추첨이 되어 뽑혀 가기를 바라고 있다. 그러나 아일랜드라는 것에 의문을 가지게 된 링컨... 최근 들어 매일 같이 똑 같은 악몽에 시달리던 링컨은 제한되고 규격화된 이 곳 생활에 의문을 품게 된다. 그리고 곧, 자신이 믿고 있던 모든 것들이 거짓이었음을 알게 된다. 우연히 유토피아에서 일하면서 만나게 된 인간인 친구에게 찾아가다가 이상한 통로를 발견하고... 클론들을 희생시킨 뒤 폐기되는 것을 보았기 때문.. 자기를 포함한 그곳의 모든 사람들이 사실은 인간인 주인에게 장기와 신체부위를 제공할 복제인간이라는 것을 알게 된 링컨... 그리고 그 전 날 밤에 아일랜드 추첨에 당첨된 그의 연인 조던... 링컨은 조던과 탈출을 시도한다. 그간 감춰졌던 비밀, 엄연히 존재하고 있는 외부의 모습을 보게 된 이들은 자신들의 주인을 찾아 나서고 오직 살고 싶다는 본능으로 탈주를 계속하는데... 링컨의 그 인간 친구의 도움을 받아 미국까지 가게 된다. 70층에서 떨어지는 고생 등 갖가지 어려움을 겪고 난 뒤 우여곡절 끝에 찾아가게 된 톰 링컨, 링컨-6-에코의 주인... 그러나 그는 자신의 수명 연장을 위해 메릭 박사에게 이를 신고하고

그를 데리고 메릭 박사를 만나기 위해 간다. 그러나 링컨-6-에코의 가장 때문에 클론이라고 오해받은 톰 링컨이 살해당하게 된다. 그리고 링컨은 마침내, 자유로운 몸이 된 것이라고 생각한다. 한편, 자신의 주인의 집에 전화를 걸어본 조단은 주인이 교통사고로 장기 이식이 필요하다는 말을 들었지만 죄책감을 느끼며 애써 외면한다. 그러나 혼자 밖에 나와있던 그녀는 메릭 박사의 경호원들에게 납치되고 다시 유토피아로 가게 된다. 마침, 메릭 박사는 이제는 모든 클론들이 눈치를 챘다고 생각하고 모두를 폐기처분 한 후 다시 만들려 한다. 그 소식을 듣고 다시 유전자 검사를 요청 받은 톰으로 가장한 링컨은 다시 유토피아로 돌아간다. 그곳에서 모든 것을 통제하는 홀로그램을 파괴함으로서 모든 데이터를 없앤다. 그리고 자신의 옛 동료들을 구해준다. 한편, 잡혀서 수술대에 누워서 심장을 떼어 주게 된 조단... 그러나 그녀는 가지고 있던 총으로 경호원을 쏴 죽인다. 마침, 그 때 그녀를 납치했던 사람들 중 하나인 프랑스 국방부 출신 비밀요원이 그것을 목격하나 의뢰인들에게 클론들은 그저 생명을 가지는, 감정도 없는 상품이라고 말한 메릭 박사의 말이 모순되었다는 것을 깨닫고 조단을 도와준다. 마침내, 모든 클론들이 살아나고 메릭 박사는 링컨과의 격투 끝에 죽는다는 것으로... 황량한 황무지에 두 팔을 벌리고 서 있는 클론들의 자유로운 모습을 마지막으로 이 영화는 막을 내렸다.

이 영화를 보고 난 내 감정은 이루 말할 수 없었다. 눈물이 날 것 같아서 말이다. 사실, 나도 영화를 보기 전에는 로봇들의 반란같이 그저 부질없는 반란일 줄 알았다. 하지만 이 영화를 보면서 과학기술의 발달 그리고 돈만을 추구하는 인류가 만들어낸 클론들의 살기 위한 몸부림이 너무나도 애처로웠다. 동료가 죽기 싫다고, 살고 싶다고 고함지르면서 몸부림치는 모습을 본 링컨으로서는 자신이 같은 꼴을 당하고 싶지 않았을 것이고 충분히 이해가 간다. 어느 새 나도 모르게 클론들을 하나의 인간으로서 인정하고 있었나보다.

아무리 진정한 인간이 아니라지만 눈물을 흘리고 기뻐하고 사랑하는 감정을 가진 클론들을 자비없이 죽이는 일을 하는 인간들에 대한 분노의 감정이 담겨있기도 했다. 그렇게 눈 하나 꿈뻑이지 않고 자신과 똑같이 생긴 사람을 죽이는 인간들에게 진절머리가 났고 아무리 영화라지만 이런 일이 미래에 발생하게 된다면 인간이 정말 저렇게 행동할 것인가 하는 막연한 두려움이 일기도 했다. 그럴 바에야 때묻은 인간보다, 차라리 아무것도 모르고 가르치는 대로 배우고 아는 복제인간으로서의 삶이 나은 것인지도 모른다. 아무리 진정한 영혼을 가진 인간이 아니라지만 그래도 인간의 형체를 하고 인

간답게 사는 그 인간들을 죽이는 것은 살인(殺人)인 것이다. 또한, 나는 이 영화 속의 복제인간들이 진정한 영혼을 가지고 있지 않았더라도 그래도 유토피아에서 일하는 인간들보다는 더 순수하고 깨끗한 정신력을 갖고 있을 것이라고 확신했다. 그들은 적어도 누군가에게 해를 입히지는 않으니까!

그리고 내가 한 가지 더 깨달은 것은 자유가 우리의 삶에서 참으로 소중하다는 것이다. 그들은 아무 이유 없이 인간들에게 복종해야했고, 심지어 자신이 원하는 것을 먹을 수도, 자신이 원하는 옷을 입을 수도(영화 속에서는 클론들에게는 오직 하얀 유니폼만이 허가되었다.) 자신이 하고 싶은 일을 할 수도 없었다. 그렇게 정말이지 서로가 서로를 복제한 것처럼 똑같이 살아가는 복제인간들이 너무나도 측은하게 느껴졌다. 아무리 진짜가 아니고 가짜라지만 그래도 인간으로서 존중해주고 자유를 허가해야하는 것이 아닌가 하는 생각이 들면서 화가 나기도 했다. 그리고 링컨처럼 모두가 복종하는데 홀로 자유를 찾아 탈출하는 것이 처음에는 유별나다고 생각했지만 그것이 그 집단 모두를 위하는데 필수적이었다는 것을 깨닫게 되었다.

그리고 복제인간에 대한 내 의견을 몇 자 적어 볼까 한다. 요즘 우리나라의 황우석 박사를 선두로 전 세계가 줄기세포 연구에 들떠 있다. 여러 가지 질병을 막을 수 있겠다는 희망과 더불어 여러 가지 단점이 염려되고 있다. 첫 번째가 윤리와 도덕성, 그리고 인간 존중에 어긋나는 인간 복제이다. 그리고 나도 인간 복제가 과연, 인간의 수명을 늘리기 위해서라면 고작 몇십 년 더 살겠다고 몸부림치는 인간들을 꾸짖을망정, 인간복제에 절대 찬성하고 싶지는 않다. 그리고 그 생각은 "아일랜드"를 보고 굳혀졌다. 앞으로 기술이 더 발달해서 인간복제가 가능해진다면 이런 일이 발생할까봐 매우 걱정이 된다. 내가 혼자 인간복제가 어떻다느니 이러쿵, 저러쿵 떠들어도 아무도 제대로 들어 주지는 않았겠지만 그래도 인류 전체가 줄기세포 연구를 단지 질병 치료를 위해서만 쓸 수 있기를 바란다.

아, 오늘 본 영화 "아일랜드"는 참 내게 많은 것을 생각하고 내 자신에게 많은 질문들을 던져 주고, 많은 것을 느끼게 해 준 영화였다. 사실, 예상을 조금 빗나가 거의 액션 영화였지만... 이 영화를 계기로 무조건 과학 기술과 돈, 그리고 영생만을 추구하는 사람들이 반성하는 기회가 되었으면 좋겠다. 그러나 나는 내 자신을 걱정해야할 듯 하다. 만약, 내 클론이 있고 내가 장기를 이식 받아야 한다면...` 난 매우 망설일 듯하니 말이다.

스스로 논술을 준비하다

몇 년 전부터 논술이 중요하다는 말을 많이 듣는다. 내 친구들 중에는 논술 학원이나 그룹지도를 통해 따로 지도를 받는 경우도 꽤 많다. 나름 말 잘하고 글 잘쓴다는 평을 받는 나는 함께 공부하자는 제안을 여러 번 받았다. 그러나 내 경험에 비춰보면 논술은 공부하는 것이 아니라고 생각한다. '풍부한 배경지식을 바탕으로 자신의 생각을 조리 있고 체계적인 글로 표현하는 것'이 논술이라고 한다면, 나는 논술에 필요한 기초 공부를 어릴 때부터 해온 셈이다. ★자신의 생각을 글로 표현하는 능력은 '일기 쓰기'로 다년간 다져왔다. 중학생 이후에 쓴 글들은 동화도 있고 논술도 있고 기행문도 있다. 글쓰기에 자신이 있고 익숙하기 때문에, 장르가 무엇이든지 그에 맞게끔 글을 쓸 정도의 실력은 다져져 있다.

★배경 지식은 평소에 신문 읽기와 뉴스 시청을 통해 쌓아왔다. 역시 다년간 관심을 갖고 주변에서 일어나는 사건과 변해가는 국내외 정세에 대한 정보를 접해왔기 때문에, 어떤 주제로 토론을 하거나 글을 쓴다고 해도 어느 정도의 기본 지식은 갖추고 있다.

★배경 지식을 쌓는 방법 하나를 더 추가한다면 '영화 감상'이다. 나는 주로 영화를 혼자 보러 다닌다. 집에서 TV 화면을 통해 보면 답답하기 때문에 대형 스크린을 찾아 영화관으로 간다. 친구나 가족들이 '혼자 무슨 재미로 보느냐?'라고 물어보기도 하는데, 친구들과 함께 가면 수다 떠는 재미가 좋긴 하지만 영화에 집중하기가 힘들어서 어느 때부터인가 혼자 다니는 것이 좋아졌다. 얼마 전에는 국제 테러를 주제로 만든 스티븐 스필버그 감독의 『뮌헨』을 감명 깊게 보았는데, 테러와 국제 분쟁에 대해서 깊이 생각할 수 있는 기회가 되었다. 종교, 역사, 사건과 사고 등을 주제로 다룬 다소 무게감 있는 영화를 주로 좋아하는 편이다. 영화를 통해 독서와는 또 다른 면의 다양한 지식을 쌓을 수 있다.

✔ 늘 '내일이 시험이다!' 라는 긴장감을 갖자!

학기 초에는 '이번 학기엔 예습 복습을 철저히 해야겠다!' 고 다짐한다. 그러나 이 결심을 한 달 이상 지속하기가 어렵다. 하루 이틀 공부거리들이 쌓이면 그 다음부터는 더 하기가 싫어지고 마침내 시험 때가 되면 공부할 분량이 산더미처럼 불어난다. '뒤로 미루기' 가 습관이 되어 악순환이 되면 잊어버리고 놓치는 부분이 늘어나게 되고, 최상위권의 길은 그만큼 멀어지는 결과를 낳게 되는 것이다.

'공부 안하는 것 같은데, 시험은 잘본다' 라고 평가를 받는 윤정이를 비롯한 우등생들 대부분이 평소에 규칙적이고 체계적으로 예습과 복습을 하기 때문에 시험 때 여유가 있어 보인다는 사실을 상기해야 할 것이다. '내일이 시험이다!', '지금 안하면 할 시간이 없다!' 라고 생각하고, 평상시에 미루지 말고 공부하는 습관을 갖는 것이 최상위권을 향한 첫걸음이다.

Note

✓ 학교 수업에 최대한 집중! 잡담 하나도 소홀히 하지 말라

윤정이는 '선생님의 입에서 나오는 모든 말, 즉 농담이나 잡담까지도 받아서 적어라!' 는 학교 수업 필기 원칙을 세우고 있다. 학원의 민사고반에 다닌다고 해서 학교 수업을 시시하게 여길 것이라고 오해하는 친구들이 많은데, 사실 윤정이는 '최상위권의 실력은 학교 수업에서 비롯된다' 는 생각을 갖고 있다.

한문 수업 중 선생님은 '왕형불형(왕의 형이자 부처의 형이다)' 라는 사자성어를 설명해주면서 양평대군이 형이면서 동생 세종에게 왕위를 양보하게 된 것과 관련, 자신의 운명을 자조적으로 뇌까렸다는 짤막한 이야기를 흘러가듯 해주셨던 적이 있었다고 한다. 윤정이는 교과서 한 귀퉁이에 메모를 해두면서 집중을 해서 들었는데, 다른 친구들은 가볍게 듣고 넘겼던 모양이다. 이 일화에 관한 내용이 시험 문제에 출제가 되었는데, 틀린 아이들은 '안 가르쳐줬어요!' 라고 외쳤지만, 윤정이의 책 속에는 증거가 고스란히 남아 있었다.

✓ 예체능 과목 수행평가 고득점을 위하여

예체능 수행평가에서 망쳐서 점수를 깎이는 학생들이 의외로 많다. 입시에서 그리 중요한 비중을 차지하지는 않더라도 최상위권 학생들은 예체능 과목을 결코 소홀히 하지 않는다. 왜냐하면 전체 평균과 전체 석차에 대한 욕심이 매우 강하기 때문에 어느 한 과목이라도 실수나 부족함으로 점수가 깎이는 것을 스스로 용납하지 못하는 것이다. 예체능 분야는 윤정이 역시 자신이 별로 없어하는 과목들이다. 그런데도 수행평가에서 거의 만점을 받는 비결이 있다.

十五. 水魚之交

학습의 주안점

- 고사 성어의 유래와 속뜻을 안다.
- 여러 가지 뜻을 가진 한자를 익혀 활용한다.

三日天下. 三人成虎.

王兄佛兄. 難兄難弟.

水魚之交. 望雲之情.

結草報恩. 讀書亡羊.

새로익힐한자

成(성) 이루다	難(난) 어렵다	望(망) 바라다	結(결) 맺다
恩(은) 은혜	亡(망) 망하다, 잃다	羊(양) 양	友(우) 벗
易(역) 바꾸다	希(희) 바라다	怨(원) 원망하다	應(응) 응하다
執(집) 잡다	筆(필) 붓	惠(혜) 은혜	

'못해요' 라는 말은 아예 하지 말라!

음악 가창 시험에서 '전 노래 잘 못해요!' 라고 말하거나, 체육 뜀틀 넘기에서 '못 넘겠어요~' 라고 엄살을 부리는 태도는 감점의 요인이 된다. '못한다' 라는 말을 내뱉는 그 순간부터 자신감은 땅으로 떨어지고, 마침내 제 실력도 다 발휘하지 못하는 결과를 낳는다. 윤정이는 노래를 잘하는 편이 아니라고 말한다. 그러나 모든 과목에서 그러하듯이 열심히는 한다. 음악 가창 시험을 볼 때 윤정이는 자신의 목소리의 약점을 극복하기 위해 일부러 아주 크게 소리를 내어 노래를 불렀다. 여기저기서 키득거리는 소리가 들렸지만 상관없었다. 어차피 모두 좋은 소리를 타고난 것은 아니니 난 타고난 대로 열심히는 하겠다는 성실성을 보여주자고 생각한 것이다. 수행평가 결과는? 아주 흡족한 수준이었다.

선생님에게 도움을 요청하라

수행평가에서 선생님은 여러 가지 측면을 평가하신다. 뛰어난 실력도 중요하지만, 여기에는 '성실성' 과 '열심히 하려는 의지' 또한 주요 비중을 차지하게 마련이다. 미술 시간이었다. 그림을 그리는데 윤정이는 약간은 의도적으로 선생님께 '이 색깔을 칠해도 될까요? 선생님이 좀 봐주세요' 라고 도움을 요청했고, 선생님은 호의적으로 색깔 배합에 대한 도움말을 주셨다. 윤정이는 선생님이 지도해 주신대로 색깔을 선택했으며, 선생님은 그림에 대해서 칭찬을 아끼지 않으셨다고. 이렇듯 약간의 여우(?)같은 전략도 때론 점수를 높이는 데 필요하다.

윤정이가 추천하는
괜찮은 참고서 & 문제집

국어 :

'딱걸렸어' 중학국어 시리즈

각 단원 및 소단원 별로 요점 정리가 잘 되어 있으며 교과서에 있는 모든 내용들이 문제집에 그대로 실려 있어 보기에도 편리하다. 출제되어 있는 문제들이 실제 학교 시험에서 출제되는 빈도가 높다.

옹골찬

시험 보기 전날 풀어보면 머릿속으로 정리를 하는 데 큰 도움이 된다. 핵심적이고 중요하면서도 실수하기 쉬운 문제들이 많이 있어서 정리하기에 매우 좋다.

수학 :

체크체크

간략한 설명과 함께 풀어볼 수 있는 문제가 상당히 많고 유형별로 정리도 되어 있어서 보기에 편하다. 난이도가 다양한 여러 유형의 문제들이 있어서 학교 시험 대비에 효과적이다.

개념유형

문제지 제목대로 개념부터 탄탄히 쌓아서 난이도 높은 유형까지 차근차근 공부할 수 있다. 시험 전에 풀기보다는 평소에 조금씩 풀어두면 좋은 문제집이다.

과학 :

하이코스

난이도 '중' 정도의 문제집으로 출제 빈도가 높은 문제들이 많이 있고 내용 정리도 간단하면서도 깔끔하다. 그러나 서술형 문제를 대비하기에는 조금 약하다.

특강과학

난이도가 상당히 높고 그런 만큼 실력 향상에 크게 기여한다. 서술형 대비에 효과적이다.

오투

과학 교과서를 읽은 후에 개념을 잡고 쉬운 문제들부터 풀어보고 싶을 때에 좋다. 차근차근 난이도 높은 문제들도 나오므로 단계별 학습에도 효과적이다.

사회

한끝(사회, 국사)

자칫 잊고 지나칠 수 있는 지도나 그림 자료 같은 것을 상기시켜 줌으로써 학습에 효과를 더해주고 외우기 쉽도록 정리해 놓은 문제집이다.

NOTE 05 * 임 건

신상중학교 3학년 재학 중. 건이 군은 초등학교 때까지는 눈에 띄게 성적이 좋은 학생이 아니었다고 한다. 직접적인 학교 시험 대비를 하기보다는 영어와 독서 등 바탕 실력 쌓기에 주력했다고. 그렇게 기본을 충실히 다져온 건이 군은 중학교 1학년 때부터 두각을 나타내기 시작했다. 중학교 1학년 1학기 첫 시험에서 평균 96점을 받아 최상위권으로 단숨에 진입했고, 지금까지도 그 수준을 유지하고 있다고. 국영수 등 주요과목은 철저하게, 암기과목은 시험 대비용으로 분류를 해서 공부하는 것이 특징. 현재 대원외국어고등학교를 목표로 실력 다지기에 매진하고 있다.

임건NOTE

건이의 과목별 노트법 & 공부방법

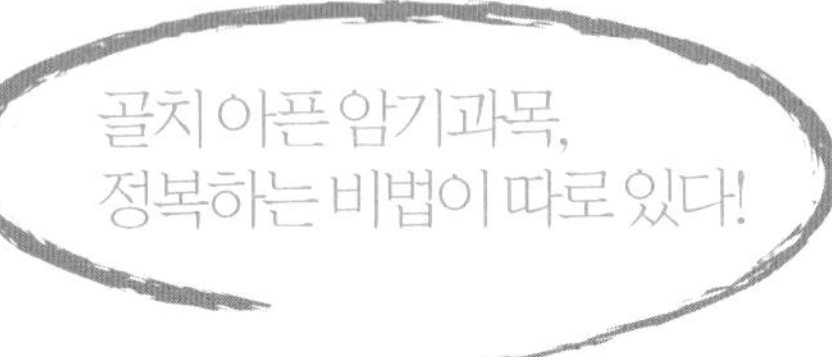

골치 아픈 암기과목,
정복하는 비법이 따로 있다!

나는 암기과목 학습에 대한 나름대로의 노하우가 있다. 교과서를 마치 머릿속에 사진을 찍듯 통째로 외우는 것, 문제를 풀면서 외우는 것 등이다. 처음엔 좀 귀찮기도 하지만 일단 습관이 되면 오히려 편하다.

샅샅이, 빈틈없이 무조건 외운다

내 생각엔 암기과목을 이해하기 위해서 시간을 투자하는 것은 효율성이 떨어지는 일이다. 어차피 원리와 개념을 이해해야 풀 수 있는 응용문제가 출제되지 않는다면 시험 범위 내에서 무조건 암기를 하는 것이 최선이다.

나는 **문제지를 풀면서 교과서를 5번 이상 훑어본다.** 그러면 몇 페이지 왼쪽에 있는 내용, 오른쪽에 있는 내용, 그림, 도표 등이 머릿속에 그대로 그려진다. 이런 식으로 공부하면 시험 보기 전쯤이 되면 눈감고도 줄줄 외울 수 있다.

나는 암기과목을 복잡하게 생각하지 않는다. '어차피 시험이 끝나면 내 머릿속을 떠나야 할 내용들' 이라고 단순하게 파악하고, 시험 점수를 잘 받기 위해 시험 준비 시기에만 열심히 한다. 따라서 굳이 이해를 하려고 노력하지 않는다. 우리 학교의

의병활동: 경상도의 곽재우, 조헌, 고경명, 정문부, 유정.

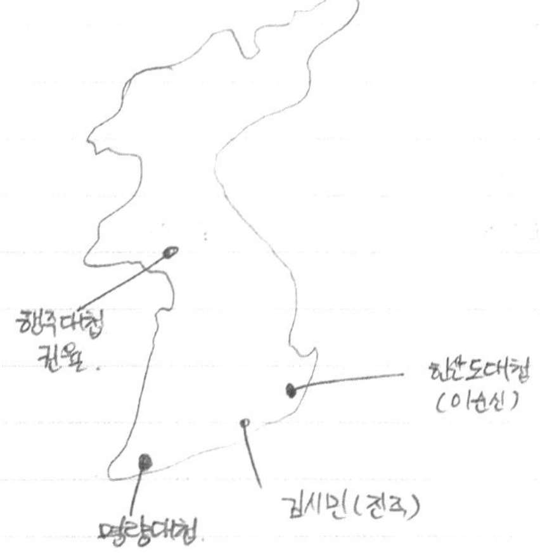

효종의 북벌론: 송시열, 이완.

3포: 부산포, 제포, 염포

구리, 황, 향료
우리나라 ⇄ 일본
식량, 의복, 서적.

세조 -> 성삼문제거.

정도전: 초기에 요동수복을 꾀하였으나 태종에의해 저지

집필, 송상현은 임진왜란때시

김종직 조의제문 조광조. 주초위왕

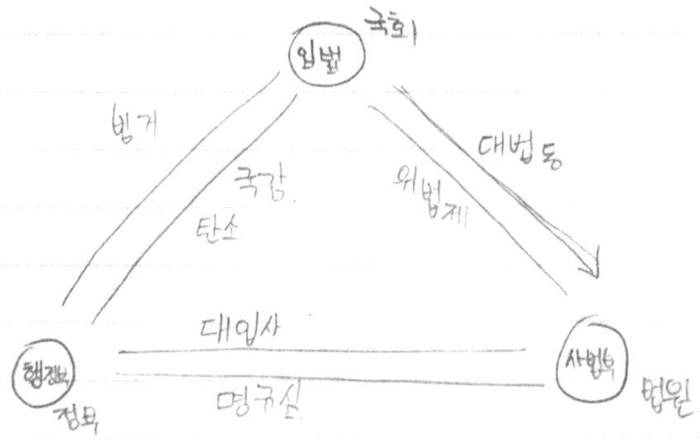

종합 암기 노트

DATE NO.

讀書 → 多 精速 默

矣 어조사(의) 百年河 淸

破

국어.

독방길. (시절가조) 시조 - 평시조 6구

정형시, 연시조, 현대시조 엇시조 7구

평시조, 서정시. 사설시조 8구↑

• 연시조, 음보별 배행

• 구별 배행시조

여우비 메마른 것을 적셔주는 상쾌함.

메아리 여운을 남김, 고요함.

꽃대궁. 가장 맑고 깨끗함.

물총새. 나는 것이 역동적.

→ 조팝꽃 소속·풍성.

물상

바닥과 물체의 마찰력이 20N일 때 30N의 힘을 주어 5m 이동시켰다.

이때 한 일의 양은?

생물.

세포가 크기 생장을 하지 않고 분열을 하는 이유는? 세포가 크기생장을 하면 부피에 대한 표면적의비가 줄어들게 된다. 그렇게 되면 물질출입이 일어나는 면적이 줄어들게 되므로 분열을 하여 물질출입을 이롭게 한다.

세포분열 관찰시 뿌리 끝을 이용하는 까닭은? 생장점이 있어 식물의 체세포분열이 활발하기 때문.

에:아=3:1 비율의 용액에 담그는 까닭은? (고정) 세포를 살아있는 채로 고정하기 위해서

60°C 묽은염산에 놓는 까닭은? 조직을 연하게 해준다.

WEPL

암기 과목 출제 특성인지는 모르겠지만, 응용 문제가 나올 확률이 지극히 낮기 때문에 '무조건 외운다!' 라는 것이 암기과목의 공부 원칙이다.

외우기 전, 문제부터 푼다

암기 과목의 시험 대비는 시험 2주일 전부터 시작한다. 대부분의 학생들이 먼저 교과서 내용을 완벽하게 외우고 문제를 푼다고 하는데 나는 순서가 반대다. 기술가정, 음미체 등 암기과목이 들어 있는 *종합 기출 문제지 5~6권을 준비해놓고 문제를 먼저 푼다. 문제지에 나온 요약정리를 읽은 후에 풀어나가는데 모르는 문제가 나오면 교과서와 참고서에서 해당 내용을 찾은 후에 외운다.

문제지를 5권 이상 풀다보면 문제는 수차례씩 반복되기 마련인데 2번 정도만 반복되어 교과서와 참고서를 찾아 외우다 보면 문제지 5권 이상으로 넘어갈 때는 이미 머릿속에 다 저장되어 있다. 물론 틀린 문제나 어렵다고 여겨지는 문제, 잘 외워지지 않는 문제 등은 별도로 표시해두고 시험 전에 다시 집중해서 반복한다.

수업 시간에 시험 공부의 절반을 하라

모든 과목이 그렇겠지만 상대적으로 암기 위주로 공부하는 과목은 수업 시간의 집중도에 따라 점수가 달라진다. 이해하기 어려운 부분을 최소화시키려면 수업 시간에 선생님의 설명을 새겨들어야 한다. 생활 속의 사례를 들어줄 때는 외울 필요 없이 이해가 되기 때문에 시험 공부할 때도 한결 쉽게 외워진다. 예를 들어 '형광등이 늦게 켜지는 이유는 백열전구보다 전기를 받아들이는 시스템이 느리기 때문이다' 이런 식의 구체적인 설명을 수업 시간에 놓치면 안 된다. 집중, 또 집중!

나만의 '암호 암기법'

이해를 전제하지 않고 외우기란 참 재미가 없다. 그래서 나는 중요한데 잘 외워지지 않고 이해하려니 버거운 내용들은 나름대로 '암호법'을 이용해서 외우곤 했다. 이 방법은 한번 정리해두면 잊혀지지 않을 만큼 막강 효력을 자랑한다. 예를 들어 기술에서 '지침이 0을 가리키면 전선은 단락된 것이고 지침이 움직이지 않으면 단선된 것이다'라는 내용에 밑줄이 쫙 그어져 있다. 이것을 외우려니 '단락'과 '단선'이 자꾸 헷갈렸다. 그래서 '영락부동선'(0을 가리키면 단락, 움직이지 않으면 단선)이라고 줄여서 외웠더니, 그 이후로 헷갈리는 법은 없었다.

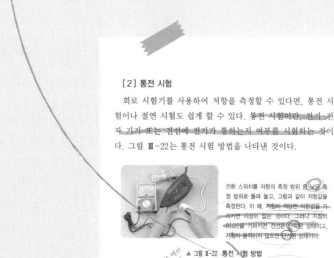

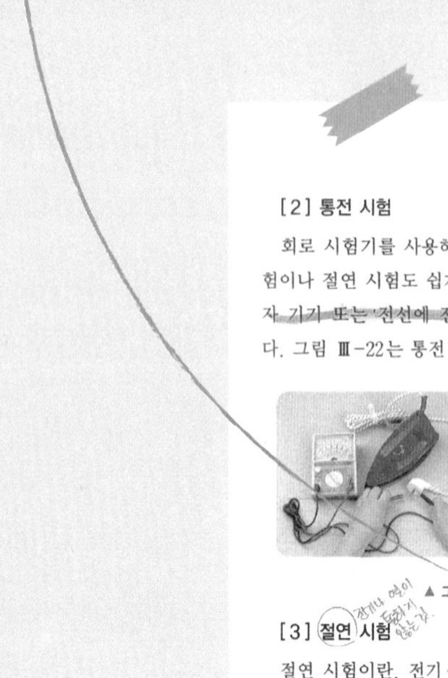

2. 가전 기기의 점검 137

[2] 통전 시험

회로 시험기를 사용하여 저항을 측정할 수 있다면, 통전 시험이나 절연 시험도 쉽게 할 수 있다. 통전 시험이란, 전기·전자 기기 또는 전선에 전기가 통하는지 여부를 시험하는 것이다. 그림 Ⅲ-22는 통전 시험 방법을 나타낸 것이다.

전환 스위치를 저항의 측정 범위 중 낮은 측정 범위로 돌려 놓고, 그림과 같이 저항값을 측정한다. 이 때, 지침이 적당한 저항값을 가리키면 이상이 없는 것이다. 그러나 지침이 0[Ω]을 가리키면 전선은 단락된 상태이고, 지침이 움직이지 않으면 단선된 상태이다.

▲ 그림 Ⅲ-22 통전 시험 방법

[3] 절연 시험

절연 시험이란, 전기·전자 기기나 전선의 절연 상태를 시험하는 것이다. 그림 Ⅲ-23은 절연 시험 방법을 나타낸 것이다.

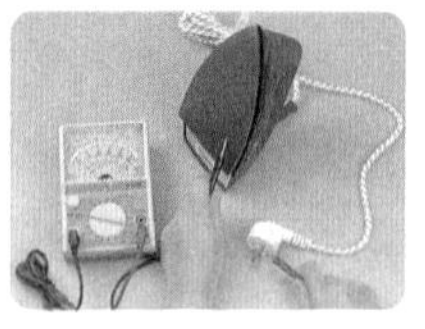

전환 스위치를 저항의 측정 범위 중 높은 범위로 돌려 놓고, 그림과 같이 리드선을 댄다. 이 때, 지침이 ∞[Ω]을 가리키면 절연 상태가 좋은 것이고, 0[Ω]이나 약간의 저항값을 가리킨다면 절연 상태가 불량한 것이다.

▲ 그림 Ⅲ-23 절연 시험 방법

+ 절연·단선·단락

- **절연** : 전기 또는 열을 통하지 않도록 하는 것을 말한다.
- **단선** : 전선 등이 끊어져서 전류가 흐르지 않게 된 것을 말한다.
- **단락** : 전기 회로의 두 점 이상의 사이를 전기 저항이 작은 도선으로 접촉하는 것을 말한다.

+ 간단한 통전 시험 기기

전기가 흐르는 곳에 통전 시험용 드라이버를 대면 불이 들어와서 통전 상태를 확인할 수 있다.

모둠탐구 심화 학습

회로 시험기를 사용하여 세 가지 이상의 전기·전자 기기의 저항을 측정한 후, 통전 시험과 절연 시험을 하여 이상 유무를 점검해 보자. 점검을 마친 후에는 회로 시험기를 바르게 사용하는 방법에 대하여 토의해 보자.

전기·전자 기기명	저항값	통전 상태	절연 상태	비 고

2] 전기청소기의 점검 및 관리

가청소기의 기본적인 점검 및 관리 방법은 표 Ⅲ-7과 같다.

Ⅲ-7 전기청소기의 점검 및 관리 방법

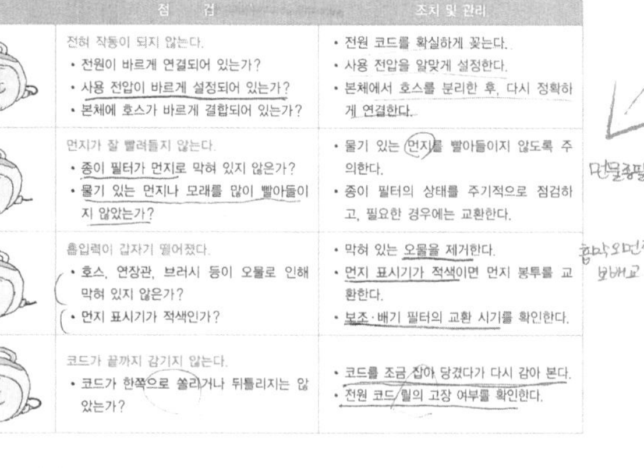

현상	점검	조치 및 관리
	전혀 작동이 되지 않는다. • 전원이 바르게 연결되어 있는가? • 사용 전압이 바르게 설정되어 있는가? • 본체에 호스가 바르게 결합되어 있는가?	• 전원 코드를 확실하게 꽂는다. • 사용 전압을 알맞게 설정한다. • 본체에서 호스를 분리한 후, 다시 정확하게 연결한다.
	먼지가 잘 빨려들지 않는다. • 종이 필터가 먼지로 막혀 있지 않은가? • 물기 있는 먼지나 모래를 많이 빨아들이지 않았는가?	• 물기 있는 먼지를 빨아들이지 않도록 주의한다. • 종이 필터의 상태를 주기적으로 점검하고, 필요한 경우에는 교환한다.
	흡입력이 갑자기 떨어졌다. • 호스, 연장관, 브러시 등이 오물로 인해 막혀 있지 않은가? • 먼지 표시기가 적색인가?	• 막혀 있는 오물을 제거한다. • 먼지 표시기가 적색이면 먼지 봉투를 교환한다. • 보조·배기 필터의 교환 시기를 확인한다.
	코드가 끝까지 감기지 않는다. • 코드가 한쪽으로 쏠리거나 뒤틀리지는 않는가?	• 코드를 조금 잡아 당겼다가 다시 감아 본다. • 전원 코드 릴의 고장 여부를 확인한다.

전기냉장고와 전동기

심화 학습

냉장고는 육류, 어류, 채소, 음료수 등의 음식물을 신선하게 두는 가전 기기이다.

적으로 액체가 기화할 때는 주위의 열을 빼앗아 가는데, 전기 는 이 기화열을 이용한다. 몹시 더운 여름 날 마당에 물을 뿌 원함을 느낄 수 있는 것도 기화열 때문이다.

냉장고는 증발하기 쉬운 물질을 냉매로 사용하여 '압축 → 응 팽창 → 기화'라는 냉동 사이클을 거쳐 냉장고 안의 온도를 낮 다. 이 때, 전동기는 압축기에 연결되어 있어서 냉매를 압축 역할을 한다.

음에 출시되는 냉장고는 온도 제어 능력이 우수하고, 음식을 키는 등의 새로운 기능들이 추가되어 있지만, 전동기의 역할 성은 변하지 않고 있다.

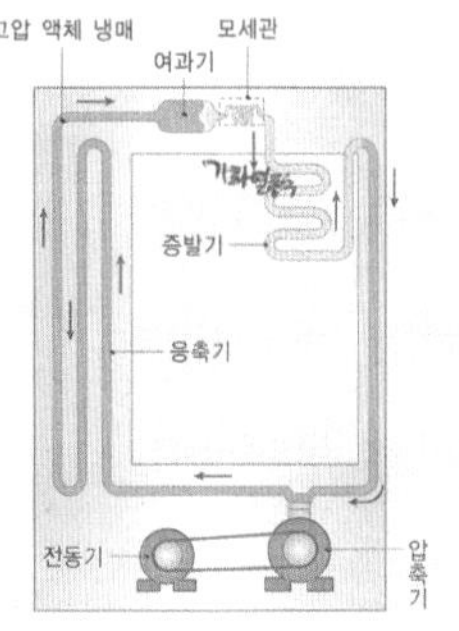

▲ 전기냉장고의 작동 원리

또 하나의 예. 역시 기술가정의 '전기청소기의 점검 및 관리' 부분에서 '먼지가 잘 빨려들지 않는다'의 조치 및 관리법으로 '물기 있는 먼지를 빨아들이지 않았는지 종이 필터의 상태를 주기적으로 점검'이 나왔는데, 영 외워지지가 않아서 '먼물종필'이라고 네 글자로 외운 뒤에 그에 맞춰 내용을 풀어나가곤 했다. '흡입력이 갑자기 떨어졌다'의 조치 및 관리법으로 '막혀 있는 오물제거, 먼지 표시가 적색이면 먼지 봉투 교환 시기 확인'의 내용을 '흡막오먼적보배교'로 그냥 줄여서 외워버렸다. 역시 이 여덟 자만 기억해서 풀어내면 서너 줄의 외우기 힘든 내용이 머릿속에 쏙 흡입된다. 그다지 권장할 만한 공부법은 아니지만 정말 외우기 싫고 이해도 안 되고 안 외워질 때는 이런 방법 한 가지쯤은 알아두고 활용해도 괜찮을 듯.

나만의 문제지 활용법 '과목별 묶기'

시험 대비 문제지는 종합 기출 문제집을 5권 이상 구입을 해서 시험 때까지 풀어보는 것을 원칙으로 한다. 전 과목이 한꺼번에 묶여 있기 때문에 문제지 한 권 한 권이 모두 두툼하다. 빠르게는 한 달 전부터 한 권씩 구입을 하는데, 3권 이상이 넘어가면, 학교와 학원, 집 등으로 가지고 다니면서 풀기가 너무 무거워진다.

그래서 생각해낸 것이 '과목별 묶기'다. **전 과목이 다 들어 있는 종합 기출 문제집에서 각 과목별로 뜯어낸 다음, 각 문제지에서 뜯어낸 문제들을 과목별로 묶어서 활용**하는 것이다. 그러니까 총 12과목 시험을 본다면 12개 과목의 묶은 문제집이 만들어지는 것이다. 한 권씩 묶으니까 문제지별로 공통되는 문제와 새로운 형태의 문제를 구별하기도 쉽고, 한번 볼 때마다 두툼한 문제지를 일일이 찾지 않아도 되기 때문에 편리하다.

section2
통합국어·생활국어
중학 3-1

임건NOTE

건이의 공부법 핵심 포인트

수행평가에서는 '튀어라!'

지필고사를 아무리 잘 봤다고 해도 수행평가에서 점수를 많이 깎이면 고득점을 올리는 데 적지 않은 걸림돌이 된다. 따라서 평소에 수행평가 점수 올리기에 신경을 써야 한다. 내가 중학교 3년 동안 수행평가 과정을 거치면서 몇 가지 깨달은 '고득점의 법칙' 이 있는데, 바로 '평범은 중간, 무조건 튀어라!' 이다.

영어 시간의 예를 들어보자. 영어 선생님은 본문을 읽어주고 반드시 '해석해볼 사람?' 하고 제안을 하신다. 이런 경우 **난 서둘러 손을 번쩍 든다. 그리고 발음을 최대한 유창하게 굴려 읽는다. 좀 웃음이 나오고 어색하다고 해도 최선을 다해서 정확한 발음을 내도록 노력하는 모습을 보여주기 위함**이다. 영어 수행평가는 듣기 시험 20점, 수업 태도 10점, 발표 5점의 순으로 매겨지기 때문에 수업 시간 중 나와 같은 적극적인 태도가 점수를 따는 데 유리한 것은 당연하다. 어정쩡한 태도로는 튈 수 없다.

사회 수행평가의 경우 '선거' 관련 신문 기사를 스크랩해오라고 했는데, 다른 친구들은 3~4개 기사가 고작이었으나, 나는 무려 20개의 기사를 스크랩해간 적이 있었다. '튀기 작전' 중 하나였는데 내 스크랩을 보신 선생님의 얼굴엔 만족스런 웃음이 가득 피어올랐다.

수학 시간에 어려운 문제를 칠판에 풀어보라고 하면, 나는 조금 자신이 없더라도 손을 번쩍 들었다. 한 번 두 번 이런 경험이 반복되면, 선생님은 그런 학생을 인상 깊게 기억한다. 일단 선생님에게 '성실하고 적극적'이라는 인식을 심어두면, 수행평가 과제물에서도 긍정적인 평가를 얻어내기가 쉽다.

항상 경쟁자를 만들어라

나를 스스로 긴장시키는 방법이다. 최상위권 아이들은 등수가 수시로 오르락내리락하기 때문에 서로에게 느끼는 경쟁심이 치열하다. 나는 우리 반에 여학생 2명, 남학생 2명을 경쟁자로 삼고 있다. 실력이 엇비슷한 나와 4명이 엎치락뒤치락하면서 우리 반의 상위권을 차지한다. ★'이번 시험에서는 아무개보다 전체 평균에서 3점만 더 올리자!', '이번 시험에서는 국영수는 아무개를 꼭 이기고 만다!' 이런 식이다. 경쟁자의 이름은 시험 기간 내내 내 책상 앞에 붙어있는데, 졸음이 밀려올 때도 그 이름이 눈에 띄면 전의(?)가 되살아나 정신이 번쩍 들기도 한다.

단, 상대도 안 되게 성적 차이가 나는 친구를 경쟁자로 두면 맥이 빠지기 쉽다. 한 단계 위이고 노력하면 따라잡을 수 있는 정도의 실력 차이가 있는 친구를 경쟁 상대로 삼자. 그리고 시험 기간 내내 주문을 외듯 '이겨야 한다!'를 외쳐보라.

Note

✓ 학교 영어는 교과서 수준의 영어와 개인 수준의 영어 공부를 병행

건이는 현재 대원외고 대비반을 다니고 있기 때문에 상당히 수준 높은 영어를 공부하고 있다. 특목고의 듣기 테스트는 수학능력시험의 듣기 수준보다 높을 정도로 난이도가 높은데다 거의 다 맞지 않으면 합격권에 들지 못하기 때문에 외고 대비의 강도 높은 영어 공부를 중학교 내내 지속하고 있다.

*"토플 만점자 중에서도 학교 영어 시험에서 틀리는 학생들이 간혹 있어요. 그 이유는 너무 심화된 영어 공부를 하다 보니 쉬운 문제가 오히려 함정이 되는 거죠. 너무 난이도를 높여 풀면 엉뚱한 답이 나올 수 있거든요"라고 건이는 말한다. 실제로 건이도 1학년 기말고사에서 쉬운 문제인데 너무 어렵게 생각해 틀린 경우가 있었다고 한다.

요즘엔 워낙 영어 공부를 일찍부터 시작하기 때문에 사실 학교 영어를 '밥'으로 생각하는 학생들이 많다. 중학생 중에서도 TOEFL 시험을 보는 학생들이 많은데 그 정도 실력이면 교과서 영어는 줄줄 읽으면서 즉석 독해가 가능할 정도일 것이다.

그러나 쉽다고 해서 대충 준비를 하면 꼭 한두 문제를 틀리는 결과를 낳는다.

✓ 어릴 때부터 영어 환경에 자주 접하라

건이는 일찌감치 조기영어를 시작했다. 두 돌이 되기 전부터 부모님의 뜻에 따라 '다언어 가족 활동' 모임에 참석했던 것. 일본, 덴마크, 러시아, 미국, 홍콩, 말레이시아 등 총 7개국의 가족이 1주일에 한 번씩 모여서 대화도 하고 게임도 하면서 함께 어울리는 활동이었는데, 덕분에 건이는 자연스럽게 외국인과 대화할 수 있는 환경에 정기적으로 노출되었던 것이다.

더불어 그때부터 외국인 홈스테이를 적극 유치했다. 모임을 통해 소개를 받은 각국의 가족들이 한국에 오면 건이네 집에서 일정 기간 머물었는데, 한 해에 6회 이상 외국인 가족이 왕래를 했다. 초등학교 5학년까지 홈스테이를 지속했으니 12년 가까이 외국인들과 수시로 만나 대화를 나눌 기회가 있었던 셈이다. 홈스테이를 유치했을 뿐만 아니라 반대로 건이 가족이 손님으로 왔던 가족의 나라로 여행을 가서 그 집에서 머물기도 했었다. 3번이나 갔었던 일본을 비롯하여 미국과 중국 등 여러 나라를 다니며 홈스테이를 했다.

건이는 어릴 때부터 다양한 외국인들을 만나 직접 생활도 함께 하면서 대화를 하는데 익숙해지다 보니 아주 자연스럽게 귀가 뚫리고 입이 열렸다고 말한다. 그때의 영어 실력이 중학교 영어 실력으로 이어졌으며, 학교 교과서를 이해하는 정도는 큰 어려움이 없는 정도의 수준이 되었다고. 어릴 때의 영어 체험으로 인해 영어에 자신감이 붙게 되고, 이어서 외국어고 진학에까지 연결될 수 있는 실력을 갖추게 되었으므로 어릴 때의 '환경'이 학습능력 향상에 중요하다고 건이는 강조한다.

✓ 초등학교 3학년 때부터의 꾸준한 받아쓰기

건이는 초등학교 3학년 때부터 3년 동안 스토리북 읽기 영어 학원에 다녔다. 당시

Note

건이 어머니는 건이의 영어 학습 효과를 극대화시키기 위해서 집안을 항상 영어환경으로 만들어주려고 노력했다고 한다. 건이가 집에 들어오기 전 테이프를 틀어놓아 건이가 항상 듣게끔 했고, 밥 먹을 때도 화장실에 갈 때도 거실의 테이프 소리는 끊임없이 배경음이 되어주었다. 더불어서 다언어 가족 활동 모임에서 제작한 영어 테이프도 함께 들었다.

그러다 어느 순간, 건이는 학원에서 시키지도 않았는데 '받아쓰고 싶다'는 생각을 하게 되었고 마침내 실행에 옮기게 되었다. 그때부터 시작된 습관이 중학교 3학년 현재까지 진행 중이다. 다년간 '받아쓰기'를 해온 건이가 말하는 방법 및 학습 효과이다.

1. 자신이 익히 알고 있는 책부터 들어라!

처음부터 낯선 교재로 시작을 하면 전혀 들리지 않기 때문에 재미가 없고 지루해져 중도 포기하기 쉽다. 몇 차례 읽고 해석을 해서 익숙한 책부터 시작을 하자. 그래도 책을 직접 읽을 때와는 달리 처음엔 들리는 단어나 문장보다 들리지 않는 부분이 더 많을 것이다. 듣기에 익숙해지면 그때부터는 접해보지 않은 교재에 도전하라. 이때부터 본격적인 듣기가 시작된다.

2. 처음 접하는 책이라면 대강의 스토리부터 파악하라!

처음부터 꼼꼼하게 단어, 문장 등을 들으려고 애쓰지 말고 우선 편하게 처음부터 끝까지 듣는다. 들리는 단어나 문장 등을 짜깁기하면서 어떤 내용인지만 파악하면 첫 번째 듣기 목적은 달성한 셈.

3. 잘 안 들리는 부분은 몇 번이고 들릴 때까지 반복해서 들어라!

유난히 들리지 않은 부분이 꼭 있다. 건이의 경우 'irish immigrant'가 자꾸 'I wish~'로 들려 애를 먹었던 적이 있었다고. 도무지 내용 연결이 되지 않아 답답해하다가 몇 번 반복하고 집중해서 들었더니 겨우 알아들을 수 있었다. 들리지 않던 부분이 어느 순간 확 감이 잡힐 때의 그 쾌감이란!

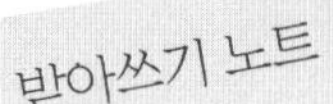

Toefl dictation 3/8 due date: 3/11 (土)

Listen to an example. On the recording, you hear,
「'I don't like this painting very much.' 'Neither do I.' 」
What does the man mean?」
In your workbook, you'll read,
A: He doesn't like the painting either
B: He doesn't know how to paint
C: He doesn't have any paintings.
D: He doesn't know what to do
You learn from the conversation, that neither the man nor the woman likes the painting. The best answer to the question 'what does the man mean?' is A(He doesn't like painting either) The correct choice is A.
Go on to the next page.
Now we will begin Part A with the first conversation.
1. W: I just transformed here from centural university.
M: centural university? My sister used to go there.
Q: What does the man say about centural university?

2.
M: You told me you're going on a diet. So you wouldn't gain any weight?
W: Things didn't go like I planned.
Q: What can we assume about the woman?

3. W: Good luck on your long bus ride
M: I brought a book to read on the road, and a couple of my favorite tapes. So I'll be fine.

4. 매일 실천하라!

영어는 '매일, 꾸준히, 조금씩'을 따라갈 공부법의 왕도가 없다. 건이는 초등학교 3학년 이후로 듣기와 받아쓰기가 습관화되어 있다. 요즘은 CNN, TOEFL, TOEIC 등의 듣기 교재를 이용해 매일 듣기와 받아쓰기를 한다. 학교 쉬는 시간이나 학원 오가는 시간도 가능하면 활용하려고 노력한다고.

★ 받아쓰기 노트법

1. 두 줄씩 여유 공간을 두면서 받아쓰기를 한다

한 줄 받아쓰기를 하면 그 다음 두 줄은 띄우고 쓴다. 두 줄 여유 공간은 첨삭을 대비한 것. 첫 번째 줄에는 자신이 반복해서 들으면서 고칠 부분을 적는다. 두 번째 줄은 마지막 확인 작업으로 원문을 보면서 첨삭을 하는 공간이다.

2. 들리는 단어 정도만 먼저 적어라

자신이 책으로 읽을 때는 뜻도 음도 다 알고 있는 단어라고 생각했더라도 듣기에서는 다르다. 들리는 단어가 있으면 일단 그것부터 받아 적자. 그런 다음 반복해 청취하면서 들리는 동사, 숙어 등을 적어가면서 문장을 완성해나간다.

★ 받아쓰기의 효과

1. 쉽게 귀가 뚫린다

영어는 귀가 뚫리는 것이 가장 중요하면서도 어렵다. 귀에 들리기 시작하면 그때부터 영어 말하기는 순탄하게 이어진다.

2. 정확한 영어를 배울 수 있다

받아쓰기를 하면 머리나 감으로 이해를 하는 수준을 벗어나 정확한 영어 문장을 구사할 수 있으며, 이는 영어 에세이 실력으로 이어진다. 간혹 외국에서의 거주 기간이 꽤 긴 학생들 중에서도 에세이를 잘 못 쓰는 경우를 종종 보게 되는데, 이는 영어환경에서는 살았지만 평소에 문법에 기초한 정확한 영어 쓰기 훈련이 부족했기 때문이다.

영어권 나라에서 학교를 다니면서 개인교사에게 문법 공부와 글쓰기 지도를 받은 학생의 이야기를 들은 적이 있다. 외국에서는 작문이 매우 중요하게 평가되고 있기 때문에 고품격의 글을 쓰려면 회화에 능통하거나 책을 잘 읽는 정도를 넘어서 작문을 잘해야 하고, 그래야 비로소 진짜 영어를 잘한다는 평가를 받는다고 한다. 그러기 위해서는 정확한 문법 공부와 작문 지도가 필수 코스라는 것이다.

따라서 팝송 듣기나 드라마 청취 등은 듣기 및 받아쓰기의 보조 텍스트로 생각하고, 주요 텍스트는 정확한 문장을 익히는 데 도움이 되는 스토리북, 교과서의 본문, 고전명작, 에세이, 뉴스 기사, 토플 및 토익의 선별된 지문 중에서 선택하는 것이 좋다.

3. 문법을 쉽게 이해한다

모든 언어가 그렇듯이 영어 역시 문법은 어렵고 복잡하다. 그러나 평소에 받아쓰기를 꾸준히 해두면 문장 속에 녹아 있는 문법의 요소에 익숙해져서 중학교 진학 후에 문법을 배울 때는 아주 쉬워진다. 이런 식으로 공부를 해두면 중학교 교과서에 나오는 문법과 그에 기초한 다이얼로그와 본문 등은 몇 번만 읽으면 저절로 외워질 정도로 학교 영어가 부담이 없어진다. ★초등학교 때부터 받아쓰기를 꾸준히 해두면, 중학교 이후 영어 과목은 만점 받기가 어렵지 않다.

건이가 추천하는 **괜찮은 참고서 & 문제집**

국어 :

한끝 & 두산동아 중학국어

교과서의 문학 부분을 처음 접할 때 이해하기 쉽게 구성되어 있다.

투탑국어

일반 문제집에서 볼 수 없었던 까다로운 문제를 많이 접할 수 있다.

과학 : 오투

생물과 물상의 문제 유형이나 개념을 확실하게 익힐 수 있다.

NOTE 06 * 서한별

용인외대부속외고 1학년 국제반 재학 중. 현재 미국 아이비리그 진학을 목표로 열심히 공부 중이다. 수원 호매실 중학교를 졸업한 한별 군은 인근 지역에서는 '수재'로 통한다. 중학교 내내 전교 1, 2등을 놓치지 않았고, 평균은 줄곧 98, 99점을 넘나들었다고. 일반적인 아이들과는 달리 수학과 영어 학원을 다니는 것 외에는 별다른 과외도 하지 않는 등 사교육 의존도도 현저히 낮았던 한별 군이기에 탁월한 중학교 성적이 더욱 빛이 난다. 한별 군의 노트와 교과서, 연습장에 기록된 소중한 공부 비법 속으로 들어가 보자.

서한별NOTE

한별이의 과목별 노트법 & 공부방법

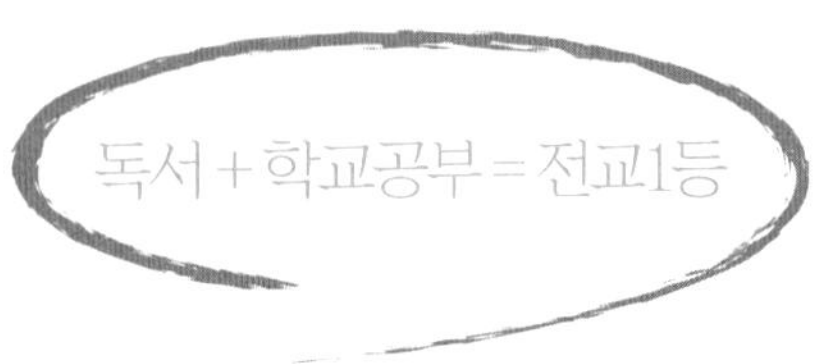

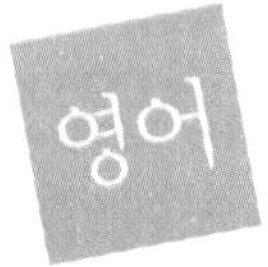

영어 공부는 장기전이라고 생각한다. 또한 어휘 따로, 문법 따로가 아니라 총체적으로 영어 능력 전반을 향상시키는 것이 중요하다.

문법은 영어 공부 과정 속에서 자연스럽게 터득해야

내가 외국어고 학생이라고 해서 주변에서 '문법 공부는 언제, 어떻게 해야 해요?' 라고 묻는 사람들이 많다. 내가 해줄 수 있는 답은 '따로 문법만 몇 달에 걸쳐 집중할 정도로 공부할 필요는 없다' 는 것이다. 현재분사, 과거분사, 현재완료형, 과거완료형 등 문법책에 등장하는 한자용어는 너무 어렵고 보기만 해도 머리가 아프다. 어려운 한자용어 때문에 문법이 필요 이상으로 더 어렵게 느껴지는 것이 아닌가 싶다.

흔히 중학교 진학하기 전 필수 코스로 문법 정리를 하거나 방학 때 문법 특강을 따로 듣는다는 학생들이 많은데, 내 경험에 비춰보면 그럴 필요가 없다고 본다. 초등학교 때부터 꾸준히 영어 공부를 해왔다면 중학교 교과서에 나오는 문법 정도는 학교 수업을 집중해서 듣는 정도면 이해하는 데 별 무리가 없다.

국어를 배울 때 따로 문법을 배우지 않아도 간단히 설명만 들으면 쉽게 이해가 되듯이 일단 영어 독해 및 듣기, 말하기, 쓰기 등을 하다보면 문법은 자연스럽게 어느 정도 터득이 된다. '현재진행형' 이라고 따로 문법책에서 배우지 않았다고 해도, 현재진행형 문장이 나오면 저절로 '~해오고 있는 중이다' 라고 독해가 된다. 그러나 바르고 품격 있는 문장을 구사하기 위해서는 기본적인 문법 정리는 꼭 필요하다는 것을 느끼게 되었다.

TOEFL 실전반에서 한 달 동안 문법 정리

나는 초등학교 1학년 때부터 6년 동안 영어 방문 학습지를 통해 매일 꾸준히 공부를 했고, 중학교 진학 이후부터 영어 학원에 다니기 시작했다.

중학교 1학년 겨울방학 때 TOEFL 시험을 처음 봤고, 중학교 2학년 겨울방학 때 TOEFL 실전반에서 공부를 했다. TOEFL 모의고사를 수차례 치르면서 문법이 약하다는 것을 깨닫게 되었고 그때부터 독해, 듣기 등을 공부하면서 문법을 보다 체계적으로 정리했다. 약 한 달 정도 집중해서 공부하니까 TOEFL 준비에 무리가 없을 정도의 실력을 갖추게 되었다.

★ 평소에 원서를 많이 읽는 등 꾸준히 영어 공부를 하며 실력을 쌓았다가 TOEFL 준비 등의 과정을 통해 자신이 문법을 한 번쯤 정리해야 하겠다는 필요성을 느꼈을 때 한 달 정도 몰입해서 공부하면 별 어려움 없이 문법은 마무리가 된다.

『먼나라 이웃나라』, 『거꾸로 읽는 세계사』, 『독학 국사』 등의 읽을거리는 재미가 있을뿐 아니라 자연스럽게 선행학습을 하게 되는 효과까지 있다.

관련 도서를 통한 선행학습

세계 각국의 지리와 문화, 세계사 등의 사회 과목을 공부할 때는 『먼나라 이웃나라』가 상당히 도움이 되었다. 이 책은 초등학교 때 도서관에서 처음 접했는데 읽을수록 재미가 있어서 부모님께 사달라고 졸랐다. 그때 이후로 중학교 내내 심심하면 펼쳐 보는 애독서 중의 하나가 되었다. 교과서에서 '유럽' 편을 배우면, 그 책의 동일한 내용이 실린 부분을 찾아 탐독했다. 『거꾸로 읽는 세계사』도 중학교 내내 즐겨 읽던 사회 관련 도우미 책이었다. 이렇게 예습 및 복습을 하면 교과 내용이 쉽게 이해가 되고 교과서 이상의 지식을 쌓을 수 있다.

국사 기본 지식을 쌓기 위해 『독학 국사』라는 책을 중학교 내내 읽었다. 국사 공부를 할 때는 참고서 대신 이 책을 예습 및 복습용으로 활용했다. 고등학교 국사용 자습서로 출간된 이 책은 중학교 국사 과정에 고등학교 과정까지 합쳐져 있어서 처음엔 조금 어렵게 느껴졌다. 그러나 자꾸 반복해서 읽으니까 점점 이해가 되었다. 고등학교에 진학한 후에도 이 책 덕분에 국사가 별로 어렵지 않아 절로 선행학습을 한 셈이 되었다.

교과 관련 책을 고르는데 시간과 노력을 투자하라!

나는 **중학생이 된 후에도 한 달에 평균 2~3회 서점에 갔다.** 서점에서 각종 분야의 책을 훑어보면서 나에게 맞는 책, 현재 학교 공부에서 필요한 책들을 직접 골랐다. 친구들 중에 내가 공부를 잘한다고 해서 내가 읽는 책을 아무런 의심 없이 구입을 해서 읽는 경우도 간혹 있는데, 개인 취향 및 독서력이 다르기 때문에 자신이 직접 고르는 것보다는 효과가 떨어질거라고 생각한다. 인터넷 서점에서 베스트셀러 목록이나 서평을 보면서 편하게 책을 구입하는 친구들이 많은데, 싸고 편하긴 하겠지만 직접 보고 선택하는 것보다는 선택의 정확성이 떨어지지 않을까.

어릴 때부터 무조건 문제 풀이에 매달리는 아이들이 많은데 초등학교 정도까지는 일단 쉽게 풀어 쓴 수학 관련 도서를 통해 기본적인 개념이나 원리에 대한 '큰 그림'을 머릿속에 담아두는 것이 훨씬 도움이 된다고 생각한다.

초등학교 때는 문제 풀이보다 독서에 힘써라!

수학은 초중고 과정의 연계성이 높은 과목이다. 따라서 초등학교 때 제대로 알고 넘어가지 못하면 중학교 때도 수학을 못한다. 따라서 초등학교 때의 기초 실력이 무엇보다 중요한 과목이 바로 수학이라 할 수 있다.

수학은 초등학교 때부터 문제풀이에 매달리는 것보다는 수학 관련 책을 많이 읽어두는 것이 좋다. 내가 즐겨 읽었던 책은 '앗! 시리즈' 중의 『수학이 두근두근』이었다. 100권 중 총 6권이 수학 관련 책으로 구성되어 있는데, 확률과 도형, 분수, 방정식 등 초중고에서 배우는 수학의 기초 원리와 개념에 대해서 쉽고 재밌게 설명되어 있다. 이 책은 초등학교 4학년 때 구입한 이후로 지금까지 20번 이상 반복해서 읽었다.

이보다 조금 심화된 내용의 책으로는 『수학의 역사』가 기억에 남는다. 수학의 기본 원리부터 미적분 등 어려운 원리에 이르기까지 원리의 탄생 배경 및 수학자들의 이야기를 쉽고 재밌게 설명해놓은 책이다. 교과서에는 각 원리나 공식의 증명 과정이 간략하게만 나와 있어서 그냥 암기하는 경우가 많은데, 책을 읽으면 증명하는 과정이 다양한 사례와 탄생 배경과 더불어 설명되어 있기 때문에 외울 필요가 없이 이해가 된다. 『암호의 역사』라는 책도 즐겨 읽었다. 난해한 수식들을 통해 암호를 풀어나가는 내용인데, 처음엔 어려워서 이해가 가지 않았지만 자꾸 읽으니까 조금씩 이해가 되었다. 특히 미적분을 보다 폭넓게 이해하는 데 도움이 되었다.

교과서만으로는 부족하다

나는 초등학교 때부터 평소에 과학 관련 책을 꾸준히 읽은 덕분에 과학을 어렵지 않게 받아들일 수 있었다. 초등학교 때는 '앗! 시리즈'에 등장하는 과학책을 주로 찾아서 읽었다. 『화학이 화끈화끈』, 『물리가 물렁물렁』, 『식물이 시끌시끌』, 『벌레가 벌렁벌렁』 등 40권이 넘는 과학책은 물리와 생물, 화학, 지구과학의 네 가지 영역의 기초 지식을 쌓는데 큰 도움이 되었다. 이 책들은 초등학교 때부터 20번도 넘게 반복해서 읽었으며, 중학교 진학 후 학교에서 배운 내용 중에서 궁금한 부분이 생기면 해당 내용을 다시 한번 찾아 읽으며 원리 개념 이해를 충실히 했다. 중학교 2학년 이후로는 '앗! 시리즈'보다 난이도가 높은 과학 책이 보고 싶어져서 유명 과학자들이 쓴 다양한 책을 찾아서 읽었다. 그 중 가장 기억에 남는 책은 물리학자인 리처드 파인만의 저서 『파인만씨 농담도 잘하시네』이다.

교과서 내용과 관련된 과학책은 수학책보다 훨씬 다양하다. 따라서 내 취향에 맞게 골라 읽은 위에 제시한 책 외에 자신에게 맞고 흥미가 당기는 책을 직접 골라서 꾸준히 반복해서 읽으면 학교 공부에 적잖이 도움이 될 것이라 확신한다.

단순 암기식으로 공부를 하다보면 학년이 올라갈수록 재미가 없어지고 어려워지는 대표 과목이 과학인 것 같다. 특히 기호와 공식이 난무하는 화학 분야는 이해 없이 외우기 시작하면 일정 수준 이상의 심화학습을 하기가 어렵다.

독서를 통해 상식을 쌓아놓으면 암기과목이 쉬워진다

'주요과목은 잘 보는데, 예체능 등 암기과목에서 성적을 까먹는다!'고 하소연하는 친구들이 많다. 중요하지도 않은 과목을 공부하려니 귀찮다며 공공연히 투덜대기도 한다. 하지만 내 생각은 조금 다르다. 나는 학교에서 배우는 모든 과목은 모두 중요하며, 우리가 살아가는 데 꼭 필요한 지식들이라고 생각한다. 암기과목 역시 '독서'와 무관하지 않다. 중학교 1학년 첫 중간고사를 볼 때까지는 나 역시 다른 아이들처럼 '깜지' 식 공부를 했다. 아무 생각 없이 줄줄줄 외우고 시험이 끝나면 먼지 털어내듯이 툴툴 털어 내버려 잊어버리는 것이다. 하지만 이러한 공부 방법을 반복하자 어느 순간 회의가 들었다.

독서와 연결된 공부를 하자고 원칙을 세운 후 암기과목을 대하니 과연 새로운 길이 보였다. 암기 과목 역시 내가 읽은 책의 내용과 일상생활, 그리고 타 과목과도 밀접히 연결되어 있다는 점을 알았다. 예를 들어 중2 가정에서 '섬유' 관련 내용이 나오는데, 이는 평소에 신문과 책을 읽으면서 이해했던 내용들이 많았다. 기술의 '전기' 부분은 과학과 상당 부분 연계가 되어 있고, 음악 이론은 음정과 박자 계산 등에서 수학 이론과 비슷하다. 미술은 색상의 명도와 채도를 배울 땐 마치 과학 수업을 듣는 듯하다.

내가 내린 결론은 암기과목을 잘하려면 주요과목이라고 불리는 '국영수사과'를 일단 잘해야 하고, 또한 평소에 다양한 분야의 책을 읽어두는 것이 큰 도움이 된다는 것이다. 또 백과사전식의 전집류를 반복해서 읽으면 각 분야의 상식이 풍부해지는데, 평소에 쌓아둔 상식이 암기과목에 척척 적용되는 경우가 많다.

교과 관련 책, 이렇게 읽어라!

1. 처음에는 책을 처음부터 끝까지 가볍게 몇 차례 읽는다

모르는 부분이 중간 중간 나와도 개의치 말고 몇 차례 죽 완독을 한다. 그러는 동안 모르는 부분이 점차 줄어든다. 책의 어느 부분에 어떤 내용이 있는지를 파악해두는 것이 핵심 목표다.

2. 학교 수업 중 궁금한 점이 생기면 그 부분만 찾아 읽는다

'도형'을 배울 때, '한 붓 그리기'가 나온다. 연필을 떼지 않고 한 번에 도형을 다 그리는 것인데, 교과서 내용만으로는 '왜 그럴까?'에 대한 궁금증이 해소되지 않았다. 그러다 『수학이 수군수군』 중에 관련 내용이 있었다는 것을 기억하고, 그날 해당 단원의 내용을 찾아 읽었더니 원리가 속 시원히 이해되었다.

시험 때 닥쳐서 한꺼번에 외우려고 들면 한없이 짜증스럽고 좋은 성적도 받기 어렵다. 독서를 통해 미리 배경지식을 쌓고 요약정리 노트 등을 적절히 사용하면 한결 시험 대비하기가 쉬워진다.

각 단원의 학습 목표부터 정독하라

'암기과목은 단기간에 통째로 외우는 것이 정석!' 이라고 믿는 친구들이 많다. 그러나 시험 공부할 때 도 닦는 마음으로 대해야 할 정도의 그런 식의 공부는 힘들고 재미도 없다.

보다 암기과목에 쉽게 접하려면 각 단원이 시작될 때의 학습 목표를 충분히 숙지하는 것이 좋다. 그리고 해당 단원의 소제목을 훑어보면서 '무엇을 배우려고 하는 것일까?' 라는 질문에 답을 할 수 있는지 점검한 다음, 본문 읽기 및 암기로 넘어간다. 보통 암기과목을 힘들어하는 친구들 중에는 학습 목표가 무엇인지를 파악하는 과정을 무시하고 곧바로 본문 읽기 및 암기로 돌입하는 경우가 많은데, 그것은 곧 '숲' 을 보지 못하고 나무만 보다가 길을 잃게 되는 형국과 같다.

암기과목 요약 정리 노트

시험 일정별로 암기과목을 몰아서 묶는다. 3일 동안 시험을 본다면 3권의 요약 노트를 만든다. 시험 끝날 때까지 나에게는 가장 소중한 '개인 참고서' 이다. 친구들이 빌려갈 때도 있어서, 혹 잃어버릴까봐 페이지마다 내 이름이나 사인을 적어놓기도 했다(^.^).

요약 노트의 표지에는 시험일정표를 적고, 요약 정리한 과목과 범위도 표시하였다. 즉 요약 노트는 전체 시험일정표의 역할까지 한다. 그리고 이 노트의 신뢰도 부분을 만들어 나름대로 평가했다. 내가 생각하기에 요약 노트만 읽으면 이번 시험은 문제없다고 생각하면 신뢰도 지수가 높아진다.

No. I

2005 기말고사 <First> SHE SMILES AND I FLY.

1일차 work results

시험: 6/30

과목: 수학 → 도덕 → 과학 → 미술

목차: 도덕 ①~④ 신뢰도 90%

과학 ⑤ <일부> 90%

미술 ⑥~⑪ 95%

No. II

2005 기말고사 <first> AS AN ICARUS, I GO HIGH.

2일차 work results

시험: 7/1

과목: 국어 → 한문 → 사회 <국사> → 음악

목차: 한문 ① ~ ③ 신뢰도 85%

사회 ④ ~ ⑨ 90%

음악 ⑩ ~ ⑬ 87.5%

암기과목
요약 노트 표지

No. III

2005 기말고사 <First> EVEN THE SUN CAN NOT LET ME DOWN.

3일차 work results

시험: 7/2

과목: 영어 → 기술·가정 → 체육

목차: 체육 ① ~ ⑩ 신뢰도 90%

가정 ⑪ ~ ⑰ 90%

기술 ⑱ ~ ㉒ 90%

가정+ ㉓ ~ ㉕ 90%

THE LAST, THE PRETTIEST

Tonight, I fly.

Blue Jeans and an MP3

Rock and roll

Dance and get a chance

ibis

요약노트 본문

시험 대비 1주일 전에는 예체능 및 기술가정 등 암기과목은 모두 요약 정리 노트를 만든다.
요약 정리 노트를 작성하고 나면 암기과목의 70% 이상은 공부가 끝난 셈이 된다. 교과 내용을 이해하고 외우면서 작성했기 때문에 머릿속에 차곡차곡 정리가 되어 있기 때문이다. 이 노트를 나머지 7일 동안 매일 한 번씩 읽는다. 그러면 굳이 달달 외우지 않아도 시험 때까지 사진을 찍듯이 머릿속에 저장된다. 결과적으로 시험 전까지 각 과목을 10여 차례 반복해서 읽는 셈이 된다.

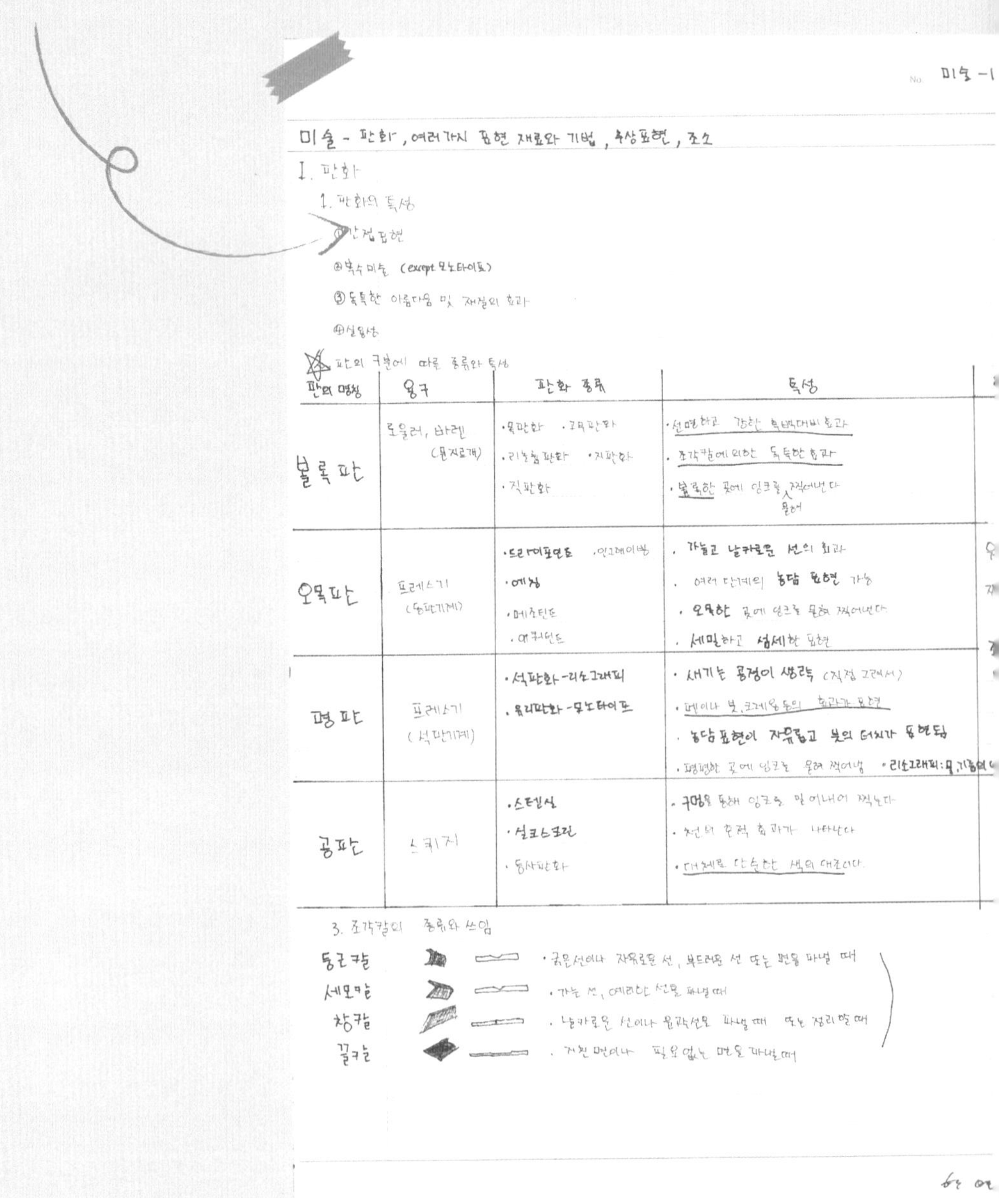

No. 미술 -1

미술 - 판화, 여러가지 표현 재료와 기법, 추상표현, 조소

I. 판화

1. 판화의 특성

①간접표현

②복수 미술 (except 모노타이프)

③독특한 아름다움 및 재질의 효과

④실용성

☆ 판의 구분에 따른 종류와 특성

판의 명칭	용구	판화 종류	특성
볼록판	로울러, 바렌 (문지르개)	·목판화 ·고무판화 ·리놀륨판화 ·지판화 ·직판화	·선명하고 강한 흑백대비 효과 ·조각칼에 의한 독특한 효과 ·볼록한 곳에 잉크를 묻혀 찍어낸다
오목판	프레스기 (동판기계)	·드라이포인트 ·인그레이빙 ·에칭 ·메조틴트 ·아쿼틴트	·가늘고 날카로운 선의 효과 ·여러 단계의 농담 표현 가능 ·오목한 곳에 잉크를 묻혀 찍어낸다 ·세밀하고 섬세한 표현
평판	프레스기 (석판기계)	·석판화-리소그래피 ·유리판화-모노타이프	·새기는 공정이 생략됨 (직접 그려서) ·펜이나 붓, 크레용 등의 효과가 표현 ·농담 표현이 자유롭고 붓의 터치가 표현됨 ·평평한 곳에 잉크를 묻혀 찍어냄 ·리소그래피: 물, 기름의
공판	스퀴지	·스텐실 ·실크스크린 ·등사판화	·구멍을 통해 잉크를 밀어내어 찍는다 ·천의 흔적 효과가 나타난다 ·대체로 단순한 색의 대조이다

3. 조각칼의 종류와 쓰임

둥근칼 ·굵은선이나 자유로운 선, 부드러운 선 또는 면을 파낼 때

세모칼 ·가는 선, 예리한 선을 파낼 때

창칼 ·날카로운 선이나 윤곽선을 파낼 때 또는 정리할 때

끌칼 ·거친 면이나 필요없는 면을 파낼 때

펜 사용은 심플하게

나는 노트 정리를 할 때 두 가지 색 이상의 펜을 사용하지 않는다. 색이 너무 다양하면 눈의 피로감이 더해지는 것 같기 때문이다. 보통 검은색이나 파란색으로 쓰고 중요 부분은 빨간색으로 체크를 한다.

(23)

No. 가정 + ①

보강 -

과 식사예절

의 보관과 뒤정리

음식의 보관

보관

원리 : 미생물의 활동을 억제시켜 신선도와 이용기간을 연장 시킨다.

적당한 식품 : 조리된 음식, 채소, 과일, 음료수 , 우유, 달걀, 유제품, 1~2일 정도 보관할 생선 이나 육류, 마요네즈, 햄, 어묵 등

(-18°C)

원리 : 식품을 단시간에 급속 냉동하면 식품의 수분 증발이 억제되어 식품이 지닌 원래의 맛과 질감이 어느 정도 유지

적당한 식품 : 각종 냉동 식품, 빵과류, 육류, 생선, 고춧가루, 건어물, 호화된 전분류, 찹쌀가루, 미숫가루 등의 곡식 가루

방법 : • 한번에 사용할 분량씩 나누어 냉동

• 납작하게 만들고 포장 안쪽 공기 뺀 후, 차곡 차곡 넣어서

• 육류 : 한번에 사용할 분량씩 나눠서

• 생선류 : 깨끗하게 다듬어 씻고 토막내서 각각 포장 → 냉동

• 호화된 전분류 : 밥이나, 빵, 떡 등은 굳기전에

• 채소류 : 시금치, 쑥갓, 미나리는 데쳐서 물기를 짠 후 1회 분량씩 포장

부분의 온도와 식품 보관

	온도	보관 식품
	−18℃ 이하	육류, 어패류, 반조리 냉동 식품, 건조 식품(건어물, 말린 채소), 곡류, 채소, 떡, 밥, 빵
단	0~1℃	1~2일 보관할 육류·어패류
단	2~5℃	두부, 햄, 어묵, 조리된 음식, 김치
단	7~10℃	채소류, 과일류
상단	6℃	달걀
중단	5~6℃	우유, 요구르트, 치즈
하단	5℃	음료수

장고 사용 : • 각 칸에 적절한 식품 저장

• 냄새가 강한 것은 밀봉하여 보관

• 뜨거운 음식은 식혀서

• 냉장 공간에 꽉 채우지 않는다

• 한번에 먹을 양만큼 나누어 냉동

• 냉장고 안에서도 식품은 서서히 변질, 부패 되는 것 유의!

ibis

복습 노트를 적극적으로 활용하라

나는 예습은 주로 수업 전날이나 수업 시작 전 쉬는 시간을 이용한다. 교과서를 한 번 훑어보는 정도로 예습은 끝낸다. 대신 복습에 좀더 공을 들였다. 도덕과 사회는 개인적으로 외울 내용이 많고 잊어버리기 쉬운 부분이 많다고 판단, 특별히 복습 노트를 마련해서 활용했다. 당일 귀가 후 집에서 그날 배운 내용을 중심으로 교과서와 필기를 보면서 요약정리를 한다. 시간이 없을 땐 주말에라도 복습 노트 필기는 빼먹지 않았다. 복습 노트 덕분에 이 두 과목은 대부분 만점이었다. 고등학교 진학 후에는 경제와 화학, 도덕, 음악 등의 과목의 복습 노트를 만들어 활용하고 있다.

★**점수가 잘 나오지 않는 과목이 있다면, 복습 노트를 만들어 수업이 끝난 후 바로 바로 정리를 해놓는 방법을 사용해 보라고 권하고 싶다.**

한 장씩 뜯어지는 노트 활용

문구점에 가면 장마다 깔끔하게 뜯어지는 줄 노트를 구할 수 있다. 과목마다 노트를 갖고 다니기가 힘들어 이 노트를 즐겨 사용한다. 과목별 수업 시간에 이 노트에 필기를 한 후에 집에 돌아와 뜯어서 원래 노트에 그대로 붙인다. 노트 검사를 하는 과목이라도 매일 제대로 붙이기만 하면 깔끔하게 정리가 된다.

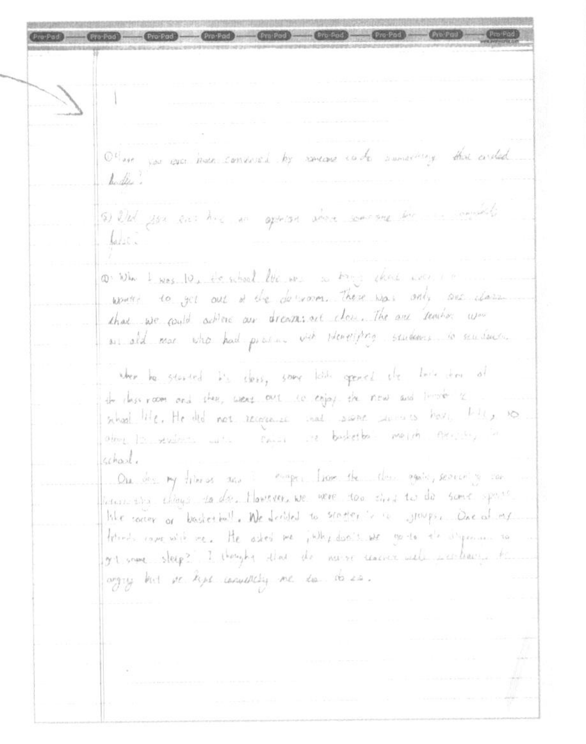

복습 노트

16. Oligopoly (→ key word: interdependence)

* Between Monopoly & perfect competition

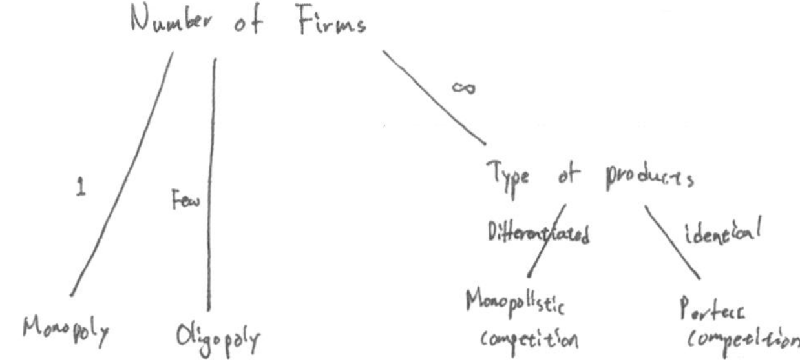

* Collusion - an agreement among firms in a market about quantities to produce or prices to charge

* cartel - a group of firms acting in unison

* Nash equilibrium - a situation in which economic actors interacting with one another each choose their best strategy given the strategies that all the other actors have chosen

* Game theory: the study of how people behave in strategic situations

* dominant strategy: a strategy that is best for a player in a game regardless of the strategies chosen by the other players

Think thing

서한별NOTE

한별이의 공부법 핵심 포인트

중학교 첫 시험 때의 시행착오

초등학교에서 중학교로 진학할 때 학교 선배들에게 자문을 구했던 적이 있다. 초등학교 때는 시험 때라고 딱히 시험 공부를 했던 기억이 별로 없었기 때문에 중학교 때는 시험 대비를 어떻게 해야 하는지 감이 잡히지 않았기 때문이다. 선배들은 "초등학교 때와 중학교 때는 완전히 달라. 교과 내용도 어려워지고 교과목도 12개로 늘어나거든. 학원에 다녀야하는 것은 기본이고, 문제지와 교과서를 달달 외우다시피 해야 잘할 수 있어"라며 겁을 잔뜩 주었다.

중학교 1학년으로 진학을 한 후 바짝 긴장한 나는 학교 수업에 매우 충실하려고 애썼다. 선생님들이 '한별이 눈빛이 무서워서 딴 짓을 못하겠다!' 라고 농담을 하실 정도로 수업에 집중을 했다. 또 첫 중간고사를 대비해서 과목별로 여러 권의 문제지와 참고서를 구비해놓고 밑줄을 그으면서 몇 차례 반복해서 외웠다. 그리고 '깜지' 공부도 했다. 여백이 하나도 없이 꽉 채워 쓰면서 외우는 것인데, 전 과목 '깜지'를 할 정도로 시험공부를 열심히 했다. 그렇게 아둥바둥 준비를 해서 난 전교 1등을 했다. 그러나 알 수 없는 허탈감이 밀려오기 시작했다. '깜지식으로 공부한 내용

깜지 노트

편의[illegible] 맞추고 고정시킨 후, 주[illegible]경과 판[illegible]를 번갈아가며 동[illegible]
에서 관측하고자 하는 천체를 맨눈으로 찾은 후, 파인더로 보면서 중앙에 [illegible] ④ 대물렌즈를 통해
확대된 천체의 모습을 자세히 관측한다. 망원경 설치하기 ① 접안 렌즈에 빛 가리개판을, 접안
렌즈 뒤쪽에 태양 투영판을 설치한다. → 빛가리개판과 투영판의 설치 이유: 태양빛이 너무 강하기
때문에 접안렌즈에 직접 눈을 대고 태양을 볼 수 없다. ② 지름 10cm 원을 그린 흰 종이를 태양 투영판에 고정
시키고, 태양의 상이 투영판의 원 안에 맺히도록 조절한다. → 태양의 상: 태양 투영판을 앞뒤로 움직이
면서 상이 뚜렷이 맺히도록 한다. ③ 며칠 동안 흑점의 위치 및 개수와 모양을 관측하여 스케치한 후, 흑점이
어떻게 이동하는지 살펴본다. → 관측 시간: 태양빛이 강하므로 10분 정도 관측하고 잠시 경통을 돌려 놓고
쉬한다. → 흑점의 이동방향: 동에서 서 → 이로부터 유추한 태양의 자전 방향: 서에서 동 ① 흑점의 이동 방향과 이유
: 동쪽에서 서쪽, 태양이 자전하기 때문 ② 흑점의 이동방향과 태양의 자전방향: 태양 표면에 나타난 흑점을
지구상에서 관측하면 동쪽에서 서쪽으로 이동하는 것처럼 보인다. 이것은 태양이 서쪽에서 동쪽으로 자전하기 때문
이다. ③ 흑점 수: 태양 활동이 활발할수록 많아진다. ④ 흑점 수의 변화: 태양 활동의 영향을 받아 11년을 주기로
많아졌다 적어졌다 한다. ① 행성의 구분: 지구형 행성과 목성형 행성 ② 지구형 행성: 수금지화 ③ 목성형 행성
: 목토천해 ④ 지구형 행성과 목성형 행성의 특징 구분: 지구형 행성, 목성형 행성 크기(적도 반지름): 작다,
크다. 질량: 크다, 작다, 위성 수: 없거나 적다 (1~2개 ↓), 많다. (토성 [illegible]), 자전 속도: 느리다, 빠르다
고리: 없다, 있다. 표면 성분: 단단한 암석, 차가운 기체 물질이 얼어붙어 있다. 0. 3별 ⑦ 별자리 1. 별자리: 별들을
몇 개씩 연결하여 비슷한 신화 속의 인물, 동물 또는 사물의 이름을 붙인 것으로, 현재에는 공통적으로 88개가 88
정해져 사용되고 있다. 2. 북쪽 하늘의 별자리: 우리나라에서 일 년 내내 볼 수 있는 별자리, 북극성:
작은곰자리에 속한 별로, 지구 자전축 위에 있어서 움직이지 않고 고정되어 있다. 특징과 종류:
• 북극성 근처의 별들은 계절에 관계없이 항상 볼 수 있다. • 큰곰자리: 북극칠성을 포함한 별자리 • 작은곰자리:
북극성을 포함한 별자리 • 카시오페이아 자리: W자 모양의 별자리 • 세페우스자리: 오각형 모양의
별자리 3. 계절의 대표적 별자리: 각 계절의 저녁 9시경 남쪽 하늘에서 잘 보이는 별자리들, 봄:
대표적인 별자리: • 처녀자리, 목동자리, 사자자리, 특징: • 목동자리의 아르크투루스와 처녀자리의 스피카,
사자자리의 데네볼라가 봄철의 대삼각형을 이룬다. 여름: • 백조, 독수리자리, 거문고자리, 특징: • 데네브,
직녀성, 견우성이 여름철 대삼각형을 이룬다. • 직녀성과 견우성 사이에 은하수가 보인다. • 은하수는 궁수
자리 방향에 있다. 가을: • 페가수스 별자리, 안드로메다 자리, 물고기 자리, 특징: • 사각형 모양의 페가수스 자리를
쉽게 찾을 수 있다. 겨울: 오리온자리, 큰개자리, 작은개자리, 황소자리 특징: • 오리온자리의 베텔게우스,
큰개자리의 시리우스, 작은개자리의 프로키온이 겨울철 대삼각형을 이룬다. + 북극성을 찾는 방법: 북두칠성
(큰곰자리)의 국자 모양 중 국자의 마지막 두 별을 연결해 그 거리를 5배 정도 연장했을 때 만나는 별이 북극성
이다. + 별자리의 변화 ① 지역에 따라 보이는 별자리가 다르다. → 지구가 둥글기 때문 ② 같은 지역에서는 시간에
따라 별자리 동에서 서로 움직인다. → 지구가 자전하기 때문 ③ 계절에 따라 보이는 별자리가 달라진다 → 지구
가 공전하기 때문. + 별자리 찾는 순서: ① 북두칠성이나 카시오페이아 자리를 이용하여 북극성을 빨리 찾아낸다.
① 북극성의 위치를 기준으로 관측자의 방위를 파악한다. ② 북극성의 위치를 기준으로 관측자의 방위를 파악한다 ③
각 계절의 별자리에서 밝은 별을 먼저 찾고, 이 별을 이용하여 별자리의 위치를 대략 파악한다. ④ 성도나 사진을
보고 별들을 서로 연결하여 별자리 모양을 만든다. 봄: 처녀자리, 목동자리, 사자자리 여름: 백조자리 독수리자리
거문고자리, 가을: 페가수스자리, 안드로메다 자리, 물고기자리, 겨울: 오리온자리, 큰개자리, 작은개자리, 황소
자리, 별자리: 별들을 몇 개씩 연결하여 신화 속의 인물, 동물, 또는 사물의 이름을 붙인 것 • 계절에 관계
없이 항상 볼 수 있는 별자리: 북극성 부근의 별자리 • 계절에 따른 별자리: 각 지방에서 저녁 9시경에
동쪽 하늘에서 잘 보이는 별자리를 계절의 대표적 별자리라고 한다 • 계절에 따른 별자리 변화: 지구가
태양의 둘레를 일 년에 한 바퀴씩 공전하기 때문이다. ③ 시간에 따른 별자리 변화 → 지구가 자전하기
때문에 1시간에 15°씩 동→서 이동. ⑧ 별의 밝기 1. 별의 밝기와 등급: 별의 밝기는 등급(등성)으로 표시한다.
① 등급 값이 작을수록 밝은 별이다. ② 눈에 가장 밝게 보이는 별은 1등성, 어둡게 보이는 별은 6등성으로 정하
였다. ③ 1등급보다 밝은 별은 0, -1, -2, ... 등급으로, 6등급보다 어두운 별은 7, 8, 9, ... 등급으로 나타
낸다. ④ 각 등급 사이의 밝기를 갖는 별은 2.3등급, 4.5 등급과 같이 소수점을 이용하여 나타낸다.
2 별의 등급에 따른 밝기 차 ① 1등급 차이는 밝기로는 2.5배의 차이가 난다. 6등급 ⇒ 5등급 ⇒
4등급 ⇒ 3등급 ⇒ 2등급 ⇒ 1등급 ② 1등급의 별은 6등급의 별보다 100(≒2.5[5])배 밝다. 등급 차: 1, 밝기 차: 2.5
등급 차: 2, 밝기 차: 6.3, 등급 차: 3, 밝기 차: 16, 등급 차: 4, 밝기 차: 40, 등급 차: 5, 밝기 차: 100, 등급 차: 10,
10000 3. 별의 밝기와 거리: 별의 밝기(겉보기 등급)는 별까지의 거리의 제곱에 반비례한다. • 겉보기 등급
: 별의 거리가 2배, 3배로 멀어지면 단위 면적당 받는 별빛의 양은 1/4배, 1/9배로 줄어들기 때문에 어두워
진다. • 절대 등급: 변하지 않는다. ⑥ 겉보기 등급과 절대 등급 1. 겉보기 등급(실시 등급): 맨눈으로 본 별
의 밝기로, 겉보기 등급이 낮을수록 우리 눈에 더 밝게 보인다. 2. 절대 등급: 모든 별을 지구로부터 32.6광년
의 거리에 둔다고 가정했을 때 별의 밝기로, 절대 등급이 낮을수록 실제로 밝은 별이다. • 32.6광년보다 가

은 며칠 지나니 다 잊혀지는구나. 이건 시험용일뿐 진짜 공부가 아니야' 라는 생각이 들었다.

독서와 학교 공부를 병행하다

이러한 시행착오를 거친 이후 학교 공부 때문에 읽지 못했던 책들을 틈틈이 다시 읽기 시작했다. 학교 수업 내용들이 내가 그 전에 읽었던 책의 내용과 겹치는 부분이 상당히 많다고 판단했기 때문이었다. 즉, 평소에 읽는 책과 교과 내용이 별개가 아니라 상호보완의 관계임을 깨달은 것이다. 아주 좋아해서 몇 번이고 반복해서 읽은 '앗 시리즈!' 의 수학과 과학 편의 내용은 학교 교과서에서 배우는 내용과 일치하는 부분이 많았다. 교과 내용만 암기하듯 공부하면 책 안에 갇힌 죽은 지식이 되지만, 교과 내용을 깊고 넓게 풀어쓴 관련 책을 읽으면 비로소 활용 가능한 산지식이 된다는 사실을 깨달았던 것이다. 수업 시간에도 평소에 읽었던 책의 내용과 연결하면서 이해를 했더니 훨씬 쉬웠고 재미도 있었다.

그 이후로 나는 한 달에 2~3번 꼭 서점엘 갔다. 대형서점은 집에서 차로 15분 이상 떨어져 있었지만 어머니가 적극 도와주셨다. 한번 서점에 가면 몇 시간씩 책을 읽었다. 그리고 학교 수업과 연관된 책 중심으로 5~6권 고르고, 간 김에 필요한 문제지와 참고서도 구입했다. 이때 매월 도서 구입비만 20만 원 이상이었다.

고등학생이 된 지금, 난 중학교 때의 이런 깨달음이 옳았다고 확신한다. 교과 범위 안에서 폭 좁게 공부를 하면 학교 시험 성적은 좋을 수 있지만, 교과 지식 외에 사고력과 창의력이 필요한 수능과 논술에서는 좋은 점수를 받기가 어렵다. 평소에 책을 많이 읽고 그 지식을 배경으로 교과 내용을 공부하는 것, 이것이야말로 대학 입시의 트라이앵글이라 불리는 '수능+내신+논술' 을 한꺼번에 잡는 가장 효과적인 방법이라 생각한다.

Note

초등학교 3학년 때부터 읽은 신문 덕분에 배경 지식이 빵빵!

한별이는 초등학교 3학년 때부터 신문을 읽기 시작했다고 한다. 처음부터 어린이용 신문이 아니라 어른용 신문을 읽었다. 부모님이 매일 읽으시는 모습을 보았던 터라 신문의 내용이 늘 궁금했었다고.

처음엔 한자어도 많고 내용도 어려워서 이해하기가 힘들었지만, 이해가 안 되는 것이 '기분이 나빠서' 억지로라도 읽었다. 2년 동안을 띄엄띄엄 읽다보니 초등학교 5학년 때는 내용이 슬슬 읽히기 시작했다. 한별이는 아무 내용이나 자신이 읽고 싶은 기사를 찾아서 읽었다. 다리가 붕괴되고, 지진이 발생하고, 연쇄살인이 일어나고……. 신문 속에는 자신이 알지 못하는 사건 사고가 무궁무진 기록되어 있었는데, 그 중에서도 특히 국제면의 사건 사고 기사는 재미있었단다.

중학교 진학 이후로는 자연스럽게 사회 경제면을 읽는 시간이 많아졌다. 수년 동안 신문을 매일 읽다보니, 자신도 모르게 한자어 실력은 물론 어휘력과 독해력이 상당히 향상되었음을 알게 되었다.

스스로 터득한 신문 제대로 읽는 법

1. 꼭 지루하고 재미없는 사설만 읽어야 하나?

대부분 중학교 이후 신문읽기는 '사설 읽기'와 동일시된다. 사설을 읽고 핵심주제를 뽑아내기를 하는데, 사실 사설은 재미가 없고 지루하다. 이런 글을 매일 읽으면 신문 읽기 자체의 재미를 놓칠 수 있다. 따라서 '오피니언' 등 정돈된 글이지만 말랑말랑하고 재미도 있는 칼럼을 읽으라고 권하고 싶다. 사설은 자신이 특별히 관심 있는 분야의 지식을 넓히고 싶을 때 찾아서 읽는 정도면 족하다.

2. 최소한 두 가지 이상의 신문을 읽어라!

신문마다 성향에 따라 논조가 다른 법이다. 보수적인 신문과 진보적인 신문으로 나눈다면, 보수적인 신문을 읽는 친구들의 경우, 자신의 생각이 없이 해당 신문의 논조에 빠져들어 가는 경우를 종종 본다. 예를 들어 '평택 미군기지 건설 시위'를 보수적인 신문은 비판적인 논조로 다룬다. 미국과의 우호관계가 더 중요함도 강조한다. 그러나 진보적인 신문은 주민의 입장도 적극 옹호한다. 자신이 읽는 신문의 논조가 정답이 아니라는 사실을 염두에 두어야 하며, 논조가 각각 다른 신문을 최소한 2개 이상 읽으면서 자신만의 균형 잡힌 생각 정리를 할 필요가 있다.

한별이는 학교에서 의무적으로 구독하는 신문이 보수 성향이 강한 편이라 관심 있는 주제에 한해서는 인터넷을 검색해서 진보 성향의 신문을 찾아 읽어 시각 균형을 맞추려고 노력한다고.

✓ 공부는 1시간, 효율성은 10시간 - 한별이만의 암기과목 정복법

언제부터인가 '국영수'는 주요과목으로, 그 나머지는 '비주요과목'으로 분류가 되었다. 비주요과목은 '암기과목'이라고도 불리는데, 시험 때만 되면 대부분 학생들이

'죽을 맛' 이라며 공부를 한다. '죽을 맛' 인 이유가 뭘까? 이것은 바로 이해는 뒷전에 밀어둔 채 '외우기' 에 급급하기 때문이다. '나는 종일 외웠는데 80점이고, 저 애는 1시간 공부한 것 같은데도 100점이니 그 이유를 모르겠어요!' 라고 푸념하는 학생들이 많은데 적은 시간을 투자하고도 효율적으로 공부하는 방법을 찾는 것이 암기과목의 강자를 만드는 것이리라.

한별이는 체계적인 암기과목 정복 작전을 짰다. '산' 의 전체적인 모습과 형세 등을 파악하고 오르는 것과 무작정 오르는 것은 다르다. 해발 몇 미터인지, 산세는 어떠한지, 산 속에 사찰이나 대피소 등이 있는지 등을 먼저 알고 오르면 정상까지의 소요 시간, 산에서 할 수 있는 일 등을 계획할 수가 있다. 교과서 정복 작전 또한 이와 크게 다르지 않다고 한별이는 말한다.

1. 교과서 머리말을 읽는다

기술가정, 사회, 컴퓨터 등 암기과목으로 분류되는 과목의 교과서는 대부분 '머리말' 부터 시작한다. 머리말에는 그 책을 통해서 무엇을 배우려고 하는지, 전체적인 학습목표가 체계적으로 정리되어 있다. 머리말을 읽으며 자신이 평소에 알고 있는 내용, 알고 싶은 내용 등을 머릿속으로 정리해본다.

2. 차례 읽기

전체 차례를 살펴보면 책의 내용이 어떤 흐름을 타고 가는지 한눈에 파악할 수 있다. 중학교 1학년 기술 가정의 예를 들면, 1. 나와 가족의 이해 - 2. 청소년의 영양과 식사 - 3.미래의 기술 - 4. 제도의 기초 - 5. 컴퓨터와 정보 처리 등의 단원으로 구성되어 있다. ★대단원의 제목을 읽은 후 대단원에 딸린 소단원과 그에 딸린 소제목을 읽으면 배울 내용은 보다 구체화된다.

3. 해당 단원의 학습 목표를 정독한다

중학교 1학년 기술 가정의 첫 단원은 '나와 가족의 이해' 이다. 단원의 본문이 시작되기 전에 이 단원에서 무엇을 배우려고 하는지, 본문으로 접어들기 전에 미리 한번 생각해 보아야 할 것이 무엇인지를 정리한 '학습 목표'를 꼼꼼히 읽는다.

4. 본문의 큰 제목을 읽고, 단원 학습 목표를 정독한다

각 단원의 본문 페이지를 열면 제목 바로 아래 부분에 아주 세부적인 학습 목표가 또 나온다. 이를 읽으면서 소제목에 딸린 본문의 핵심 내용을 먼저 파악한다.

5. 본문 가볍게 읽기

소단원의 끝까지 가볍게 읽는다. 소제목과 본문 내용 파악, 그림 및 도표 등을 죽 훑어본다.

6. 보다 꼼꼼하게 읽기 2~3회 반복

수업 시간에 중요하다고 표시해준 부분, 그림과 도표, 선생님이 덧붙여준 추가 설명 및 사례, 노트 필기, 참고서 등을 번갈아 보면서 꼼꼼히 읽어나간다. 2~3회 집중해서 읽으면 대부분 교과 내용은 머릿속에 정리가 된다. 그런 다음 각 소단원에 딸린 탐구과제 등 기본문제 풀이를 해본다.

7. 교과서를 보면서 차례대로 요약정리

시험 2주 전에 암기과목 요약정리를 시작한다. 위의 순서를 거쳐 시험 1주 전까지는 모든 암기과목을 요약 정리한다. ★요약정리 노트는 교과서 내용 + 노트 필기 + 참고서 내용 등으로 구성된다. 잘 안 외워지는 부분, 중요한 부분, 중요한 도표나 그래프 등도 요약 노트에 모두 정리한다. ★시험 1주일 전까지 암기과목의 전부를 요약 노트로 정리하고, 시험 당일까지 매일 요약 노트를 읽는다.

8. 시험 전날 한 권의 문제지로 마무리

암기과목의 문제는 많이 풀 필요가 없다. 수학이나 과학과 달리 응용문제의 한계가 있기 때문이다. 내용만 정확히 파악하고 중요한 부분만 확실히 외워두면 접해보지 않은 문제라도 무리없이 풀 수가 있다. 시험 전날 과목별로 한 권의 문제지를 풀어보는 것으로 마무리한다.

한별이가 추천하는
괜찮은 참고서 & 문제집

국어 :

한샘 내용정리가 잘 되어있고, 문제도 좋다.

한끝 다양한 유형의 문제들이 있다.

수학 : **고난도수학 & A급수학**

일반 문제집을 다 풀고 난 후 심화학습용으로 효과적. 꽤 높은 난이도의 문제들을 다루고 있다.

과학 :

오투 풀어보면 도움이 되는 다양한 유형의 문제들이 나온다.

특강과학 내용정리가 체계적으로 잘 되어있다.

도덕 : **두산동아 중학도덕 내신평가 문제집**

간단한 내용 정리와 여러 종류의 문제들이 잘 수록되어 있다.

전 과목 문제집 : **nonstop**

엄청난 분량의 문제가 수록되어 있어 시험 볼 내용을 완전히 학습한 후에 정리하기에 적당하다.

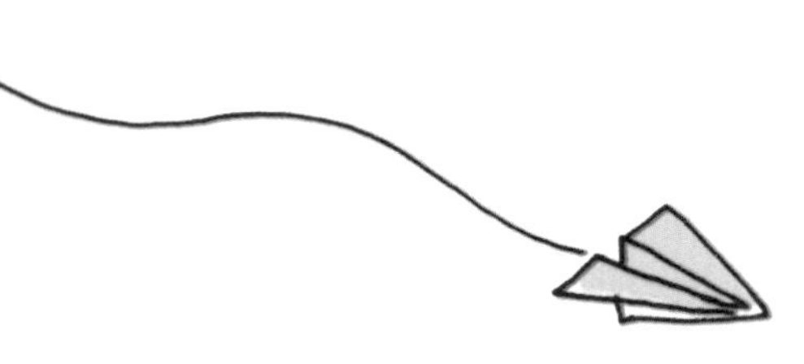

NOTE 07 * 김관수

태성중학교 3학년 재학 중. 학교에서 게임 동호회 회장을 맡고 있으며 스페셜포스 500만 회원 중 4만 등내에 들 정도로 게임을 좋아하고 사슴벌레 등의 곤충 연구에 열을 올리는 관수 군의 공부 이력은 좀 남다르다. 중학교 1학년까지는 사교육의 도움을 전혀 받지 않고 혼자 공부했다는 것부터가 눈에 띈다. 무엇보다 놀라운 점은 중학교 1학년 첫 시험에서 반 17등, 전교 170등이라는 성적으로 스타트를 끊었는데 중학교 2학년 때 전교 3등에 이어 3학년 때는 전교 1등을 차지, 성적이 수직 상승했다는 것이다. 학교 선생님들로부터 '앞으로 10년 후가 더 기대되는 학생'이라는 평가를 받고 있다는 관수 군의 공부법은 특히 중하위권 학생들에게 더욱 힘이 될 듯하다.

김관수NOTE

관수의 과목별 노트법 & 공부방법

공부법은 스스로 찾는 것,
학원은 보조 수단일 뿐이다!

중학교 2학년 이후로 국어는 거의 만점을 받았다. 남학생들은 특히 국어를 어려워한다고 하는데 솔직히 나에게는 쉬운 과목 중 하나이다. 공부 방법과 시험 출제 경향만 알면 만점 획득은 그리 어렵지 않다고 생각한다.

국어 만점 전략

1. 교과서 필기는 연필로

선생님이 칠판에 적는 것들과 수업 시간에 설명해주는 내용은 모두 연필로 기록한다.

2. 한번 죽 읽어본다

선생님이 필기한 내용을 참고로 본문 내용을 훑듯이 읽어본다. 어떤 내용인지, 글의 흐름이 어떠한지를 파악하는 것이다.

3. 참고서를 보면서 나만의 교과서 필기

참고서에는 수업 시간에 다루지 않았던 내용들도 상당수 나와 있다. 물론 중요치 않

갈래: 수필

성격: 교훈적, 사색적, 회고적

일레인 이야기

김영곤(金英坤)

· 사소한 경험에서 얻은 깨달음을 솔직하게 표현하고 있다.

· 외국인과 재외 동포들의 태도를 대조적으로 제시해 주제를 부각시켰다.

· 글쓴이의 체험이 바탕이지만, 이야기의 주인공(일레인)이 있는 수필이다.

일레인은 수년 전에, 내가 가르치는 한국어 과정에서 한국말을 배운 캐나다 여성이다. 나는 그 때도 지금처럼 일 주일에 한 번씩 워털루 대학에 출강해서 한국계 학생과 비한국계 학생이 반반 정도 섞여 있는 학급에서 한국어를 가르쳤다. 일레인이 처음 나한테 전화를 걸어 온 것은 신학기를 몇 주 앞둔 때가 아닌가 한다.

신학기가 시작되기 몇 주 전이면 배우는 학생이나 가르치는 선생이나 '또 새로운 시작을 하는구나.' 하고 긴장감이랄까 기대감이랄까 하는 것을 가지게 마련이다. 그런 가운데에 학교에서 사무적인 전화가 오기도 하고 학생들의 문의 전화가 오기도 하는 것이다.

▶일레인이 전화를 한 까닭은 무엇인가?

일레인의 전화는 그런 의례적인 전화 중의 하나였는데, 영국계 억양이 짙은 그녀의 말을 들으면서 나는 그녀가 정중하고 의사 표시가 분명한 사람이라는 걸 느낄 수 있었다. 그녀는 먼저, 자신은 워털루에서도 한참 떨어져 있는 조그마한 읍에 살고 있는 가정 주부라고 소개했다. 그리고 자기가 한국어를 배우고 싶어서 여기저기 수소문한 끝에 워털루 대학에 한국어 과정이 새로 개설되었다는 것을 알게 되었다고 하면서, 그 수업 전에 자기가 어떤 것을 미리 준비해야 하는지를 물었다. 그리고 자기처럼 나이가 많은 사람도 과연 새로운 말을 배울 수 있을지 은근히 걱정이 된다고 하면서 내 의견을 물었다.

사실, 오랫동안 한국말을 제2의 언어로 가르쳐 오면서 느낀 것은, 새로운 말을 가장 효과적으로 배우기 위해서는 무엇보다

국어 학습 활동 풀기

내용 학습 ▶ '원미동 사람들'의 내용을 생각하며 이 소설의 사건이 어떻게 전개되는지 정리해 보자.

사건의 전개	동네 사람들의 반응과 행동	반응과 행동의 이유
경호네 가게인 '김포 쌀 상회'에서는 (쌀)와(과) (연탄)만 팔았었다. 그러나 '김포 슈퍼'로 이름을 바꾸고 가게를 확장하면서 김 반장네가 팔던 (부식), (과일), (채소)을(를) 팔기 시작하였다.	• 원미동 사람들은 경호네의 성공을 부러워 하였다. • 김포 슈퍼의 개업일에는 많은 사람들이 찾아가 경호네 내외에 덕담을 격려해 주었다.	• 경호네 내외가 모두 성실하고 성품이 좋으며 늘상 웃는 얼굴이어서 원미동 사람들에게 고루 인정을 받고 있었으므로
그러자 반찬거리만 팔던 김 반장네 '형제 슈퍼' 역시 (쌀)와(과) (연탄)을(를) 팔면서 경호네와 경쟁을 하기 시작하였다.	• 동네 사람들은 두 가게에 갈 때에 고민을 하게 되었다. 그러면서도 두 가게 중에서 좀더 싼 곳을 찾아다니기에 바빴다.	• 섣불리 한 가게에만 갔다가는 괜히 이웃간에 불편할 것이기 때문에 • 잔돈 푼이지만 당장의 이익(?)
새로 개업한 싱싱 청과물이 또 (과일) 이외의 부식 일체를 팔면서 경호네와 김 반장네 가게와 경쟁을 하게 되었다.	• 세 가게가 경쟁하게 된 것을 속으로 좋아하며 물건값이 내릴 것을 기대한다. • 싱싱청과물에서는 물건을 사지 않는다.	• 셋이 경쟁하면 물건값이 더 내릴거라 생각함. • 동네 이웃으로 낯이 익은 그들의 물건을 사고 싶지 않아서
(싱싱 청과물)에 맞서 경호네와 김 반장네는 (동맹) 관계를 맺고 대항하여 결국 (싱싱청과물)을(를) 굴복시키고 말았다.	• 동맹자들이 목적을 달성한 사실에 놀라기도 하고 혹은 안쓰럽게도 생각하며, 싱싱청과물에 미안함을 가슴아파한다	• 장사해서 돈 벌 곳이 되지 않는 원미동에 와서 자리를 벌였던 싱싱청과물에게 동맹자들이 너무 잔인하게 굴었다고 생각해서
한편 '써니 전자'와 같은 업종의 다른 전파상이 또다시 원미동 마을에 들어오게 되어 새로운 갈등이 시작되었다.	써니 전자와 새로 생긴 전파상이 서로 다투리라 내다본다.	• 같은 업종끼리의 경쟁으로 인한 싱싱 청과물의 폐업을 안타깝게 여겼으므로.

은 부분도 있지만 대부분 빠트리지 않고 이해를 하려고 노력한다. 참고서를 보면서 새롭게 알게 된 내용을 붉은색 펜으로 기록을 한다.

4. 학습 활동 풀기

본문 내용 뒷부분에는 본문 내용을 확인, 보충 심화를 할 수 있는 문제 및 자료들이 수록되어 있다. 우리 학교의 경우 교과서 검사를 하지 않기 때문에 대부분 빈칸으로 남겨두는 아이들이 더 많다. 나는 학습 활동을 빼놓지 않고 다 풀어보았으며, 학교 설명이 부족한 부분은 참고서를 보면서 나름대로 정리를 하고 넘어갔다. 직접적으로 시험에 출제가 되지 않는다고 해도 본문 관련 내용들이기 때문에 본문의 이해를 도와서 응용 문제나 서술형 문제 등을 푸는데 직간접적으로 도움이 된다.

5. 문제지 풀면서 다시 한 번 교과서 필기

참고서까지 보면 교과 내용의 대부분은 파악이 된다. 그런 다음 문제집을 풀면서 중요한 부분, 새롭게 알게 된 부분을 체크하고 암기하거나 교과서에 필기를 한다. 국어는 문제를 많이 풀 필요는 없다. 위와 같은 과정을 거치면서 5번 이상 교과서를 읽고 이해하고 외우면 문제 유형이 비슷비슷하기 때문에 문제지는 한 권 정도 풀면 충분하다.

문학작품 & 비문학작품 공부법

문학작품은 '발단 - 전개 - 위기 - 절정 - 결말'로 나뉘는 과정, 즉 스토리 흐름을 이해하는 것이 가장 중요하다. 시험 문제 중에서 사건 순서를 섞어놓고 제대로 맞추는 문제가 자주 출제되기 때문. 최소한 5번 이상 반복해서 읽으면서 작품의 주제, 등장인물 성격, 내용의 흐름 등을 정확하게 파악하면 문제를 틀릴 확률이 거의 없다. 여러 차례 반복해서 읽고 문제까지 풀고 나면 시험 보기 전에는 본문 내용이 어느 정도 머리에 그려진다.

수필, 논설문 등 비문학작품은 문학작품에 비해 내용이 더 어렵게 느껴진다. 그 이유는 주제가 생소한 경우가 많고, 또 사용하는 단어들이 어려워서 내용 이해가 쉽지 않기 때문이다. 따라서 한 번 읽어본 후 그 다음 읽을 때는 정독을 하면서 모르는 단어를 꼼꼼히 체크하면서 넘어간다. 교과서 하단에 낱말 풀이가 나와 있는데, 이 정도는 외우다시피 해야 한다. 교과서 낱말 풀이에 나오지 않는 모르는 단어는 사전에서 찾아서 꼭 확인을 한다.

단어까지 정확하게 파악하면서 읽은 후에는 핵심 주제가 무엇인지를 정리해본다. 역시 5번 이상 읽고 거의 본문을 외울 정도가 되면 참고서와 문제지를 보면서 빠트린 부분을 채워나간다.

한문은 공부법이 단순하고 개인적으로 재미있어 하는 과목이라 거의 만점을 받는다. 한문 과목을 어려워하는 친구들의 공통점은 바로 잘못된 공부 방법을 반복하고 있다는 점이다.

한문 만점 전략

1. 노트에 편하게 한 번 써본다

선생님과 수업을 하면서 본문 내용을 편하게 노트에 한번 써본다. 한자와 어구 뜻풀이도 함께 써본다.

2. 교과서의 '새로 익힐 한자'를 정확히 안다

새로운 단원이 시작될 때마다 본문 아래에 '새로 익힐 한자'가 나오는데, 몇 번이고 반복해서 읽고 쓰면서 달달 외울 정도로 공부를 해야 한다. 그래야 본문을 이해할 수 있기 때문이다.

3. 책을 보면서 어구풀이를 정확하게 한다

예를 들어 '知己之友'는 '나를 알아주는 벗'이라고 뜻풀이가 된다. 더불어 '之'가 명사와 함께 올 때는 '~의', 동사와 함께 올 때는 '~하는'으로 풀이된다는 점을 이해한다. 그러면 '나를 알아주는 벗'이라고 자연스럽게 뜻풀이가 된다.

뜻풀이 순서를 맞추는 문제가 30문제 중 평균 4개 이상 출제가 되기 때문에 뜻풀이 순서를 알아두는 것이 중요하다. 그런데 종종 순서만 줄줄 외우는 친구들이 있다. 즉 '知己之友'라고 하면 '2-1-3-4'라고 기계적으로 외우는 것이다. 하지만 어구풀이만 정확하게 할 줄 알면 외울 필요가 없다. 풀이를 하다보면 절로 순서가 생기기 때문이다.

6. 벗을 사귀는 길

학습의 주안점
- '교우'와 관련된 짧은 문장을 풀이하고 벗을 사귀는 참된 도리를 배운다.
- 부정문을 이해하여 문장 독해에 활용한다.

知己之友. 莫逆之友. 竹馬故友.

貧賤之交는 不可忘이라. 《후한서》[1]

同師曰朋이요, 同志曰友라. 《백호통의》[2]

相識은 滿天下로되, 知心은 能幾人이리오. 《명심보감》[3]

水至淸則無魚하고, 人至察則無徒니라. 《이담속찬》[4]

새로 익힐 한자

賤(천) 천하다	忘(망) 잊다	識(식) 알다	幾(기) 몇
察(찰) 살피다	徒(도) 무리	射(사) 쏘다	忙(망) 바쁘다
閑(한) 한가하다	法(법) 법	案(안) 책상	卽(즉) 곧
合(합) 합하다	字(자) 글자		

4. 5번 이상 읽고 쓰면서 '비 맞은 중처럼' 하염없이 외워라

어구풀이까지 정확하게 한 뒤에는 5번 이상 읽고 쓰면서 본문을 줄줄 외울 정도로 공부를 한다. 내가 한자 공부를 하는 모습을 보고 어머니는 '비 맞은 중처럼 외운다'라고 표현하시곤 한다. 시험 임박해서는 걸어 다니면서도 중얼거리며 외운다.

5. 참고서를 보면서 새롭게 알게 된 내용 교과서에 필기

참고서를 보면서 수업 시간에 배우지 않았던 내용들이 있으면 교과서에 추가 필기를 한다. 대부분 학교 수업 범위에서 문제가 출제가 되지만 만에 하나라도 있을지 모르는 빈틈을 없애는 완벽 전략이다.

부수를 쉽게 외우는 나만의 방법

한자에서 또 하나 골치 아픈 문제가 '부수'다. 그 많은 한자의 부수를 일일이 외우는 것은 쉽지 않은 일이다. 그래서 내가 개발해낸 방법이 하나 있다. 책 뒤에 단원별 새로 익힐 한자의 부수와 획수가 나와 있는데 이걸 이용하는 것이다. 해당 단원의 한자만 보이게 하고 나머지 부수와 획수는 손이나 혹은 종이로 가린다. 그리고 부수를 감으로 때려잡아 적는다. 분명 맞는 것이 있고 틀리는 것이 있을 것이다. 맞는 것은 이미 알고 있는 것이라 외울 필요가 없고, 틀린 것만 표시해두었다가 외우면 되므로 시간절약 효과가 있다. 눈으로만 보는 것보다 이렇게 한번 문제를 풀듯 써보는 것이 큰 도움이 된다.

한문 교과서 부수 정리 부분

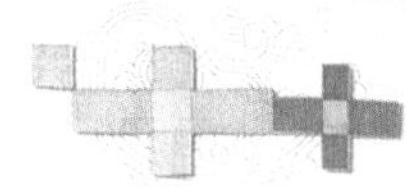

8. 세상을 사는 방법

私(사) 禾, 2
殺(살) 殳, 7
恒(항) 心, 6
但(단) 人, 5
蟲(충) 虫, 12
罪(죄) 网, 8
追(추) 辵, 6
郞(랑) 邑, 7
偉(위) 人, 9
堅(견) 土, 8
固(고) 口, 5
引(인) 弓, 1
貞(정) 貝, 2
淑(숙) 水, 8
烈(렬) 火, 6

Ⅲ. 선인들의 지혜와 가르침

9. 열 길 물 속은 알아도

忍(인) 心, 3
雖(수) 隹, 9
守(수) 宀, 3
*賊(적) 貝, 6
*程(정) 禾, 7
臥(와) 臣, 2
線(선) 糸, 9
祭(제) 示, 6
*冠(관) 冖, 7
喪(상) 口, 9
精(정) 米, 8
神(신) 示, 5
注(주) 水, 5
官(관) 宀, 5
容(용) 宀, 7

10. 말과 행동이 같아야

異(이) 田, 6
我(아) 戈, 3
惡(악) 心, 8
*丈(장) 一, 2
效(효) 攴, 6
菜(채) 艸, 8
*憎(증) 心, 12
建(건) 廴, 6
聲(성) 耳, 11
叔(숙) 又, 6
都(도) 邑, 9
栽(재) 木, 6
*培(배) 土, 8
遇(우) 辵, 9
云(운) 二, 2

11. 인의예지를 생각하며

哉(재) 口, 6
富(부) 宀, 9
且(차) 一, 4
貴(귀) 貝, 5
浮(부) 水, 7
*智(지) 日, 8
順(순) 頁, 3
*愚(우) 心, 9
柔(유) 木, 5
比(비) 比, 0
例(례) 人, 6
絶(절) 糸, 6
基(기) 土, 8
昔(석) 日, 4
玉(옥) 玉, 0

12. 가르침을 본받아

施(시) 方, 5
*制(제) 刀, 6
與(여) 臼, 7
願(원) 頁, 10
給(급) 糸, 6
味(미) 口, 5
勢(세) 力, 11
錢(전) 金, 8
依(의) 人, 6
眞(진) 目, 5
關(관) 門, 11
敢(감) 攴, 8
根(근) 木, 6
致(치) 至, 4

Ⅳ. 한시의 세계

13. 알밤 삼 형제

*栗(률) 木, 6
*腹(복) 肉, 9
*區(구) 匸, 9
洞(동) 水, 6
郡(군) 邑, 7
邑(읍) 邑, 0
洗(세) 水, 6
曲(곡) 曰, 2
霜(상) 雨, 9
晩(만) 日, 7
愁(수) 心, 9
憂(우) 心, 11
吟(음) 口, 4
更(경·갱) 曰, 3
*菽(숙) 艸, 8
麥(맥) 麥, 0

14. 가을 길을 나섰더니

訪(방) 言, 4
居(거) 尸, 5
*漠(막) 水, 11
溪(계) 水, 10
橋(교) 木, 12
歸(귀) 止, 14
圖(도) 口, 11
波(파) 水, 5
歡(환) 欠, 18
客(객) 宀, 6
浪(랑) 水, 7
免(면) 儿, 5
消(소) 水, 7
充(충) 儿, 4
藝(예) 艸, 15

Ⅴ. 옛 사람들의 슬기와 멋

15. 향기 없는 꽃

此(차) 止, 2
乃(내) 丿, 1
*群(군) 羊, 7
*蝶(접) 虫, 9
壽(수) 士, 11
令(령) 人, 3

영어는 미리 일정 수준까지 공부한 아이들이 많기 때문에 학교 교과서 공부를 소홀히 하는 경우가 종종 있다. 그러나 영어 교과서는 체계적으로 매우 잘 정돈된 말하기 - 듣기 - 읽기 - 쓰기의 종합 학습서이기 때문에 실력이 어느 정도 된다고 하더라도 학교 수업에 충실히 임하면 안팎으로 얻는 것이 많다.

교과서 학습 6단계

1. 각 단원의 학습 목표부터 살펴라

학교마다 교과서가 다르긴 한데, 우리는 디딤돌 교재로 배우고 있다. 이 책은 단원 시작 부분에 학습 목표를 일목요연하게 정리를 해두었다. 중2 첫 단원의 예를 들면,

❶ 다른 사람 소개하기

(I'd like to introduce my friend to you.)

❷ 원하는 것 듣기

(Do you want to join the Broadcasting club?)

❸ 승낙하기

(Why not?)

이 3가지 학습 목표가 맨 첫 장 단원 제목 하단에 적혀 있다. 이것을 먼저 읽어서 무엇을 배우는지 알고 그 다음 본문으로 넘어가면 이해가 쉽다. 학습 목표 내용이 계속 번갈아가면서 나오기 때문이다.

2. 본문에 나오는 어휘 및 숙어를 완벽하게 쓰고 외워라

본문 중간 중간에 새로운 단어가 나오고, 교과서 뒷부분에는 단원마다 새롭게 나오는 어휘와 숙어가 정리되어 있다. 각 단원의 어휘와 숙어는 하나도 빠짐없이 자기 것으로 만들 작정을 하고 머릿속에 저장시켜야 한다.

3. 새로운 문법을 정확히 그리고 깊이 익혀라

의문문, to 부정사, 현재 진행형, 과거 진행형 등 중1부터 단계적으로 각 단원에서 활용될 문법이 정리되어 있다. 문법은 교과서만 공부해서는 부족하고 자신이 사용하는 참고서나 문법책 등을 보면서 예제를 많이 다뤄봐야 한다. 교과서에 나오는 예제만 알아서는 응용 문제가 나왔을 때 틀리기 쉽다.

3

Another cause of stress and conflict is, surprisingly, your friends. Teenagers are often called a "marginal group" between children and adults. Usually, those in a marginal group do not accept being different because they are afraid of being left alone. This is called "peer pressure."

Teenagers do many things because of peer pressure. If all your friends smoked, you would also smoke because you would want to be one of them. If all your friends wore short skirts, you would wear a short skirt too. But as you become an adult, you begin to feel less peer pressure.

Growing up is not without pains. If you understand the causes of the pains, however, growing up can be easier.

marginal [mɑ́ːrdʒənəl]
peer [piər]
pressure [préʃər]

1. 'marginal group'과 'peer pressure'는 어떤 관계인지 말해 봅시다.

2. 시간에 따른 'peer pressure'의 변화 과정을 나타낸 그래프를 골라 ✓표를 해 봅시다.

□ 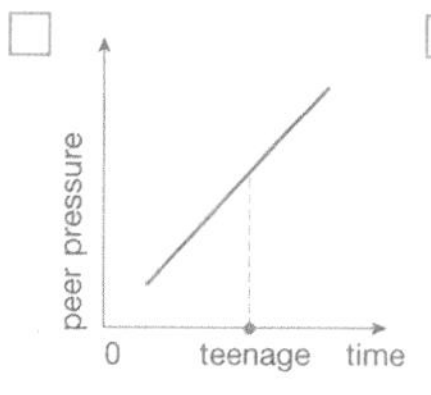

□ 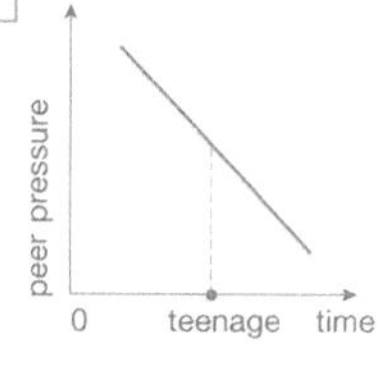

□ 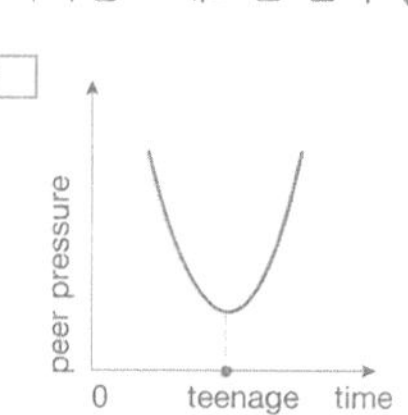

□ 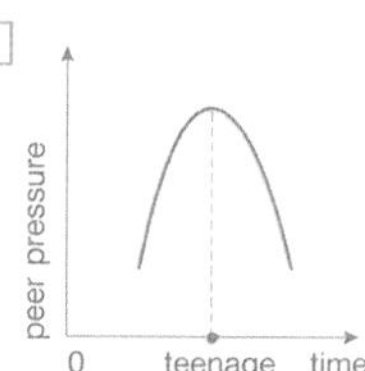

영어 교과서
옮겨 쓰고 해석하기

CHAPTER 2

As you grow up, your relationship changes with your parents.

당신이 자라면서 당신의 관계는 부모님으로 인하여 변합니다.

You want more freedom from your parents, but they have a different

당신은 부모님으로부터 더 많은 자유를 원합니다 그러나 그들은 다른 생각을

idea. This generally causes stress within the family.

가지고 있습니다. 이것은 일반적으로 가족간의 불화를 발생시킵니다.

In one study, nearly 50% of the teenagers reported feeling

한 연구에서 거의 50%나 되는 10대들은 불행하게 느낀다고 보고했습니다.

unhappy. But this feeling is mainly about small things. Teenagers

그러나 이 감정은 주로 사소한 것에서 옵니다. 10대나

and parents argue mostly about small matters such as clothes, homework,

부모님은 옷, 숙제, 전화, 스테레오를 사용하는 것과 집안일과 같은 사소한 일을 가지고

phone or stereo use, and house chores. There is not much conflict

논쟁합니다. 기본적인 가치관에 대한 갈등은 많지 않습니다.

over basic values. / Although stress and conflict may occur in

비록 심각하고 갈등이 가족내에서 발생하더라도

the family, they are a normal part of growing up. parents for a

그들은 (갈등심화) 자라는 과정에서 정상적인 부분이다. 부모님들은 잠시

time may see their children as "impossible" or "lost." But this

동안 그들의 자녀들을 불가능한 존재, 잃어버린 존재라고 바라본다. 그러나

time soon gives way to a normal relationship.

곧 정상적인 관계를 유지한다

영어 기초 문법은 초등학교 때부터 시작해 꾸준히 반복하라

문법은 반복해서 공부할수록 유리하다. 반복하면서 되도록 많은 예문들을 다룰수록 문법을 정확히 이해할 수 있다. 나는 초등학교 3학년 때부터 아빠와 함께 독학용 문법책인 『영어기초실력』으로 공부했다. 매일 무조건 지문을 달달 외우고 영작을 하는 식으로 공부를 했는데 당시엔 너무나 재미없고 지긋지긋하기도 했지만 중학교로 진학을 하니 그때의 약간은 무식한 듯한 구식 공부 방법이 적지 않은 도움이 되었다는 것을 알 수 있었다. 중학교 2학년부터는 학원에서 『This is grammer(초급, 중급, 상급)』로 문법을 학교 진도와는 상관없이 공부를 해왔기 때문에 교과서 문법 정도는 쉽게 느껴진다.

정리하면, 초등학교 때 기초 영문법을 반복해서 공부하고 중학교 때는 조금 난이도를 높여 다시 반복하면 중학교 3년 내내 교과서에 나오는 문법은 수월하게 대처할 수 있다.

4. 다이얼로그와 본문을 중점적으로 읽고 해석하라

다이얼로그와 본문이 학교 시험에서 집중적으로 출제되는 부분이다. 어휘 및 숙어, 문법까지 완벽하게 소화를 했으면 다이얼로그와 본문을 한번 죽 읽어보면서 해석을 한다.

5. 노트에 본문을 그대로 옮겨 쓰고 해석한다

노트에 본문을 그대로 옮겨 쓰는데, 한 줄 건너뛰기 식으로 쓴다. 한 줄의 여유 공간에는 해석을 써본다. ★옮겨 쓰고 해석까지 달아보면 훨씬 정확하게 문장 구조, 단어, 숙어 등이 파악된다.

6. 밑줄 치며 교과서를 정독한다

시험 대비 공부를 할 때는 한 치의 빈틈도 허용하지 않는다는 자세로 교과서를 읽어야 한다. 이미 옮겨 쓰기까지 했으면 절반 이상은 외워질 단계일 것이다. 마지막 마무리로 ★교과서를 읽으면서 학습 목표와 관련 문법을 염두에 두고 그에 해당되는 본문의 내용에 밑줄 혹은 괄호를 치며 정독한다. 이렇게 공부하면 괄호 넣기 문제는 거의 해결된다.

아주 싫어하는 사람과 아주 좋아하는 사람으로 확연히 분리가 되는 과목이다. 첫 발걸음을 제대로 떼면 내내 국사 공부가 재미있지만, 지겹게 시작하면 끝까지 괴롭게 만드는 과목이 될 확률이 높다.

국사 만점 전략

1. 큰 흐름만을 염두에 두면서 읽는다

처음부터 달달달 외우면서 시작하면 아무런 공부 효과가 없다. 일단 중요 표시 등을 다 무시하고 이 단원에서 무엇을 배우려고 하는지 시대별로 큰 흐름을 파악한다는 자세로 죽 읽어나간다.

2. 이해가 되지 않을 때는 참고 도서를 읽는다

교과서 중간 중간에 읽기 자료가 나오는데, 모두 찾아서 읽을 수는 없지만 내용의 이해 정도 혹은 중요도에 따라 찾아 읽는 것이 최선이다. 왜냐하면 교과서에는 방대한 역사적인 사실을 최소한으로 간결하게 정리한 내용만 수록이 되어 있기 때문에 교과서만 읽어서는 정확한 흐름과 시대배경, 인물의 이해 등이 불가능하다.

나는 평소에 역사 관련 책을 즐겨 읽는 편인데 시험 공부를 할 때도 전체적인 흐름이나 특정 사건 등이 이해가 되지 않을 때는 참고 도서를 찾아 읽곤 한다. 예를 들어 '삼별초의 항쟁'을 배울 때는 시대배경 등을 좀 더 깊이 이해할 필요가 있다고 느껴서 『몽고와의 전쟁과 사대부의 성장』이라는 책의 해당 부분을 찾아 읽었다.

맞이하였다.

다음해 태자 전(뒤의 원종)이 몽고를 방문하기로 약속함에 따라 몽고군은 물러갔다.

【삼별초 난의 기수 배중손】

강화도 시대의 청산

고종이 죽고, 몽고에 가 있던 태자 전이 왕위에 올라 원종(元宗)이 되었다. 이때까지 고려 조정은 강화도를 떠나 개경으로 돌아가지 않고 있었다.

최씨 무신 독재정권이 몰락한 후 강화도에서는 다시 무신 사이에 알력이 생겨, 최의를 죽인 김준 형제가 자신들의 공과 힘을 믿고 발호하다가 부하인 무신 임연에게 살해당했다.

당시 고려 무신들은 여전히 몽고와의 강화를 탐탁치 않게 여기고 있었다. 김준은 대세에 이끌려 강화를 적극적으로 반대하지 못했다. 그러나 새로 정권을 쥔 임연은 강화에 대한 적극적인 반대와 몽고에 대한 적의를 표시했다.

임연은 몽고에 마음이 기울어져 있는 원종이 자기를 싫어하는 것을 눈치채고, 마침내 그를 왕위에서 내쫓고 안경공 창을 왕위에 앉혔다. 그후 임연은 병으로 죽고 아들 임유무가 정권을 잡았으나, 임유무 역시 아버지의 뜻을 이어 몽고에 적대적이었다.

그러나 왕실을 중심으로 한 문신들 사이에 육지로 나 강화하기를 희망하는 기운이 널리 퍼져 있었다. 또한

져야 했다. 양인의 장정은 직접 현역으로 군인이 되어 복무하거나, 보인(保人)이 되어 현역 군인이 된 장정의 비용을 부담하거나 그 집안의 살림살이를 도와 주어야 했다. 이렇게 병역의 의무 대신 바치는 삼베나 무명을 군포(軍布)라고 한다.

양인의 장정 한 사람에게 군역(軍役)에 복무하는 대신 포(布) 2필(匹)씩을 받아들이는 군포(軍布)의 징수에 있어서도 벼슬아치들은 많은 농간을 부렸다. 양인의 장정들에게서 군포를 받아들일 때 나타난 폐단은 다음과 같다.

황구첨정(黃口簽丁) : 어린아이에게도 군포를 내도록 떠맡기는 것.

백골징포(白骨徵布) : 죽은 사람의 군포를 떠맡기는 것.

강년채(降年債) : 60세 이상의 노인의 나이를 내려서 군포를 내도록 떠맡기는 것.

마감채(磨勘債) : 앞으로 내게 될 군포를 한꺼번에 내도록 떠맡기는 것.

족징(族徵) : 친척이 내지 않은 군포를 떠맡기는 것.

인징(隣徵) : 이웃이 내지 않은 군포를 떠맡기는 것.

동징(洞徵) : 이웃이 내지 않은 군포를 동리에 떠맡기는 것.

이러한 부당한 방법으로 징수하였던 것이다. 실제로 농민들이 곤란을 받기는 전세(田稅)보다 이 군포의 납부가 더 심했던 것이다. 그런데 양인의 장정 가운데 많은 사람들이 벼슬아치와 결탁하여 군포를 내는 것을 면제받았으므로, 실제 군포를 내는 것은 권력에 의지할 곳 없는 가난한 농민들뿐이었다. 군포 징수의 폐해에

국사 교과서 필기

1 우리 민족은 왜란을 어떻게 극복하였는가?

왜군의 침입

조선이 양반 사회의 분열과 군역 제도의 문란으로 국방력이 약화되어 가던 16세기 말, 동아시아의 국제 정세는 크게 변하고 있었다.

중국 대륙에서는 여진족이 다시 일어나 힘을 키워 갔으며, 일본에서는 도요토미 히데요시가 100여 년에 걸친 전국 시대의 혼란을 수습하여 통일 국가를 이룩하였다. 도요토미는 불평 세력의 관심을 밖으로 쏠리게 하고 자신의 대륙 진출 야욕을 펴기 위해 조선을 침략하고자 하였다. 사무라이들의 위협으로 결속시키기 위해

일본은 서양에서 들여온 조총으로 군대를 무장시키고, 침략을 위한 준비를 철저히 하였다. 그리고는 명을 정복하러 가는 데 길을 빌리자는 구실을 내세워 20여만 명의 군사를 출병시켰다. 이를 임진왜란이라고 한다.

1592년 4월, 왜군이 부산진과 동래성으로 침략해 오자, 정발과 송상현 등이 힘껏 싸웠으나 막지 못하고 성이 함락되고 말았다. 그 후, 왜군은 세 길로 나누어 북쪽으로 쳐들어왔다. 조선 정부는 충주에 방어선을 치고 왜군의 북상을 막으려 하였으나, 이 역시 실패하고 말았다. 왜군이 한양 근처에 육박하자 선조는 의주로 피란하였다. 왜군은 평양과 함경도 지방까지 북상하여 한반도 전역을 그들의 손아귀에 넣으려고 하였다.

- 임진왜란이 일어난 국내외의 배경은 무엇인가?
- 임진왜란 때 관군은 왜군과 어떻게 싸웠나?
- 임진왜란 때 의병의 활약상은 어떠하였나?

| 조총 |
포르투갈 상인을 통해 일본에 전해져 철포라는 이름으로 보급되었다.

왜란 [국내: ① 양반사회 분열 ② 군역제도 문란.
국외: (중국) 여진족 강성 (일본) 전국시대 → 막부 '도요토미 히데요시'

수군과 의병의 활약

조선은 육전에서와 달리 해전에서는 곳곳에서 왜군에 큰 타격을 입혔다. 이순신이 이끄는 수군이 거북선을 앞세워 옥포에서 첫 승리를 거두고, 이어서 사천, 당포, 한산도 앞 바다 등 여러 곳에서 승리를 거두었다.

조선은 수군의 활약으로 ①제해권을 장악하여, ②왜군의 보급로를 차단하고, ③전라도 곡창 지대와 황해

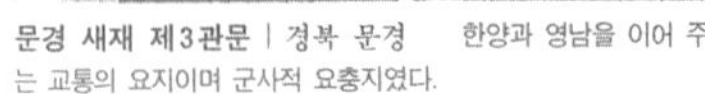
문경 새재 제3관문 | 경북 문경　한양과 영남을 이어 주는 교통의 요지이며 군사적 요충지였다.

경과: 부산진·동래성 → 충주 방어선 붕괴 → 한양 → 평양.

3대대첩 [한산도: 이순신 / 진주: 김시민 / 행주: 권율

이순신의 활약 1. 제해권 장악 2. 보급로 차단. 3. 전라도 곡창지대 보호 4. 관군, 사기↑

또 선생님이 수업 시간에 '백골징포', '황구첨정'에 대하여 설명을 해주시긴 했는데 잘 이해가 되지 않았다. 교과서는 물론 참고서에도 나와 있지를 않아서 답답했는데 마침 『조선후기문화의 중흥과 사회의 변동』 본문 중에 정확한 뜻이 설명되어 있어서 큰 도움을 받기도 했었다.

3. 밑줄을 치면서 정독을 한다

전체적인 흐름이 이해가 되었으면 그 다음은 정독의 단계다. 밑줄을 치면서 중요 단어나 문장에 별표도 해가면서 정독을 하고, 그러면서 외운다. ★국사는 '문장 하나하나가 시험문제' 라는 생각으로 꼼꼼히 읽고 외워야 한다. 단순암기 내용이 많기 때문에 성실하게 많이 읽고 많이 외워야 시험 성적이 잘 나오는 소위 '정직한 과목' 이다.

4. 소주제별로 요약정리를 한다

정독을 하고 어느 정도 외웠으면 요약정리를 한다. 나는 소주제별로 요약을 해서 교과서 여백에 메모를 했다. 예를 들어 '왜란과 호란의 극복' 대단원에서 '우리 민족은 왜란을 어떻게 극복했는가?' 소단원에 딸린 '왜군의 침입', '수군과 의병의 활약' 등의 소주제별로 요약을 한 것이다. 요약을 한다는 것은 풀어헤쳐진 본문의 내용을 내가 이해한대로 핵심만 정리하는 것이다. 시험 전날은 이 부분만 읽으면 전체 내용이 실타래처럼 술술 풀리면서 기억이 난다.

국사 그림
요약정리 부분

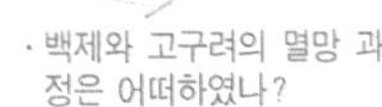

2 신라가 삼국 통일을 이룬 과정은?

백제와 고구려의 멸망

고구려가 중국의 수·당군과 치열한 전쟁을 계속하고 있는 동안, 백제는 신라를 자주 공격하였다. 의자왕이 즉위하면서부터 싸움이 보다 격렬해져 신라의 대야성을 비롯한 40여 개의 성을 빼앗았고, 신라에서 당으로 가는 교통로를 끊기 위해 고구려와 함께 당성을 공격하였다.

위기에 처한 신라는 앞서 고구려의 힘을 빌리고자 하였으나 실패하고, 당에 구원을 청하였다. 김춘추는 당으로 건너가 나·당 간의 동맹을 맺고 백제와 고구려를 멸망시킨 다음, 대동강 이북의 땅을 당에 넘겨주겠다는 비밀 약속을 하였다.

김유신이 이끈 신라군과 소정방이 이끈 당군은 먼저 백제를 공격하였다. 신라군은 황산벌에서 계백의 결사적인 저항을 물리치고 당군과 함께 사비성을 함락하였다(660).

백제를 멸망시킨 후, 신라와 당은 고구려에 대한 공격을 시작하였다. 당군은 평양성을 공격하였으나, 고구려는 이를 잘 방어하였다. 그러나 고구려는 계속된 전쟁으로 국력이 약해진데다가, 대막리지 연개소문이 죽자 지도층 안에서 권력다툼이 벌어졌다. 이 기회를 틈타 나·당 연합군은 평양성을 함락하고, 고구려를 멸망시켰다(668). 한편, 백제와 고구려의 유민들은 부흥 운동을 치열하게 전개하였다.

· 백제와 고구려의 멸망 과정은 어떠하였나?

· 나·당 전쟁은 어떻게 전개되었나?

충곡 서원 | 충남 논산 계백 장군을 받드는 서원이다.

도움글

· 계백의 항전 ·

계백은 나·당 연합군을 맞아 결사대 5천 명으로 황산벌(연산)에서 항전하였다.

· 그는 전쟁터로 가면서 "나라가 살아남을지 알 수 없다. 나라가 망해 나의 처자식이 포로로 잡혀 노비가 될지 모르니, 살아서 욕을 당하느니 차라리 흔쾌히 죽는 게 낫다." 라고 하면서 가족을 죽이고 싸우러 나갔다고 한다.

3. 신라의 삼국 통일 | 61

나만의 그림 요약정리법

가끔씩 관계 설정이 아주 복잡한 내용에서 사용하는 재밌는 암기법이다. 본문을 읽고 이해하고 외운 다음에 그림 기법을 이용해 요약정리를 하는 것인데, 한눈에 잘 들어오고 스스로 재미가 있어서 잘 잊히지 않는 장점이 있다. 예를 들어 '신라가 삼국 통일을 이룬 과정은?' 의 단원에서 복잡하게 얽히고설킨 흥망성쇠의 과정을 이런 식으로 정리한 적이 있었다. 즉 한 페이지 분량의 본문 내용이 그림으로 간략하게 요점정리가 된 것이다.

수 · 당군과 고구려가 전쟁을 하는 동안 백제 의자왕과 신라가 전쟁을 했다는 내용을 'vs' 를 사용해 축약을 시켰다. 신라의 김춘추가 한 비밀 약속은 말풍선에 넣었고, 당의 소정방과 신라의 김유신이 힘을 합해 백제의 계백장군과 싸운 과정은 우스꽝스런 그림을 그려 표시를 했다.

김관수NOTE

관수의 공부법 핵심 포인트

초등학교 6년 내내 자연 속에서 뛰어놀아

나는 '넌 학원에 안 다니니?' 라는 질문을 초등학교 내내 받아야 했다. 방과 후에 집에 오면 함께 놀 친구들이 없어서 혼자 놀이터를 지키거나 책을 읽으면서 뒹굴뒹굴 여유를 즐겼다. 영어는 아빠가 초등학교 3학년 때부터 문법책을 정해놓고 매일 1시간씩 공부를 시켰다. 수학은 문제지를 혼자 푸는 정도였다.

초등학교 4학년 말 우연히 곤충의 매력을 알게 되었고, 전원주택에 살았던 나는 그 후 틈만 나면 산과 들을 헤매며 곤충을 잡으러 다녔다. 우연히 친구들이 사슴벌레 싸움을 시키는 것을 보고 사슴벌레에 심취되어 인근의 썩은 참나무를 찾아다니며 유충과 성충을 채집하기도 했다. 부모님은 나의 이런 취미생활을 흥미 깊게 지켜보시며 적극적인 후원자 역할을 해주셨다. 여름휴가 장소는 늘 참나무가 많은 지역으로 내가 정하곤 했다.

초등학교 6학년 겨울방학이 중학교 성적을 결정한다고 할 만큼 중요하다고들 하는데, 나는 그때도 역시 자유인이었다. 방학 동안 혼자 열흘 가까이 강원도 산골의 친가에서 지냈었는데 그때 나는 자고 싶을 때 자고, 먹고 싶을 때 먹고, 틈나면 책 읽고, 공상에 빠지고, 눈사람 만들면서 혼자 놀았다. 아빠는 '사람은 고독할 때 성장하는 법이다' 라며 혼자 있는 시간을 잘 지내라고 충고해주셨다. 지금도 공부하느라 지칠 때면 혼자 시골 마을에서 지내던 그때 생각을 하는데 그 자유로운 느낌이 나를 편안하게 안정시켜준다.

중학교 첫 시험에서 충격을 받다

초등학교 때는 성적이 공개되지 않기 때문에 내가 어느 정도 수준인지 알 길이 없었다. 혼자 생각에 '뒤처지지 않을 만큼은 한다' 는 자신감을 갖고 있었던 것 같다. 그러다가 중학교 1학년 초에 평가고사를 보게 되었다. 나는 학교에서 배운 것만큼만 출제가 되는 줄 알았는데 중학교 1학년 1학기 전체에서 문제가 나온 시험이었고 난 시험을 망칠 수밖에 없었다. 반에서 17등이라는 성적이 나오자 난 충격에 빠졌다. 속상해서 눈물을 뚝뚝 떨어뜨리는 나에게 엄마는 '배우지 않은 범위에서 나왔으니 시험 성적이 나쁜 것은 당연한 일' 이라며 오히려 위로해주셨다. 그 말에 기운을 얻어 정신을 차리니 공부를 열심히 해야겠다는 생각이 머릿속에 가득했다.

★수업 시간에 집중하기, 복습 예습 철저히 하기, 매일 주요과목 문제지 풀기, 시험 3주 전부터 철저히 준비하기 등을 혼자 실천해나갔다. 그렇게 공부한 결과, 중간고사에서는 반에서 7등으로 껑충 뛰어올랐고, 기말고사에서는 5등을 했다. 그리고 1학년 기말고사에서는 반에서 3등, 전교에서 15등까지 성적이 올랐다.

스스로 학원을 선택

중학교 1학년 12월 말에 엄마에게 '학원에 가야겠다' 고 말했다. 학교 성적을 높이기 위해서 학원 도움을 받지 않고는 지금 이상으로 상위권 친구들을 따라잡기는 역부족이라고 판단했기 때문이었다. 거리가 좀 멀더라도 서울에 있는 학원에 다니라고 엄마는 조언해주었는데, ★나는 오가는 이동거리가 너무 멀어 시간 낭비가 심할 것이라고 판단, 학교 근처의 종합반을 선택했다. 인터넷을 통해 다른 아이들과 의견을 주고받은 후에 선택한 학원이었다. 학원에 대한 사전 정보까지 상세하게 말씀드렸더니 엄마는 더 이상 서울에 있는 학원을 고집하지 않고 곧바로 등록을 시켜주셨다.

처음으로 학원에서 선행학습을 하고 2학년을 맞으니까 한결 공부하기가 수월했다. 전교 1등하는 친구와 같은 반이 되었는데, 그 아이를 바라보며 '저 친구처럼 월등하게 잘할 수 있을까?' 하고 속으로 부러워 했다. 그러다 1학기 기말고사에서 난 반에서 1등을 했고 성적은 계속 상승해 2학년 기말고사에서는 반 1등, 전교 3등까지 성적이 올랐다. 중학교 2학년 말이 되니까 학교 시험 점수를 최고로 끌어올릴 수 있는 공부법을 대부분 파악한 느낌이 들었다. 이대로만 지속되면 꿈에 그리던 '전교 1등' 도 멀지 않았다고 느껴졌다. 그러다 마침내 중학교 3학년 중간고사에서 전교 1등을 차지했다. 평균 99.3점. 주요과목은 과학 한 개만 틀렸을 뿐 모두 100점을 받았다. 나도 놀랐고, 선생님들도 놀랐고, 친구들도 놀랐다.

머리는 그리 좋지 않지만 '노력형' 이라는 평가를 받다

나는 자타가 공인하는 '노력형' 이다. 평균 한 달 전부터 시험 대비에 들어가는데, 과목마다 5번 이상씩 반복해서 읽고 외우고 문제도 과목당 최소 몇백 문제씩은 풀어본다. 방과 후 학원과 집에서 열심히 하는 것은 기본이고, 학교 쉬는 시간도 놓치지 않는다. 소음 방지 도구로 시험 대비 기간 내내 내 귀에는 MP3가 꽂혀 있다.

뿐만 아니라 시험 대비 기간이 시작되면 내가 가장 먼저 하는 일이 휴대폰 배터리를 빼서 부모님께 맡기고, 컴퓨터 모니터는 본체와 분리해서 책상 뒤로 옮겨놓는 일이다. 모두 나의 집중력을 흐트러트리는 주범들이라 판단했기 때문이다.

이렇듯 시험 때마다 눈이 빨갛게 충혈된 채로 공부에만 매달리는 나를 보고 친구들은 '나도 너처럼 노력하면 잘할 수 있다는 희망을 갖게 되었다', '넌 정말 노력형이다' 등의 말들을 한다.

Note

동영상 강의는 이렇게 활용한다

결론부터 말하면 '동영상 강의만으로 진도를 나갈 순 없다'는 것이 관수의 생각. 즉 학원 대용으로 전체를 활용하기는 힘들다는 이야기다. 관수는 연간 76만 원짜리의 조금은 비싼, 그래서 모든 자료를 언제든지 사용할 수 있는 동영상 강의 수강권을 이용하고 있는데 내용이 매우 괜찮은 편이라고. 강남의 유명한 강사들이 대거 등장하고 강의 수준도 높고 재미도 있다.

그러나 시간이 너무 많이 할애되기 때문에 지루하기도 하고 간접 강의라서 실시간 의사소통을 할 수가 없어 질문하기가 힘들다는 것이 단점이다. 따라서 혼자 오랜 시간 듣기에는 학습 효율성이 떨어진다. 그래서 관수는 이렇게 동영상을 활용했다.

1. 모르는 문제 그때그때 물어보기

시험공부를 하면서 모르는 문제가 나올 때는 과목과 상관 없이 빠르게 질문하고 대답하는 '속전속결 게시판'을 이용했다. 질문을 하면 아르바이트 서울대생들이 10분 내로 대답을 해주는데, 혼자 공부할 때는 제법 유용하다(수업 시간 중에 질문도 가능하지만, 평균 1~2시간 후에 답이 오기 때문에 강의 중간에는 질문을 잘 안하게 된다).

2. 풍부한 기출문제 활용

기출문제를 볼 수 있는 사이트는 많지만, 대체로 충실한 편이 아니다. 쓸데없는 문제들이 많아서 괜찮은 문제를 고르는데도 신경이 쓰일 정도다. 그러나 동영상 사이트에서는 적중 예상문제만 선정해서 과목당 매회 시험 때마다 1,500문제씩 올려놓기 때문에 무한 활용할 수 있다. 관수는 이번 시험에서 국어, 사회, 과학 각각 250문제씩 기출문제를 풀었다.

3. 보충이 필요한 특정 과목 특정 단원 찾아듣기

국어에서 '원미동 사람들'을 깊이 이해하지 못했다는 생각에 관수는 동영상 강의에서 그 부분만을 찾아들었다. 그 작품만 총 4회(회당 45분)의 강의가 진행되었다. 총 180분 강의인 셈인데, 학교에서 배우는 것보다 훨씬 자세하고 심층적으로 설명해주어서 제대로 그 단원을 이해할 수 있었다. 사회는 '현대사회의 변동과 특성' 부분이 어려워서 이해가 되지 않았는데 동영상 강의에서 찾아서 들으니 완벽하게 이해가 되었다. 이렇듯 언제든지 ★필요한 부분을 반복해서 수강할 수 있다는 점이 동영상의 장점이다.

4. MP3에 넣어서 듣기

동영상 강의 내용을 MP3 파일로 변환시켜 다운 받은 후 MP3에 넣어서 들을 수가 있게끔 되어 있다. 시험 임박해서 자습시간에 교과서를 공부하는 대신 MP3 강의를 들었는데 학교 공부 이상의 심화학습을 할 수 있었다고. 이처럼 ★시간과 장소에 상관없이 고급 강의를 청취할 수 있어 시간 활용도가 뛰어나다는 것도 동영상 강의의 좋은 점이다.

Note

✓ 최상위권 친구들의 공부법을 벤치마킹하라!

관수는 중학교 1학년 첫 시험에서 충격을 받은 이후 나름대로 전략을 짰는데, 그때 처음 시도한 일이 반에서 1등하는 친구의 공부법을 관찰하는 것이었다. 그 친구가 어떤 문제집과 참고서를 사용하는지, 잠은 몇 시간이나 자는지, 필기는 어떤 방식으로 하는지, 주요과목과 암기과목 공부는 어떻게 분배해서 하는지, 모르는 문제를 얼마나 확실히 알고 넘어가는지, 오답 노트는 어떻게 활용하는지 등의 내용을 꼼꼼히 분석했고, 자신에게 맞는 방법을 선택해 최대한 활용했다. 그리고 학원에 다니는 친구들이 사용하는 교재와 문제집을 빌려 보면서 학교 공부에서 부족한 점과 차이점을 분석하기도 했다.

✓ 사교육은 필요성을 느낄 때 시작해도 늦지 않다

대부분 학생들은 초등학교 때부터 학원 교육에 익숙해져 있었다. 습관처럼 학원에서 선행학습을 해오다보니 중학교에 진학한 후에는 긴장감이 떨어지는 경우가 대부분이었다. 초등학교 때 전교 1등을 해서 우등상을 대표로 받았던 동창이 중학교 1학년 2학기 이후로 성적이 뚝뚝 떨어졌는데, 부모님이나 선생님이 시켜서 공부를 해왔던 수동성이 성적 하락의 주요 원인인 듯하다고 관수는 말한다.

관수의 경우는 '공부를 더 잘해야겠다' 는 생각이 절실했을 때 학원에 다니기 시작했기 때문에 누가 시키지 않아도 공부가 머릿속에 쏙쏙 들어왔고, 그 실력이 그대로 성적 향상으로 이어졌을 것이다. 시험 볼 때는 새벽 2, 3시까지 책상 앞에 앉아 있는 관수에게 부모님은 '이제 그만 자라!' 고 만류할 정도였단다. 학원이나 개인 과외는 이렇듯 자신이 하고 싶을 때 해야 효과를 최대한 얻을 수 있는 것 같다고 관수는 거듭 강조한다.

관수가 추천하는
괜찮은 참고서 & 문제집

국어 : 해법 FeeL

국어자습서와 국어문제집이 하나로 합쳐진 통합형 문제지. 문제가 종류별로 풍부하고 어려운 문제와 그 단원의 핵심 문제를 정확히 구별해 놓았다.

수학 : 개념원리

문제풀이만을 중시하는 문제지가 아니라 개념 이해와 더불어 쉽고 자세한 풀이가 덧붙여져 있어서 공부 수준과 상관없이 활용도가 높다. 1 step부터 3 step 까지 문제별 난이도가 나누어져 있어서 효과적으로 학습할 수 있다.

과학 : 오투

깔끔하고 세련된 디자인과 난이도별로 구성되어 있는 문제, 없는 게 없는 핵심정리와 보충자료 등이 돋보인다. 핵심정리가 정말 잘되어 있어서 이 책에서 별도로 취급하는 핵심 정리집과 문제집 내용의 핵심 정리만 완벽히 파악하면 학교 과학 시험 정도는 큰 무리 없이 준비할 수 있다.

도덕 : 두산동아 중학도덕 내신평가 문제집

간단한 내용 정리와 함께 여러 종류의 문제들이 잘 수록되어 있다.

사회, 국사 : 한끝

디자인이 잘 정리되어 있고, 요점정리와 보충 자료들이 잘 갖춰져 있다. 기본 암기를 물어보는 문제와 서술형과 난이도 있는 문제로 차별화되어 구성되어 있다. 어려운 용어의 뜻풀이와 전체적으로 정리해놓은 '단원 되돌아보기' 가 인상적이다. 특히 국사 같은 경우에는 단원 되돌아보기가 연대식으로 세로로 정리되어 있어서 역사의 시간적 흐름을 한눈에 효과적으로 이해할 수 있도록 도와준다.

NOTE 08 * 신승혜

염창중학교 2학년 재학 중. 학교와 학원 수업으로 바쁘지만 여전히 일주일에 한 번씩 바이올린 레슨을 받고 있다는 승혜 양은 현재 민족사관고등학교 진학을 목표로 열심히 공부하고 있다. 상위 1~2%의 성적을 늘 유지하는 승혜 양은 '기록의 달인'이라고 감히 말할 수 있을 정도로 나름대로 개발한 각종 노트를 소지하고 있다. 중학교 1학년 때 몸이 좋지 않아 병원을 자주 드나들었는데, 그때 실험관찰일지, 만들기, 독서록 쓰기 등 수행평가 과제물을 제때 제출하지 않아서 평균 2~3점이 깎여 전교 10등 밖으로 떨어지는 아픔을 겪어야 했었다고. 그 이후 일일 계획부터 주간, 월간 계획표까지 갖고 다니면서 꼼꼼히 체크한 결과, 1학년 때와 같은 실수는 하지 않게 되었다고 한다. '기록의 달인' 승혜로부터 다양한 필기법을 전수받아보자.

신승혜NOTE

승혜의 과목별 노트법 & 공부방법

상위권과 최상위권, 우등생과 열등생을 가늠하는 주요 대표 과목이다.
나는 학교 시험에서 난이도와는 상관없이 거의 100점을 받는데, 그 실력에 이르기까지 '효율적이고 전략적인 공부 계획'을 세우기 위해 지속적인 탐색 과정을 거쳤다. 차근차근 단계를 밟고 올라가는 나만의 '수학 전략'을 소개한다.

나만의 수학 오답 노트

1. 번호를 크게 쓴다

줄 노트의 두 칸을 차지할 정도로 번호를 크게 썼다. 번호를 작게 쓰면 문제와 문제 사이의 구별이 명확하지 않아 보기에 불편했는데, 번호를 크게 쓰니까 각각의 문제가 확연히 차이가 나서 나중에 보기에 훨씬 편했다. 문제와 같은 색을 쓰기 때문에 눈에 띔과 동시에 통일감도 느껴진다. 선생님이 번호를 크게 쓰니까 잘 정리가 되어 보인다고 친구들에게 이 방법을 권하기도 했었다.

2. 문제마다 다른 색의 펜을 사용한다

번호와 문제는 같은 색의 펜으로 썼다. 그리고 한 페이지에 2~3문제를 적는데, 같

수학 오답 노트

Date Page

10 $A>B$인 두 자연수 A, B의 최대공약수는 5이고, 최소공배수는 315이다. $A-B=10$일 때, $3A-B$의 값을 구하여라.

《풀이》

$5\,)\,A \quad B$

$\times$ ⓐ $\times$ ⓑ $=315$

$5ab=315$

$ab=63$

ⅰ) $a=9,\ b=7$

$A=45 \quad B=35$

$A-B=10$

$\therefore a=9,\ b=7$

$\Rightarrow 3\times45-35=135-35=100$

《답》 100

11 $\dfrac{a}{2}-\dfrac{b}{3}=\dfrac{a+b}{3}$일 때, $\dfrac{ab}{b^2-a^2}$의 값을 구하여라.

《풀이》

$\dfrac{a}{2}-\dfrac{b}{3}=\dfrac{a+b}{3}$

$3a-2b=2a+2b$

$a=4b$

$\dfrac{4b\times b}{b^2-(4b)^2}=\dfrac{4b^2}{b^2-16b^2}=\dfrac{4b^2}{-15b^2}=-\dfrac{4}{15}$

《답》 $-\dfrac{4}{15}$

12 n이 자연수일 때, 다항식 $(-1)^{2n-1}(x-y)+(-1)^{2n}(-x+y)+(-1)^{2n+1}$의 x의 계수, y의 계수, 상수항의 합을 구하여라.

《풀이》 $2n$: 짝수 $\quad 2n-1$: 홀수 $\quad 2n+1$: 홀수

$-(x-y)+(-x+y)-1=-x+y-x+y-1=-2x+2y-1$

· x의 계수 : -2 $\quad$ · 상수항 : 1

· y의 계수 : 2 $\quad \Rightarrow -2+2+1=1$

《답》 1

5/19.

Date　　　　　　　Page

20 $a=x(x-1)$일 때, $(x+1)(x-2)(x+3)(x-4)$를 a에 관한 이차식으로 나타내어라.

〈풀이〉 $(x+1)(x-2)=x^2-x-2$ ⎫ $(x^2-x-2)(x^2-x-12)$
$(x+3)(x-4)=x^2-x-12$ ⎭

$(x^2-x-2)(x^2-x-12)$

$=x^4-x^3-12x^2-x^3+x^2+12x-2x^2+2x+24$ | $a=x^2-x$

$=x^4-2x^3-13x^2+14x+24$

$=x(x^3-2x^2-13x+14)+24$

$(\underbrace{x^2-x}_{a}-2)(\underbrace{x^2-x}_{a}-12)=(a-2)(a-12)=a^2-14a+24$

[답] $a^2-14a+24$

2005.6.1 (11)

9-가

1. [illegible]의 분모를 유리화하여 $A+B\sqrt{5}$ 꼴로 나타낼 때, $2A+3B$의 값은?

〈풀이〉 $\dfrac{2\sqrt{5}+3}{\sqrt{5}-2}=\dfrac{(2\sqrt{5}+3)(\sqrt{5}+2)}{(\sqrt{5}-2)(\sqrt{5}+2)}=\dfrac{10+6+7\sqrt{5}}{5-4}=16+7\sqrt{5}$

$\therefore A=16 \quad B=7$

$\Rightarrow 16\times2+3\times7=32+21=53$

[답] 53

2. $1+\sqrt{2}$의 소수부분을 a라고 할 때, a^2+2a-7의 값은?

〈풀이〉 $1<\sqrt{2}<2$

$1+\sqrt{2}$의 정수부분$=2$

〃 소수부분$=1+\sqrt{2}-2=-1+\sqrt{2}=a$

$a^2+2a-7=(\sqrt{2}-1)^2+2(\sqrt{2}-1)-7$

$=(\sqrt{2}-1)(\sqrt{2}-1)+2\sqrt{2}-9=2-2\sqrt{2}+1+2\sqrt{2}-9=-6$

[답] -6

은 색으로 쓰는 것보다는 각각 다른 색을 쓰는 것이 눈에 띄는 효과가 클 것 같아서, 보라색, 빨간색, 노란색, 초록색 등 색을 달리해서 썼다.

3. 풀이 과정과 답은 검은색 또는 파란색으로 통일한다

문제와 번호가 눈에 띄는 각각 다른 색깔로 썼기 때문에, 풀이 과정과 답은 차분하게 통일시켜줄 필요가 있다고 판단, 모두 검은색이나 파란색으로 정리했다.

4. 반을 접어 사용하지 않는다

중학교 1, 2학년 수준의 교과서 문제는 노트를 반을 접어 사용해도 별 문제가 없었다. 문제가 비교적 단순한 편이어서, 풀이과정이 길게 이어지는 경우가 거의 없었기 때문. 그러나 선행학습을 하면서 문제 풀이가 점차 길어지고 식이 복잡해지자 반을 접은 노트를 사용하는 것이 불편했다. 한 줄로 이어져야 하는 식이 두 줄로 나뉘어 작성이 되니까 한눈에 들어오지 않고 중간에 툭툭 끊기는 느낌이었다. 그래서 최근에는 반을 접지 않고 그대로 사용한다.

나는 도덕, 기술, 국어, 과학 과목에서 실수가 잦은 편이다. 이러한 실수를 없애기 위한 방법으로 복습용 요약노트를 작성하기 시작했다.

철저한 복습을 위한 요약정리 노트

이 과목들은 가끔 엉뚱하게 틀리는 문제들이 간혹 나와 나를 당황시키곤 했다. 특히 국어는 지문이나 문제를 잘 이해하지 못하는 경우가 간혹 있어서 흔쾌히 100점이 아니라 운이 좋아서 겨우 100점을 받곤 했다. 또 과학은 서술형 문제에서 종종 막히곤 했다. 2학년이 되면서부터 이 과목들은 보다 철저히 대비해야겠다고 판단, 다른 과목보다 복습에 좀더 중점을 두기로 했다. 그래서 선택한 방법이 1주일 동안 배운 내용을 주말을 이용해 요약정리하는 것이었다. 수업 시간에 필기한 내용과 참고서, 학원에서 배운 내용을 읽으면서 정리를 했다. 눈으로 훑고 머리로만 외우는 것보다 책을 읽으면서 이해를 하고, 머릿속에 이해한 것을 체계적으로 요약정리를 하면 훨씬 잘 외워진다. 쓰면서 외우고, 자신이 쓰는 것을 보면서 한 번 더 외우는 과정을 거치는 것이다.

평소에 1주일 단위로 요약 노트를 작성해 놓으면, 시험 준비할 때 한결 편해진다. 배운 지 오래된 내용도 한번 훑어보면 눈에 확 들어오고 머리에 정리가 될 정도로 기억이 잘 난다. 선생님이 농담으로 던진 이야기까지도 기억이 날 정도로 암기 효과가 높다. 따라서 시험 때 한꺼번에 공부하기가 버거운 과목이나 평소에 자신이 없는 과목, 또 아무리 공부를 해도 생각한 것 이상 틀리는 등 실수가 잦다고 느껴지는 과목이 있다면 1주일 단위의 복습용 요약노트를 만들어서 활용해보라고 권하고 싶다.

01 내나무

#갈래 : 수필(시사칼럼)

#성격 : 회고적, 교훈적

#제재 : 내나무

#주제 : 내나무 풍속에 얽힌 자연과 인간의 조화에 대한 그리움

#특징

- 글쓴이의 체험과 동요를 인용하여 대상을 친근감있게 소개했다.
- 사라져 가는 옛풍속을 돌이켜 생각했다.
- 동요 '나무타령'을 제시하여 독자의 호기심을 유발했다.

#'내 나무' 메모하며 읽기

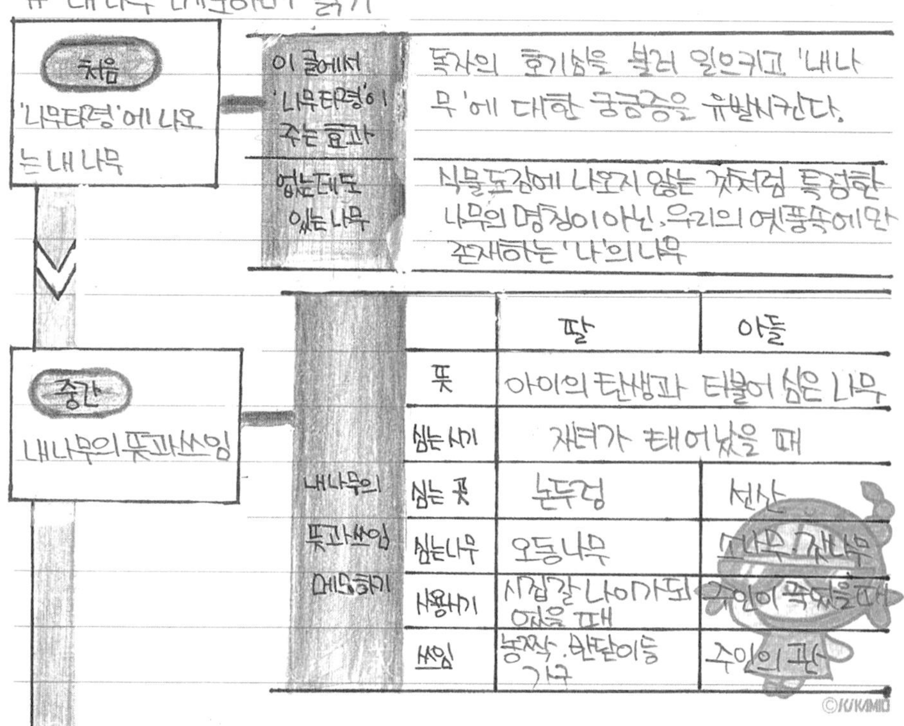

처음

'나무타령'에 나오는 내 나무

이 글에서 '나무타령'이 주는 효과	독자의 호기심을 불러 일으키고 '내나무'에 대한 궁금증을 유발시킨다.
없는데도 있는 나무	식물도감에 나오지 않는 것처럼 특정한 나무의 명칭이 아닌, 우리의 옛풍속에만 존재하는 '나'의 나무

중간

내나무의 뜻과 쓰임

내나무의 뜻과 쓰임 메모하기		딸	아들
	뜻	아이의 탄생과 더불어 심은 나무	
	심는 시기	자녀가 태어났을 때	
	심는 곳	논두렁	선산
	심는 나무	오동나무	소나무, 잣나무
	사용시기	시집갈 나이가 되었을 때	주인이 죽었을 때
	쓰임	농짝, 반닫이 등 가구	주인의 관

3. 학생 신분에 맞는 형태, 색상, 무늬의 의복

4. 구김이 잘생기지 않고 질기고 더러움이 잘 타지 않아 세탁과 보관이 편리한 것.

5. 자신의 체형 고려 6. 때와 장소, 신분에 맞는 옷차림.

나에게 어울리는 옷

*열은색 : 커 보이게 한다.
*짙은색 : 키가 작아보이게 한다.
*키가 작은체형 : 세로선, 사선, 작은 무늬
*키가 큰체형 : 가로선, 큰 무늬

[1] 키가 작은 체형

① 수직효과 ② 상의로 시선집중, 하의는 장식이 없는 도 _ _ _

③ 허리선이 높게 디자인 ④ 코트는 무릎까지 ⑤ 몸에 맞는 디자인

⑥ 부드럽고 가벼운 소재

[2] 키가 큰 체형

① 황금분할(수평효과) ② 큰무늬 ③ 칼라가 넓거나 허리선이 낮게 디자인

④ 장식이 많은 바지 ⑤ 옷과 반대되는 색의 굵은벨트 ⑥ 위아래가 다른색

[3] 마른 체형

① 명도가 높은색 : 파스텔계통, 흰색, 밝은색 등 ② 화려한 무늬, 더블여밈 재킷 → 부피감.

③ 편안히 돌출되거나 빳빳한 느낌의 옷 ④ 얇은 소재 피함.

[4] 뚱뚱한 체형

① 단순한 디자인 ② 수직이 시선 무늬 ③ 여밈은 비대칭 ④ 헐렁한 옷보다 몸에 잘 맞는 디자인

⑤ 우겁고 부피감이 있는 큰 두꺼운 소재의 옷 피함. ⑥ 몸의 윤곽을 감소하지 않는 소재, 디자인

C.C.A CO.,LTD. Korean design

요약정리 노트 시행착오 경험담

중학교 1학년 때는 거의 모든 과목의 요약정리 노트를 만들어 작성했다. 나름대로는 완벽하게 과목마다 준비한다고 욕심을 부린 것인데, 시간이 많이 걸리기 때문에 문제 풀이를 많이 하지 못했다. 문제 풀이보다는 전 과목 요약정리를 하고, 그것을 반복해서 읽으면서 시험 준비를 했었는데 결과는 '별로' 였다. 중학교 1학년 내내 전교 상위권으로 올라가지 못하고 전교 10등 안팎에서 머물러야 했다.

중학교 2학년 때는 1학년 때의 경험을 살려 공부 방법을 조금 바꿨다. 도덕 등 취약하다고 생각하는 4개의 과목을 선별해 그 과목만 1주일 복습 요약 노트를 작성했다. 그 대신 시험 대비 문제를 1학년 때보다 2배 이상 더 풀었다. 학원에서 주는 예상 문제와 더불어 두툼한 기출 문제도 풀었고, 인터넷을 뒤져 전국의 타 학교에서 출제되었던 문제들도 찾아서 풀었다. 그리고 내가 정한 문제지도 과목마다 2권 이상씩 풀었다. 이렇게 여러 가지 유형의 문제를 다루고 그 과정에서 자신이 부족한 부분을 보충하며 외웠는데, 결과는 '대만족' 이었다. 이렇게 시행착오를 거쳐 방법을 바꾸고 난 후 2학년에 들어서자 전교 상위 1%로 성적이 올랐다.

나의 필기도구 강의

나는 교과서와 노트 필기에 공을 많이 들이는 편이다. 한눈에 확 들어오게끔 깔끔하게 정리를 하는 과정에서 배운 내용을 확실하게 복습할 수도 있고 시험 기간에 다시 볼 때도 금방금방 내용이 머릿속에 들어오기 때문. 주위에서 '필기도구의 축제'라고 부를 만큼 다양한 색깔과 기능의 펜들이 총출동하는 것이 내 노트의 특징. 내가 주로 사용하는 펜과 각각의 기능을 정리해보았다.

형광펜

눈에 확 띄는 효과를 낼 때 가장 적합한 펜이다. 굵기 때문에 지문이나 본문 내용 중에 중요한 문장을 표시하는데 주로 사용한다. 또 중요한 문제, 잘 틀리는 문제를 특별히 표시할 때도 사용한다.

라이브컬러펜

펜촉에 따라 대(大)자와 소(小)자 두 가지가 있다. 대자는 눈에 띄는 문제나 문제 번호를 크게 쓸 때 등 '큰 글씨' 용으로 적합하다. 소자는 많은 양의 내용을 필기를 할 때 적당한데, 색상이 50여 가지가 있어서 컬러풀한 것을 즐기는 승혜 취향에 꼭 맞는 펜이라고 말한다. 오답 노트를 보면 페이지의 문제마다 색깔이 다른데, 이는 라이브컬러펜으로 작성한 것들이다.

삼색볼펜

가장 고전적인 도구. 빨강과 파랑, 검정, 이렇게 세 가지 색상을 사용하는데, 흔히 볼펜 '똥'이라고 불리는 분비물이 나와서 손에 묻기도 하고 노트에 번지기도 해서 자주 사용하지는 않는 편. 그래도 채점할 때는 유용한데, 동그라미를 칠 때 일반 특수 펜에 비해 훽훽 부드럽게 잘 돌아가기 때문에 기분이 좋아진다.

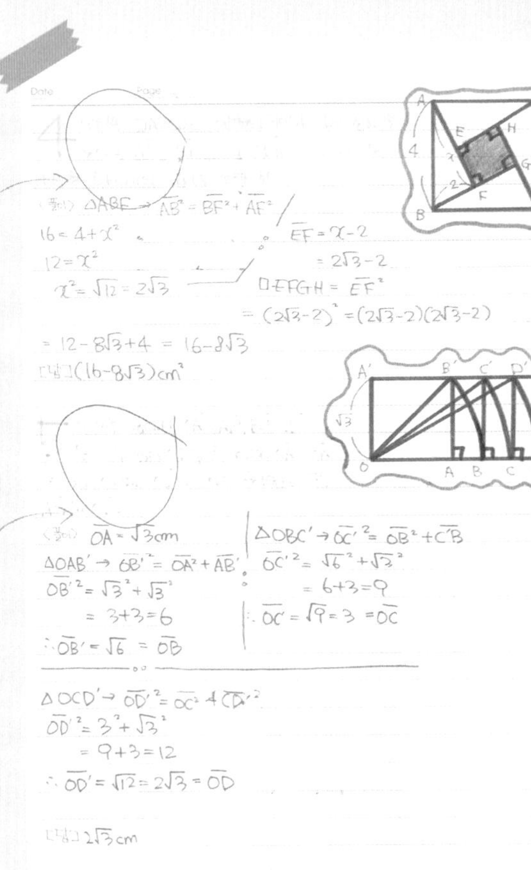

번지지 않는 잉크펜

아주 심이 가늘다. 볼펜이 아니기 때문에 '분비물'이 없어서 지저분해질 염려도 없다. 또 잉크펜이라 중간에 끊겨 쓰이는 법도 없다. 메모지에 작은 글씨를 써서 교과서에 붙이거나, 교과서 여백이나 줄과 줄 사이에 작은 글씨로 빼곡히 써야할 때 이 펜이 가장 잘 써진다. 일반 펜으로 2~3줄 이상 쓰지 못하는 글씨도 이 펜으로 5줄까지 쓸 정도로 글씨 크기를 줄일 수 있는데, 빼곡히 다 썼을 때의 그 성취감은 누구도 이해하지 못할 것이다.

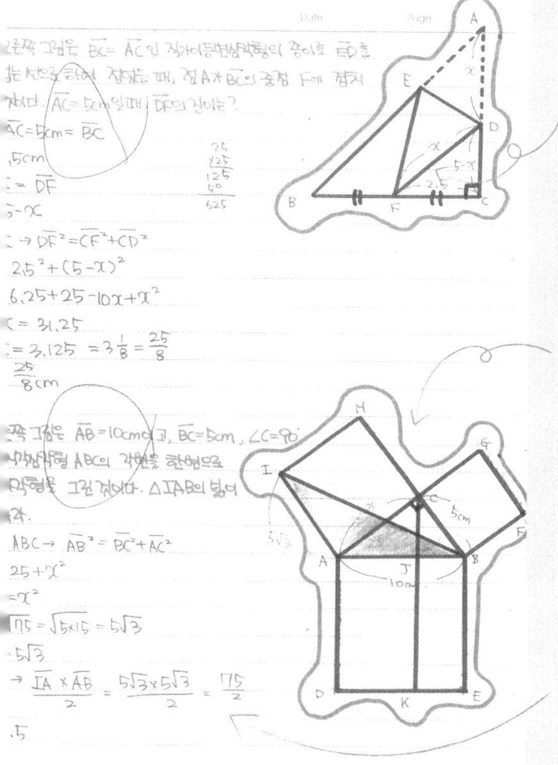

컴퓨터시험용 펜

시험 볼 때 컴퓨터용 답안지에 체크를 하는 펜이다. 선이 굵기 때문에, 눈에 잘 띄고 번지지 않는 장점이 있다. 그림을 그릴 때 굵은 선으로 그어야 하는 부분에서 사용한다.

색연필

특정 문장이나 강조해야 할 문제나 답 등을 눈에 잘 띄게 표시할 때 사용한다. 형광펜의 기능과 비슷한데, 약간은 껄끄러운 느낌이 기분 좋게 만들어줄 때가 있다. 특히 그림이나 도표에 색을 칠할 때 쓸모가 있다.

연필

샤프나 일반 연필 모두 사용한다. 수학, 과학 등의 문제를 풀 때는 모두 연필을 사용한다. 역시 연필의 장점은 언제든지 수정이 가능하다는 것이다. 그래서 연필로 쓸 때는 괜히 마음이 편해지는 느낌이다. 일반 연필은 뾰족하게 깎아서 처음 쓸 때의 날카로운 감촉, 그리고 갱지와 같이 약간은 거친 면에 글씨를 쓸 때 사각거리는 소리는 마음을 편안하게 해준다.

반짝이 펜

칠하면 금색 은색 등의 가루가 섞여 나와서 반짝반짝 빛이 난다. 내가 아끼는 펜 중의 하나로, 특별히 강조하고 싶은 부분에는 이 펜을 이용한다. 노트를 넘기다가 반짝반짝거리는 부분이 있으면 반드시 한 번 더 읽게 된다.

신승혜NOTE

승혜의 공부법 핵심 포인트

'다이어리'의 힘

학교와 학원에서 생겨나는 다양한 일들을 나는 거의 놓치지 않고 나의 다이어리에 담아놓는다. 학원 공부가 끝나고 늦은 시간 귀가해서 잠들기 전 책상에 앉아서 하루를 마무리하면서 오늘 제대로 실천을 했는지, 그리고 내일 해야 할 일이 무엇인지를 점검하는 것이 습관처럼 몸에 배었다.

★ 나의 다이어리를 보면 내가 어떻게, 무슨 일을 하면서 지내는지를 훤하게 알 정도로 하루하루의 해야 할 일들이 빼곡히 적혀 있다. 읽어야 할 책의 목록, 시험 범위 및 일정, 수행 과제물의 종류와 제출 기한, 친구 생일 등 특별한 기념일, 학교 준비물, 친구와의 약속 등 그 내용도 다양하다. 또 일기장의 역할도 해주기 때문에 나에게는 '비밀의 다이어리'도 된다.

보통 그 전날 수첩에 적히는 하루에 해야 할 일이 10~12개 정도. 한 개 한 개 실천할 때마다 펜으로 죽죽 지워나가는데, 한 개씩 지워 마지막 할 일까지 줄이 그어졌을 때는 내 스스로가 참 대견해 보이기도 한다. 반대로 한두 가지 일을 안 해서 체크 표시를 못한 채 그 다음 날로 넘어갈 때면 괜히 내가 못나 보여서 그 날은 '반성

다이어리

Monthly Plan

2006

4 | April |

예습 확인·복습 체크

쪽수	과목	예습한 날짜	수업일	확인
P.60	과학	2004.11.17	2004.11.18	
P.158~	읽기	2004.11.17	2004.11.19	
P.61~P.62	과학	2004.11.19	2004.11.22	
P.104	말듣쓰	2004.11.19	2004.11.23	
P.64~P.65	과학	2004.11.21	2004.11.23	
P.66~P.67	과학	2004.11.24	2004.11.25	
P.166~P.169	읽기	2004.11.24	2004.11.25	
P.68~P.69	과학	2004.11.28	2004.11.29	

의 일기' 를 꼭 쓰게 된다.

공부하는 시간도 빠듯한데 뭐 하러 이런 것들을 적냐며 의문을 갖는 사람들도 적지 않은데, 난 내가 학교에서 최상위권의 성적을 유지하는 비결은 다름 아닌 '다이어리' 라고 말하고 싶다. 시간 관리는 자기 관리와 같은 맥락이다. 자신이 해야 할 일을 매일 체크하고 빼먹지 않도록 노력하는 성실한 자세가 생활의 전반을 안정감 있게 끌고 간다. 오늘 할 일을 내일로 미루고, 자신이 무엇을 해야 할지 정리하지도 못하고 자신이 하고 싶은 일을 먼저 하느라 정작 중요한 일을 놓치는 등의 무계획적인 태도는 공부 습관에도 나쁜 영향을 미친다고 생각한다. 공부를 한꺼번에 몰아서 하는 '벼락치기' 습관도 그 한 예가 될 것이다.

초등학교 때 작성했던 '종합 학습일기'

중학교 진학을 코앞에 두고 있었던 6학년 2학기 때 나는 중학교 때는 초등학교와는 달리 학습량도 많고 난이도도 어려워진다는 말에 미리 준비를 해야겠다는 생각을 했다. 대부분의 학생들이 학원에 다니면서 중학교 과정을 선행학습을 하는데 힘을 쏟는 동안, 나는 '학습일기' 를 쓰기로 마음먹었다.

먼저 복습과 예습을 매일 실천하기로 했다. 다음 날 과목별로 배울 내용을 읽어보고, 학습일기에 핵심적인 부분을 메모했다. 그리고 예습한 결과물을 날짜별로 그때그때 기록을 했다. 예습을 하고 수업에 참여하니까 이해가 빠르고, 선생님이 질문하는데 바로 대답을 해서 칭찬을 받으니 공부가 더 재밌고 자신감도 붙었다. 예습을 해가니 그날 수업시간에 배운 것은 복습이 되는 셈이었는데, 집에 와서 예습을 하고 메모를 하면서 그날 배운 부분을 다시 한번 읽어봄으로써 총 2회의 복습 효과를 볼 수 있었다. 복습을 마치면 꺾기표로 표시를 해두었다. 그러니 시험 공부를 따로 하지 않아도 그날 배운 것들이 머릿속에 생생하게 저장되곤 했다.

수업 시간의 노트 필기도 학습일기장에 했다. 수업이 끝날 때마다 어느 부분까지

Teddy Bear

*법률구조제도

— 억울한 피해를 당하고도 법을 모르거나 소송비용이 없어서 권리구제절차를 밟지 못하는 서민들에게 법률 무료 상담, 소송 비용 지원, 변호사 선임, 무료 변호, 기타 법률 사무에 관한 모든 지원을 해주는 제도

2004. 9. 22. 수

〈1교시〉 시험 및 봉

* 수학 2단원 시험 :

* 실과책 : P. 80

〈2교시〉 영어

영어시험 (폭탄)

〈3교시〉 수학

*수학책 : P. 44~P

수·익 : P. 44~P. 48

〈4교시〉 읽기

→ 글을 요약할 때는 '비교·대조', '원인과 결과', '시간이나 공간의 변화' 등을 중심으로 내용을 조직하는 경우가 많다. (정보를 전달하는 글)

① → 풍물놀이와 사물놀이의 공통점과 차이점 (비교·대조)

② → 동물의 생김새가 달라지게 된 이유 (원인과 결과)

③ → 공간에 따라 다양하게 나타나는 나무들 (공간의 변화)

* 알림장 * → 2004. 9. 22

1. 낱말 뜻 조사 V

2. 수 시험지 고치고 검사 V

3. 영·수익·독서 메일 V

4. 실관 P. 19 V

5. 특·활 준비 V

종합 학습일기

원 (목) 시험

., 일기예보 들어오기

포스터 컬러, 색연필, 사사

인펜, 가위, 백종이 (구름)

예습 (For 2004. 9. 14)

과학

*공부할 내용 : 일기도에 쓰이는 기호를 알아 일기도 해석하기

*일기도란? : 넓은 범위에 걸쳐 일정한 시각의 날씨 상태를 숫자, 기호 등을 사용하여 나타낸 지도 ← * 중요해요

* ○, ◐, ●가 나타내는 것 : 구름의 양

(맑음, 구름조금, 흐림)

* ⊸가 나타내는 것 : 바람의 방향 (풍향), 바람의 세기 (풍속), 구름의 양

← 풍속

↘ 꼬리(깃)가 많을수록 풍속이 세다.

풍향 →

○ ← 구름의 양

배웠는지 진도도 기록했다. 쪽지시험도 이 노트에 보았으며 채점도 직접 했다. 시험 일정과 점수 기록도 이 노트에 고스란히 담겨 있다. 당시 담임선생님께서 '승혜 학습일기가 공부에 큰 도움이 될 것 같구나. 모두 써보지 않겠니?' 라고 말씀하셔서 친구들이 동참을 했는데, 1주일 정도 지나니 그만 흐지부지되어버렸던 적이 있었다.

노트를 다 쓰고는 끝에 내 소감을 썼다. 그리고 맨 마지막엔 내 사인을 멋지게 함으로써 한 권의 학습일기가 완성이 되었다. 이렇게 기록한 학습일기가 6학년 2학기 때만 총 4권이었다. 지금도 소중히 보관을 하면서 틈나면 들여다 보는데 이러한 기록들이 지금의 내가 있게 한 디딤돌이라는 생각을 하면 가슴이 뿌듯하다.

*흡입제의 종류
- 신나 - 본드 - 부탄가스

*흡입제 사용동기
- 호기심 - 친구의 권유 - 스트레스 - 강제로

*흡입제가 미치는 영향
- 뇌 조직 손상 - 기억력떨어짐 - 집중력떨어짐
- 골수조직손상 - 백혈병 - 재생불량성 빈혈
- 콩팥기능손상 - 기형아 출산 - 질식, 호흡중지
- 신체적 변화 - 감각마비 - 수족떨림 - 적혈구 및 백혈구손상
- 동맥경 - 혈압상승 - 눈의 시신경 - 정신적 변화
- 사회적 폐해 -

<2교시> 수학시험 (3단원)

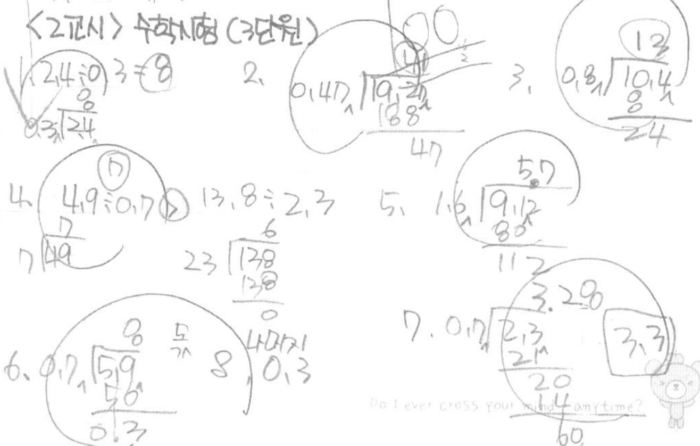

더 복습했고, 이대로 정말 가보로 남을지도 모른다. 앞으로 게으름피지 말고 해야겠다.

개선할 점 (한두가지가 아니다. ---)

i) 시험 알림은 포스트 잇에 써놓는다.
ii) 제목은 펜으로 쓴다.
iii) 아무에게도 보여주지 않는다.

2004.10.5

Julia

- THE END -

to be continue....

Note

논술 학원보다 더 효과적인 신문 기사 및 사설 스크랩

승혜는 매일 한 편의 신문 기사를 스크랩한다. 신문을 훑어본 뒤 마음에 드는 기사를 고르고 그 기사를 노트에 오려 붙인다. 그리고 제목과 본문의 주요 문장에 형광펜으로 줄을 긋는다. 기사를 다 읽고 생각을 정리한 뒤에는 기사 하단에 기사의 핵심 내용을 정리해서 쓰고, 끝으로 자신의 생각을 간추려서 쓰는 것으로 마무리한다.

중학교 2학년이 되면서부터 신문 사설 스크랩을 시작했는데, 이러한 신문 학습이 논술에 큰 도움이 된다고 선생님들께서 누차 강조를 하셨기 때문이라고. 신문 사설 읽기를 6개월 이상 해본 결과, 다음과 같은 장점이 있었다.

1. 핵심 주제 찾기가 빨라진다

처음엔 한자어도 많고 평소에 관심을 갖고 있는 주제와는 거리가 멀다고 느껴져서 재미가 없었다. 그래서 한 달 이상 지속될 때까지도 '의무감'에 마지못해 스크랩을 했다. 그런데 두 달 이상 넘어가니까, 일단 비슷한 분량의 사설인데도 읽고 핵심 주

大卒 순경시대

신임 순경 중 대졸자가 98%

"학벌에 안주하기보다 하고 싶은 일을 택했습니다."

10일 충북 충주의 중앙경찰학교에서 졸업식을 갖고 순경으로 임용된 김효진(28)씨는 대학원생이다. 서울시립대 행정학과를 졸업한 후 고려대 법무대학원에 재학 중 순경시험을 봤다. 김씨는 "주변에서 '왜 하필 순경이냐' 고 말리는 친구들도 있었지만, 장교 생활을 해보니 직업을 택하려면 밑에서 차근차근 올라가는 게 낫다고 생각했다"며 "이제 경찰공무원법도 개정돼 능력 있고 노력만 하면 조직에서 인정받을 수 있다"고 했다. 그의 꿈은 외사경찰이 되는 것. "안에서 볼 때는 순경이지만, 국민들이 볼 때는 공권력을 집행하는 기관입니다. 국민과 함께하는 경찰관이 되기 위해 노력할 겁니다."

'대졸 순경 시대' 의 막이 올랐다. 이날 졸업식을 가진 1096명의 신임 순경 중 대졸자 비율은 97.8%였다. 사상 최대로 높은 수치다. 대학원 졸업생도 11명이고, 명문 사립대 K대 출신도 3명이나 됐다.

박란희기자 (블로그)rhpark.chosun.com

요즘 순경 중에서는 대졸자가 대부분이라고 한다. 신임 순경이 된 K모씨는 서울시립대 행정학과를 졸업하고 고려대 법무대학원에서 재학중 순경시험을 보아서 순경이 되었다. 주변에서는 왜 하필 순경이냐며 말리거만 경찰공무원법도 개정되었고 능력있고 노력만하면 조직에서 인정받을 수있다며 하고 싶은일을 택했다고 한다. '대졸 순경 시대'의 막이 올랐다. 언젠가는 순경이 최고의 엘리트 집단이 될수도 있을 것이다. 학벌에 안주하기보다 자신들이 하고 싶은일을 택한 이들에게 박수를 보내고 싶다.

食藥廳이 아토피 일으키는 과자 조사해야

KBS2TV가 8일 밤 '추적 60분'에서 방영한 '과자의 공포'가 시청자들에게 큰 衝擊충격을 줬다. 과자에 든 식품添加物첨가물이 어린이 아토피성 피부염을 악화시킨다는 내용이다. 껌 하나, 과자 한 조각을 먹어도 아이들 몸에 두드러기와 발진이 생기고 심하면 발작 증세까지 일으켰다. 온몸에 진물이 흐르도록 긁어대는 아이를 돌보느라 엄마는 넋이 나갔다. 취재팀은 알레르기 증세가 있는 아이들에게 식품첨가물을 직접 먹여보는 實驗실험도 했는데 하루 만에 차마 더는 못 먹이겠다는 부모들이 나왔다.

'추적 60분'에서 한 실험이 과학적인가 하는 反論반론은 있을 수 있다. 이미 질환을 앓고 있는 아이들을 상대로 한 실험이라는 점에서 과학적 표본 추출로는 보기 어렵다는 것이다. 어린이를 고통스런 실험의 대상으로 삼을 수 있느냐는 지적도 있다.

그렇다 하더라도 '과자의 공포'가 提起제기한 문제를 가볍게 보거나 무시할 수는 없다. 아토피성 질환은 이제 '국민 慢性病만성병'으로 불릴 정도다. 건강보험공단 자료를 보면 네 살 아래 아이들의 18%가 아토피 질환에 시달리고 있다. 서울YMCA가 유치원생 866명을 조사했더니 41.7%인 361명이 아토피를 겪었다고 했다.

아토피성 피부병의 고통은 당해보지 않고는 알 수가 없다. 집안에 환자가 하나 생기면 그 집은 전쟁터를 방불케 한다. 아토피나 비염, 천식 같은 알레르기 질환을 치료한다는 병원은 '병원 巡禮순례' 다니는 엄마와 아이들로 메워진다. 몸에 가려움증을 달고 다니는 아이들의 성격도 신경질적으로 바뀐다. 아토피 피해 외국 移民이민 간다는 말까지 나온다.

식품의약품안전청은 과자를 비롯한 가공식품 첨가물의 아토피 안전성에 대해 全面的전면적 조사를 벌여야 한다. 어떤 첨가물이 아토피를 일으키고 어떤 건 괜찮은지를 알아야 과자 만드는 사람들도 첨가물을 가려서 쓸 수가 있다. 아이들이 과자는 안심하고 먹을 수 있는 나라는 돼야 하지 않겠는가.

KBS2TV가 '추적60분'에서 방영한 '과자의 공포'가 시청자들에게 큰 충격을 줬다. 나는 보지못했지만 껌 하나, 과자 한 조각을 먹어도 아이들 몸에 두드러기와 발진이 생기고 심하면 발작증세까지 일으켰다고 한다. 취재팀은 알레르기 증세가 있는 아이들에게 식품첨가물을 직접 먹여보는 실험도 했는데 하루만에 차마 더는 못먹이겠다는 부모들이 나왔다. 그런데 알레르기 증세가 있는 아이들에게 식품의 첨가물을 먹인다는 것은 도덕상의 문제가 있다고 생각한다. 어린이를 어떻게 고통스런 실험의 대상으로 삼을 수 있는가. KBS 취재진은 이런 점에서 반성을 해야할것이다. 또 식품의약품안전청은 과자를 비롯한 가공식품 첨가물의 안전성에 대해 적극적으로 조사를 벌이고 과자를 안심하고 먹을 수 있도록 해야할것이다.

제를 파악해내는 속도가 빨라졌음을 느꼈다. 그리고 교과서의 비문학, 즉 설명문과 논설문 등 딱딱하고 재미없고 어렵게 느껴지는 문장이 예전과 달리 쉽게 읽힌다는 것도 느끼게 되었다.

2. 한자 실력이 늘어난다

'과자'의 문제점을 다룬 사설만 보더라도 꽤 많은 한자어가 나온다. '충격', '식품첨가물', '실험', '전면적' 등 한자가 한글과 더불어 표기가 되어 있는데, 이런 한자어는 연습장에 몇 번씩 써본다. 몇 번씩 반복해서 읽었던 한자는 읽는 것만으로도 눈에 익숙해져서 자연스럽게 쓸 수 있게 되는 등, 한자 실력이 늘어남을 매일매일 체감할 수 있다. 영어 단어를 단어만 따로 떼어서 외우면 단순 암기여서 재미가 없고 지루하지만 문장 속에서 여러 차례 반복해서 접하면서 익히면 저절로 외워지듯이, 한자 역시 마찬가지라고 승혜는 말한다. 한 자 한 자 따로 떼어서 외우면 정말 재미가 없고 어렵게만 느껴지는데, 이렇게 한자가 섞여 있는 사설을 읽으면서 자꾸 반복해서 보면 자연스럽게 익힐 수 있다는 점을 깨달았다고.

3. 논술형 글쓰기가 자연스러워진다

일기와 독후감 등은 자신의 생각을 편하게 쓰는 글이다. 그러나 논술은 서론 - 본론 - 결론의 짜임새를 갖춰서 읽은 이를 설득할 수 있을 정도로 근거 있는 자기 주장이 가미가 되어야 한다. 논술의 기본 틀이 갖추어져 있는 사설을 읽고 요약과 동시에 자신의 의견을 덧붙이는 식으로 글을 쓰다 보니 논술형 글쓰기가 자연스럽게 향상되는 것을 느낄 수 있다고 한다. 글을 읽고 핵심 주제를 파악한 뒤에 자신의 주장을 덧붙이는 연습을 자꾸 하게 되기 때문에, 논술형 글쓰기 연습에는 사설 읽고 쓰기가 가장 좋은 방법이라는 것이 승혜의 생각.

승혜가 추천하는
괜찮은 참고서 & 문제집

국어 : 완자

설명이 무척 자세하게 나와 있고 문제가 다양하다.

수학 : 개념원리

개념 문제와 심화 문제가 고루 섞여 있어 다양한 문제를 접할 수 있다.

과학 : 클루

특히 서술형 문제가 많아서 서술형 대비에 도움이 된다. 문제가 많고 설명이 자세하게 나와 있다.

사회 : 한끝

화보가 다양해서 내용 이해에 도움이 된다. 문제도 난이도별로 다양하다.

NOTE 09 * 장경준

장곡중학교 2학년에 재학 중인 경준 군. 평범한 또래들처럼 친구들과 어울려 축구하기를 좋아하고 〈FIFA 온라인〉, 〈메이플 스토리〉 같은 온라인 게임도 즐기지만, 알고 보면 평균 98~99점을 오가며 전교 1, 2등을 놓치지 않는 무서운 아이! 학원 선택부터 자신의 진로 선택에 이르기까지 거의 혼자 해결하는 '자기 스스로 학습' 능력이 남다르다. '학교 수업에 성적의 해답이 있다'고 말하는 경준 군은 선생님의 농담 하나도 놓치지 않을 정도로 매 수업에 충실한 태도를 보이는데, 이것이 전교 1등의 비결이라고 강조한다. 최소한의 학원만 다니면서 자기 성적을 관리하는 경준 군의 공부법을 벤치마킹해보자.

장경준NOTE

경준이의 과목별 노트법 & 공부방법

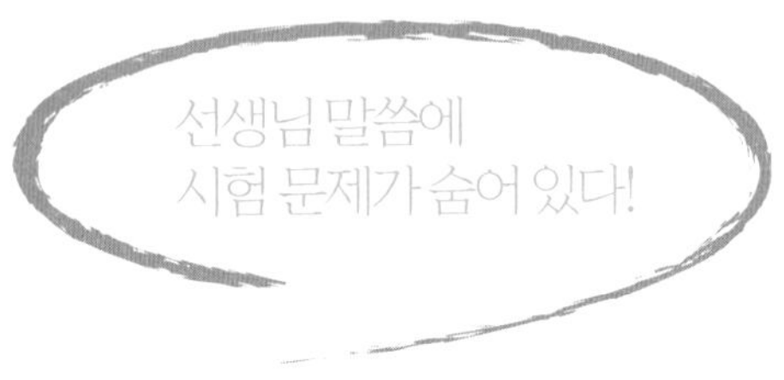

상위권과 최상위권, 우등생과 열등생을 가늠하는 주요 대표 과목이다. 나는 학교 시험에서 난이도와는 상관없이 거의 100점을 받는데, 그 실력에 이르기까지 나는 '효율적이고 전략적인 공부 계획'을 세우기 위해 지속적인 탐색 과정을 거쳤다. 차근차근 단계를 밟고 올라가는 나만의 '수학 전략'을 소개한다.

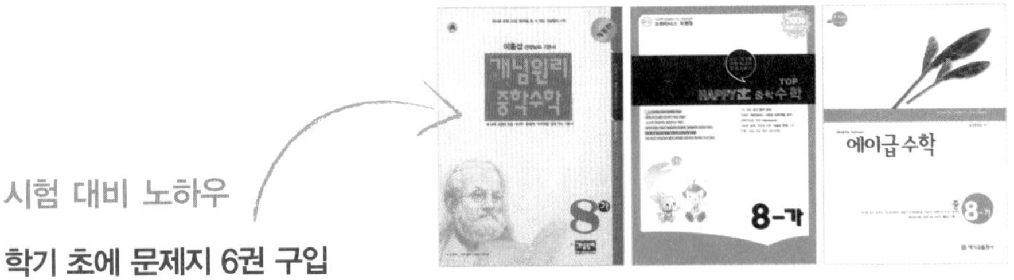

시험 대비 노하우

학기 초에 문제지 6권 구입

나는 매년 학기 초가 되면 수학 문제지를 6권 구입한다. 수학은 '기본', '발전', '심화' 이렇게 세 단계의 문제지로 구성되어 있는데, 각 단계별로 평균 1~2권씩 구입한다. 내가 주로 보는 문제지는 『개념원리』와 『해피한 중학수학』, 『하이레벨』이다. 『최상위수학』이나 『A급수학』 등 난이도가 높은 서술형 문제 중심의 이러한 심화 단계는 시험 대비를 위해 풀어볼 필요는 없다. 학교 시험 정도라면 '기본' 단계와 '발전' 단계 중 중급 정도만 풀면 응용 문제까지도 무난히 풀 수 있다. 6권의 문제지 외에 전 과목 기출 문제 중 수학 문제와 선생님이 평소에 준 프린트 문제(500~600문제 정도 분량)도 시험 대비 때 활용한다. 학기 초에 구입한 6권의 문제지는 평소에 틈틈이 풀어본다.* 기본 단계부터 시작해 심화 단계까지 별 어려움 없이 풀 정도로 실력을 닦아놓고, 시험 때는 시험 수준의 문제만 집중적으로 푸는 것이다.

시험 전날엔 교과서 문제풀이 노트 + 학교 프린트 + 문제지의 오답 체크

시험 대비 기간에 기출 문제, 프린트, 문제지 문제 등을 지속해서 풀다가 시험 전날에는 그 동안 기록해 놓은 주요 문제, 혹은 오답만 집중적으로 체크한다.

수학을 어려워하는 친구들에게 하고 싶은 말

수학 선생님이 되어 친구들한테 자꾸 설명해줘라!

많은 친구들이 수학 문제를 들고 와서 알려달라고 한다. 나는 이런 친구들을 반갑게 맞이한다. '시간을 빼앗아서 미안한데……' 하면서 머리를 긁적이는 친구들이 있는데 사실 난 그 친구들이 고맙다. 왜냐하면 친구들에게 가르쳐주면서 복습이 확실하게 되기 때문이다.

묻는 친구들이 없다고 해도 친구를 붙잡아 앉혀놓고 개념 설명을 해주고 문제 풀이까지 해주면 훨씬 효과적으로 이해가 되고, 그렇게 남에게 풀어준 문제는 잘 잊혀지지 않는다. 이런 경험에 비춰보면 남에게 가르쳐주는 내용은 확실하게 자기 지식이 되는 듯하다.

누가 가르쳐줘서 문제 풀이법을 알았다면, 꼭 스스로 풀어보아야 한다

질문을 자주 하는 친구 중에 내가 분명히 가르쳐준 문제인데도 틀리는 경우를 종종 본다. 그 이유는 '누가 가르쳐줄 때는 알 것 같았는데, 사실은 절반도 잘 알지 못하는 상태' 임을 모르고, 스스로 풀어보면서 확인하지 않았기 때문이다. 즉, 누가 가르쳐주면 바로 2번 이상 반복해서 풀어보면서 확실하게 자기 것으로 만드는 확인 작업이 꼭 필요하다는 것이다.

알 때까지 끈기 있게 붙들고 늘어져라

응용 문제가 나오면 지레 겁을 먹고 포기하는 친구들이 많다. 이런 경험이 반복되면 수학은 점점 어려워지고 자신이 없어진다. 어려운 문제가 나오면 겁을 먹지 말고 일단 풀어보고, 잘 안 풀리면 개념정리를 다시 한 번 읽어보면서 기초적인 문제를 다시 풀어본 후에 그 문제에 재도전한다. 2~3 차례만 이 과정을 반복하면 안 풀리는 문제는 거의 없다. 이렇게 해서 풀어내어 짜릿한 성취감을 맛본다면, 그 다음부터는 수학이 재미있어진다. 그때까지만 꼭 참고 끈기 있게 붙들고 늘어져라!

개념정리로 예습

나는 교과서 전용 문제풀이 노트를 별도로 사용한다. 그리고 수업 전에 눈에 잘 띄는 색깔의 펜으로 우선 개념정리부터 한다. '미지수가 2개인 두 개의 일차방정식을 동시에 만족시키는 해를 구할 때는 다음과 같이 묶고 이를 연립 일차방정식이라고 한다', '미지수가 2개이고, 차수가 모두 1인 방정식을 미지수가 2개인 일차방정식이라고 한다' 등 다음 시간에 배울 수학 개념을 정리하여 노트에 적는다. 새로 배울 단원은 '탐구 활동'으로 시작하는데, 그 부분을 읽어보고 나름대로 이해를 한 후에 개념 정리를 하는 것이다. 교과서 내용을 그냥 베끼는 것이 아니다.

쉬는 시간에 교과서 기본 문제 풀면서 복습

중학교 3학년 과정까지도 별 무리 없이 풀 정도의 수학 선행학습이 되어 있지만, 그렇다고 수업 시간을 소홀히 하는 법은 없다. 수업 시간에 집중해서 듣고, 수업이 끝난 직후 교과서 문제풀이 노트에 교과서에 나오는 기본 문제 5~6개를 푼다. 선생님이 풀어준 것도 내 손으로 다시 풀어본다. 잘 이해가 안 되는 부분은 바로 선생님이나 수학을 잘하는 친구한테 물어서 반드시 그날 안에 해결한다.

수학 교과서
문제 풀이 노트

<P70>　　Date.　　Page

미지수가 2개이고 차수가 모두 1인 방정식을 미지수가 2개인 일차 방정식이라 한다.

$ax+by+c=0$ ☆

미지수 x, y가 수 전체에 원소일 때 해는 무수히 많고 이들을 나타내면 직선이 된다.

이때, 일차방정식 $ax+by+c=0$을 직선의 방정식이라 한다 ☆

문제 1.

1. 나 $=x$, 동생 2살 적음. -> $y=x-2$.
2. 3점 x, 2점 y 총 21점 -> $3x+2y=21$
3. 500 x개, 700 y개 총 2900 -> $500x+700y=2900$

<P71>

문제 2.

(1) $2x+y=10$ ->

x	1	2	3	4	5	6
y	8	6	4	2	0	-2

-> (1,8)(2,6)(3,4)(4,2)

(2) $3x+2y=21$ ->

x	1	2	3	4	5
y	9	$\frac{15}{2}$	6	$\frac{9}{2}$	3

-> (1,9), (3,6), (5,3)

<P73>

문제 3.

(1) $x+y=5$

x	4	3	2	1
y	1	2	3	4

(4,1), (3,2), (2,3)(1,4)

(2) $2x+3y=14$

x	1	2	3	4
y	4	X	X	2

(1,4) (4,2)

(3) $x+2y=7$

x	1	2	3	4	5	6
y	3	X	2	X	1	X

(1,3) (3,2). (5,1)

www.kumhongfancy.co.kr

나의 과학 공부법은 조금 독특하다. 과학은 용어나 개념을 정확히 이해하지 못하면 점점 어려워져서 나중엔 무조건 외우게 되는 경우가 많다. 그때서부터 과학 성적은 상위권에서 밀려나게 되는 것이다. 과학에 자신이 없는 학생들에게 꼭 추천하고 싶은 과학 공부법을 정리해본다.

단원별로 문제를 직접 만들어라!

중2 과학 중 '물질의 특성'을 배우고 난 후 내용을 완전히 나의 것으로 만들기 위해 총 40문제를 스스로 만들었다. 문제와 보기는 검은색 펜으로 쓰고 답과 문제 해설은 빨간펜으로 표시했다.

문제를 만드는 학습 방법은 매우 효과적이다. 해당 단원을 모두 읽고 이해를 한 뒤에야 할 수 있는 활동이고, 또 이해가 부족했다고 해도 문제를 스스로 출제해보면서 더 확실히 알게 되는 학습 효과가 있다.★ **교과서를 읽고 이해**를 한 뒤에 다시 생각하면서 **문제를 만들고**, 그 **문제에 대한 설명을 붙이기 때문에 총 3번의 반복 학습 효과가 있다.** 문제지나 기출 문제를 풀면서 내가 만든 문제와 비슷한 유형을 발견하면 괜히 어깨가 으쓱해진다. 시험 보기 전에 내가 만든 문제 노트를 보면 문제지 몇 권 푸는 것보다 더 머릿속에 정리가 잘된다.

문제 노트 활용법 하나. 친구와 협의 하에 문제 노트를 같이 만든다. 그런 후에 서로에게 자신의 문제로 시험을 치르게 한다. 그리고 서로 바꿔서 채점을 한 뒤에, 틀린 문제나 이해가 잘 안 되는 문제에 대해 설명을 요구한다.

과학 외에도 자신이 없고 성적이 잘 오르지 않는 과목이 있다면 문제 출제 공부법을 이용해보라고 권하고 싶다.

내가 만든 과학 문제

문제 만들기, (4이개) (P48 ~ P65)

1, 겉보기 성질이 아닌 것은? ①
① 질량 ② 색 ③맛 ④후각 ⑤ 촉각,
-> 질량은 겉보기 성질이 아니다,

2, 소금과 설탕은 겉보기 성질 중 무엇으로 구분이 가능한가? ②
① 냄새 ② 맛 ③ 소리 ④ 촉감 ⑤ 색
-> 소금과 설탕은, 냄새, 소리, 촉감, 색이 같으므로 맛으로 구분해야 한다.

3, 사람의 감각 기관이나 도구를 사용해 구분 하는 물질의 특성은? ⑤
① 용해도 ② 질량 ③부피 ④ 밀도 ⑤ 겉보기 성질
-> 겉보기 성질에 관련된 설명이다,

4. 보기중 물질의 특성이 될수 있는 것의 개수는? ④

ㄱ. 맛 ㄴ. 냄새 ㄷ. 길이 ㄹ. 부피
ㅁ. 질량 ㅂ. 밀도 ㅅ. 끓는점 ㅇ. 용해도

① 2개 ② 3개 ③ 4개 ④ 5개 ⑤ 6개
-> 맛, 냄새, 밀도, 끓는점, 용해도가 특성이 될수 있다,

5, 맛으로 구분할 수 없는 물질을 고르시오 ④
① 설탕과 소금
② 식초와 물
③ 마원과 설탕
④ 황산구리와 염산
⑤ 콜라와 사이다
-> 황산구리와 염산은 맛을 볼수 없다,

장경준NOTE

경준이의 공부법 핵심 포인트

'전교 1등'은 자기와의 싸움의 결과

나는 1학년 때부터 전교 1, 2등을 해왔기 때문에 학교나 학원의 친구들과 선생님들의 주목을 받는 편이다. '경준이는 머리가 좋아!', '경준이는 좋은 학원에 다닐 거야.' 이런 말들을 숱하게 듣는다. 그러나 난 '전교 1등을 지키는 비결은 그게 아니야!' 하고 소리쳐 말하고 싶다.

한 집단에서 최고의 자리를 차지한다는 것은 '자기와의 싸움'의 결과라고 생각한다. 하고 싶은 일이 있어도 꾹 참고 내가 정한 목표를 향해 꿋꿋이 밀고나가는 의지가 없다면 머리가 아무리 좋아도, 고액 과외를 아무리 많이 한다고 해도 가능하지 않을 것이다.

★ 나는 시험 발표가 나면 4주 전부터 '나와의 싸움'을 시작한다. 평소에 내가 그렇게도 좋아하는 게임을 끊고, 게임만큼 좋아하는 책읽기를 중지한다. 그리고 역시 너무나 좋아하는 방과 후 친구들과의 축구 게임도 시험 후로 미룬다. 이외에도 잠자는 시간과 공부하는 시간 조절하기, 가족 행사에 불참하기 등 시험을 마치는 그날까지 ★'내가 하고 싶은 것'들과 단호하게 결별을 선언하는 것이다.

나뿐만 아니라 전교 최상위권을 차지하는 대부분의 학생들은 '자기와의 싸움' 을 다른 학생들에 비해 철저히 그리고 힘겹게 하고 있으리라 생각한다. 그러므로 만약 공부를 잘하고 싶다면 먼저 스스로를 시험해보라고 말하고 싶다. '내가 하고 싶은 일' 보다 '내가 해야 할 일' 을 먼저 할 수 있는 자기 조절 능력이 있는지 테스트를 해 보는 것이다. 인터넷에서 친구들과 만나 게임을 하기로 했지만 코앞에 다가온 수행 평가로 인해 과감히 모임에 빠질 결심을 세울 수 있다면, 선두 그룹에 나설 자격증을 획득한 것이나 다름이 없다는 것이 나의 생각이다.

'전교 1등' 의 울음

인성 교육 시간에 나는 울음을 터뜨리고 말았다. 자신의 이야기를 친구들 앞에서 고백하는 시간이었는데, '전교 1등을 지키기가 참 힘이 든다. 모두들 나를 경쟁상대로 생각하거나 꺾어야 할 상대로만 생각하는 등 편안하게 바라봐주질 않는 것이 힘들다' 라고 말하면서 눈물을 뚝뚝 흘린 것이다.

사회 시간에 선생님이 나에게 질문을 했는데 잠시 난 딴 생각에 빠져있던 중이었고 머뭇거리다가 '잘 모르겠습니다' 라고 말했던 적이 있었다. 누구에게나 흔히 있을 수 있는 일인데 옆의 친구가 '너는 전교 1등이 그런 것도 모르냐?' 하면서 비웃듯이 말했고 다른 친구들도 실망한 듯한 눈초리로 나를 바라보았는데, 마치 나는 죄를 지은 것처럼 무안해졌다. 순간 '외롭다!' 는 생각이 들면서 눈물이 목까지 차올랐지만 수업시간이라 이를 악물고 꾹 참았다.

순간순간 여러 쉽지 않은 과정을 거치지만 난 끝까지 최선을 다할 것이고 매번 최고가 되기 위해 나와의 싸움을 멈추지 않을 것이다. 그것이 내가 학생의 신분으로 할 수 있는 가장 가치가 있는 일이라고 생각하기 때문이다.

Note

경준이는 학교 선생님들을 긴장시키는 학생 중 하나다. 선생님 얼굴이 닳도록 쳐다보면서 입에서 새어나오는 말씀 한마디라도 놓칠까봐 전력을 다한다. 경준이는 수업을 듣기에 가장 효율적인 자리가 어디인지, 또 선생님의 관심을 효과적으로 끌어당기는 방법이 무엇인지 잘 알고 있다.

✓ 자신이 아는 것을 거침없이 표현하라!

'이 수학 문제 풀어볼 사람!' 이라는 말이 떨어지기가 무섭게 경준이는 손을 번쩍 든다. '자신의 생각을 말해볼 사람!' 역시 경준이는 생각을 고를 새도 없이 '저요!' 하고 우렁차게 외친다.

"처음에 이러는 나를 보고 친구들이 '잘난 척한다' 고 비꼬기도 했어요. 그러나 그런 놀림에 기가 죽을 필요가 없어요"라고 말하는 경준이는 이렇게 자신이 아는 것을 수업시간에 적극적으로 표현하는 것이 '선생님한테 자신을 알릴 수 있는 효과' 때문이라고 당당하게 말한다.

수업을 주관하는 선생님은 당연히 자신의 수업에 열의를 갖고 있으며 적극적으로 참여할 의사가 보이는 학생에게 긍정적인 생각을 갖는다. 학생의 성적을 관리하는 분인 만큼 좋은 감정을 유도하는 것이 고득점을 획득하는 첫 번째 단계이다.

✓ 앞줄에서 2~3번째가 수업에 집중하기 좋은 자리

학교에 따라 월 1~2회 자리 바꾸기를 한다. 경준이네 학교의 경우 학교에 도착하는 순서대로 자신이 원하는 자리를 골라 앉는데 경준이가 가장 선호하는 자리는 가운데 줄 앞에서 2~3번째이다. 전체 8~9줄로 되어 있는데, 맨 앞은 딴 짓은 절대 못하는 자리이기 때문에 집중 측면에서는 유리하지만 선생님을 쳐다보는 각도가 너무 가파르고 칠판도 전체를 다 보기가 힘들다는 단점이 있다고. 또 자료를 보여주는 TV 화면 보기에도 2~3번째 줄이 가장 적합하다는 것이 경준이 생각이다.

✓ 수업 시간에 시험 문제를 찾아라!

시험 때가 되면 대부분의 학생들이 가장 의존하는 자료가 '기출문제' 다. 시험 때가 되면 학원에서 인근 학교들의 기출문제를 모아서 과목별로 두툼한 한 권의 책으로 만들어 제공을 한다. 그러나 경준이는 가장 확실한 것은 '선생님이 강조한 부분' 이라고 자신 있게 말한다.

"과학 시간에 '합력' 에 대해 배울 때 선생님께서 도르레를 이용한 사례를 설명해 주셨어요. 책에 나와 있는 내용만 알면 된다는 생각에 대부분의 아이들은 소홀히 들었던 것 같아요. 그 내용을 중심으로 응용문제를 출제했는데, 사례의 내용을 기억하고 있었던 5~6명의 학생만 맞았어요. 어려운 문제였긴 했지만 그때 집중해서 들었으면 힘들이지 않고 풀 수 있었거든요. 아이들은 '안 배웠어요!' 라고 항의를 했지만 이미 엎어진 물이었지요."

누구나 다 듣고, 누구다 다 아는 문제보다는 이렇게 숨은 함정이 있는 문제로 등

Note

수가 오르락내리락하기 때문에 선생님 말씀을 하나라도 놓쳐서는 안 된다고 경준이는 말한다. 특히 '이 부분이 중요한데……', '자, 이것을 다시 한 번 요약정리하면……', '예를 들어보자' 이렇게 유난히 설명을 길게, 깊이 하는 부분은 굳이 말하지 않아도 중요하다는 뜻이므로 귀를 기울여야 한다. 그리고 눈에 띄는 펜으로 별표를 하거나 '장황한 설명', '시험에 나올 가능성 높음' 등 자기만의 중요 표시를 해두는 것이 좋다.

경준이가 추천하는 **괜찮은 참고서 & 문제집**

국어 :

완자

학생들 사이에서 입소문이 날 정도로 확실히 내용이 다양하다. 참고서인데도 학교 책에 필기한 것 이상으로 잘 되어 있고 요점정리와 문제 풀이도 훌륭하다.

Happy한

학원에서 쓰는 교재라고 이상하게 생각할 수도 있지만 문제의 양과 질이 전혀 떨어지지 않는 그런 책이다. 하지만 happy한 가맹점에서만 쓸 수 있다는 것이 단점.

영어 :

리딩튜터 입문 독해서

시사적인 내용부터 유머러스한 내용까지 고루 갖추어져 있다. 내용도 다양하고 실제생활에서 사용되는 문법들이 등장한다.

1316 팬클럽 중학영어 문법 영어 문법책.

Lv.1 부터 Lv.3 까지 있는데 다루는 내용은 비슷하지만 점점 난이도가 높아지고 심화 문제가 나온다. 단계별로 공부하기에 좋다.

수학 :

개념원리

말 그대로 개념원리이다. 처음부터 차근차근 알려주는 책으로 개념과 문제의 반복으로 확실히 깨우치게 해준다. 하지만 개념만으로는 풀 수 없는 문제가 가끔 나오는 것이 흠이라면 흠이다.

A급수학

심화의 정석인 문제집. 정말 어렵다. C.B.A 급이 있는데 C는 할 만하지만 B나 A만 되도 우수수 틀리는 게 특징이다. 하지만 점점 하다 보면 익숙해지고 조금 더 생각한다는 것이 좋다는 것을 알려주는 책이다.

사회 :

한끝 사회 자습서

문제는 다소 적지만 이해하기 쉽게 정리되어 있고 연도 별로 사건의 순서에 맞게 되어 있다는 것이 장점이다. 보기에도 깔끔하고 문제도 좋은 편인 것 같다.

Happy한

국어와 마찬가지로 happy한을 꼽겠다. happy한은 확실히 좋은 면이 많다. 문제가 많고 자습서 내용도 있는 것이 큰 강점이다. 흠이라면 조금 두껍다는 점!

과학 :

완자

입이 떡 벌어진다. 다양한 암기 Tip 과 놀랄만큼 꼼꼼한 정리 방법, 문제 친해의 완벽함 등 장점이 가득하다. 확실히 좋다고 생각되는 자습서 + 문제집이다. 역시 입소문은 괜히 타는 게 아닌 것 같다.

클루

클루는 자습서와 문제지의 혼합형이다. 정리 내용이 이해하기 쉽고 응용 문제도 좋다.

NOTE 10 * 윤지영

아무리 바빠도 일요일에는 교회에서 찬양 싱어로 활동한다는 지영(본인의 뜻에 따라 가명을 씀) 양은 A여자고등학교 1학년에 재학 중이다. 경남 창원 B중학교에서 1학년을 마친 후 서울 강남으로 전학을 왔는데, 전국에서 학력이 가장 높다는 강남 8학권에 인접한 방배동으로 이사를 하면서 지영 양은 성적 관리가 큰 걱정이었다고. B중학교에서는 전교 1등의 실력이었던 지영 양이었지만 서울로 전학 온 후 처음 치룬 시험에서는 전교 35등이라는 충격적(!)인 점수를 받았다고 한다. 그러나 오랫동안 다져진 '내공의 힘'으로 전교 3등을 차지하는 등 내신 최상위권으로 다시 진입할 수 있었다. 장래 건축가가 되고 싶다는 지영 양의 공부 비법을 들여다보자.

윤지영NOTE

지영이의 과목별 노트법 & 공부방법

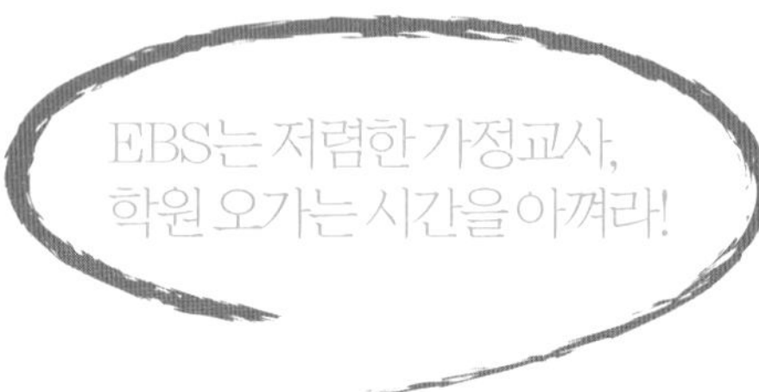

EBS는 저렴한 가정교사,
학원 오가는 시간을 아껴라!

평소 제일 어려워하고 점수도 잘 안 나오는 국어 과목 공부를 위해 나는 EBS 방송 강의를 적극 활용한다. 중학교 때 수학능력시험이 EBS에서 많이 출제된다는 말을 듣고 내가 선택한 '가정교사'인데, 주로 예습용으로 활용했다.

EBS 방송 강의 적극 활용

우선 다음에 배울 단원을 미리 읽어보고 참고서 수준의 문제를 풀어본 다음 해당 단원의 EBS 강의를 듣는다. 2번 반복해서 예습을 한 셈인데, 이런 상태로 학교 수업을 들으면 3번 반복 학습이 되는 셈이다. 이 정도 예습과 복습을 하면 그 단원에 대한 이해는 거의 100%에 이른다.

평소에 과목별로 이렇게 예습 복습을 한 뒤에 시험 대비 기간에는 교과서를 한번 읽어보고 2권의 문제지를 선택해 시험볼 때까지 풀어본다. 그리고 공부하면서 잘 이해가 안되는 부분이 있으면 EBS의 강의록을 뒤져 찾아보면서 확인 학습을 한다.

총정리해보면, 시험 대비 전 평소에 3번 반복 학습을 하고, 시험 대비 때 교과서 읽기와 문제지 풀이, 확인학습까지 총 6번 이상의 반복 학습을 하고 시험을 보는 셈

EBS 교재

내신 챙기기 2

1_ (가)~(마)에 대한 설명으로 적절하지 않은 것은?

① (가) : 우리 나라에서 활개를 치고 있는 도입종을 예로 들며 의문을 제기하고 있다.
② (나) : 도입종이 새로운 곳에 적응하게 된 이유에 대해 서술하고 있다.
③ (다) : 우리말과 영어의 근본적인 차이점을 지적하면서 논지를 강화하고 있다.
④ (라) : 사회 분위기를 제시한 후 외국어를 수용하는 올바른 태도를 제시하고 있다.
⑤ (마) : 현실을 수용하면서 자신의 주장을 다시 한번 강조하고 있다.

2_ 이 글을 읽은 후의 반응으로 적절하지 않은 것은?

① 새로운 언어가 들어온다고 해서 다 정착하는 것은 아니야.
② 외래어를 사용할 때는 우리 말과의 관계를 신중히 고려해야 해.
③ 국제 경쟁력을 갖추기 위해 영어의 습득은 필수 조건인 셈이로군.
④ 외국어가 들어와 남용되지 않도록 우리말에 대한 관심이 필요한 거야.
⑤ 영어에 능숙하지 못하면 일상 생활이 불가능하니 정말 심각한 문제로군.

3_ 〈보기〉는 이 글의 내용을 요약해 놓은 것이다. 이 글의 내용을 바탕으로, ( ) 안에 들어갈 알맞은 내용을 10자 이내로 쓰시오.

보기

외래종의 유입	=	미국산 황소개구리의 도입	=	영어의 무분별한 도입
↓		↓		↓
토종의 위기		토종 개구리의 멸종 위기		( )

서술형 4_ ㉠의 의미와 관련하여 이 글에 나타난 글쓴이의 주장을 30~40자 정도의 한 문장으로 서술하시오. (띄어쓰기 포함)

5_ ㉡에 담긴 글쓴이의 태도를 파악한 것으로 가장 적절한 것은?

① 자주적인 문화 창조를 주장하고 있다.
② 문화 교류의 소극성을 비판하고 있다.
③ 문화의 고유성에 대해 이의를 제기하고 있다.
④ 외래 문화 수용시의 주체적 태도를 강조하고 있다.
⑤ 문화의 세계화 추세가 시기상조임을 우려하고 있다.

EBS 교재

내신 챙기기 2

정답과 해설 313쪽

㉮ 우리 나라에도 몇몇 도입종들이 활개를 치고 있다. 예전엔 참개구리가 울던 연못에 요즘은 미국에서 건너온 황소개구리가 들어앉아 이것저것 닥치는 대로 삼키고 있다. 어찌나 먹성이 좋은지 심지어는 우리 토종 개구리들을 먹고살던 뱀까지 잡아먹는다. 토종 물고기들 역시 미국에서 들여온 블루길한테 물길을 빼앗기고 있다. 이들이 어떻게 자기 나라보다 남의 나라에서 더 잘 살게 된 것일까?

㉯ 도입종들이 모두 잘 적응하는 것은 결코 아니다. 사실, 절대 다수는 낯선 땅에 발도 제대로 붙여 보지 못하고 사라진다. 정말 아주 가끔, 남의 땅에서 들풀에 붙은 불길처럼 무섭게 번져 나가는 것들이 있어 우리의 주목을 받을 뿐이다. 그렇게 남의 땅에서 의외의 성공을 거두는 종들은 대개 그 땅의 특정 서식지에 마땅히 버티고 있어야 할 종들이 쇠약해진 틈새를 비집고 들어온 것들이다. ㉠ 토종이 제자리를 당당히 지키고 있는 곳에 섭사리 뿌리내릴 수 있는 외래종은 거의 없다.

㉰ 제아무리 대원군이 살아 돌아온다 하더라도 더 이상 타 문명의 유입을 막을 길은 없다. 어떤 문명들은 서로 만났을 때 충돌을 면치 못할 것이고, 어떤 것들은 비교적 평화롭게 공존하게 될 것이다. 결코 일반화할 수 있는 문제는 아니겠지만, 스스로 아끼지 않은 문명은 외래 문명에 텃밭을 빼앗기고 말 것이라는 예측을 해도 큰 무리는 없을 듯싶다. ㉡ 내가 당당해야 남을 수용할 수 있다.

㉱ 영어만 잘 하면 성공한다는 믿음에 온 나라가 야단법석이다. 한술 더 떠 일본을 따라 영어를 공용어로 하자는 주장이 심심찮게 들리고 있다. 영어는 배워서 나쁠 것 없고, 국제 경쟁력을 키우는 차원에서도 반드시 배워야 한다. 하지만, 영어보다 더 중요한 것은 우리말이다. 우리말을 제대로 세우지 않고 영어를 들여오는 일은 우리 개구리들을 돌보지 않은 채 황소개구리를 들여온 우를 또다시 범하는 것이다.

㉲ 영어를 자유롭게 구사하는 일은 새 시대를 살아가는 필수 조건이다. 하지만, 우리말을 바로 세우는 일에도 소홀해서는 절대 안 된다. 황소개구리의 황소 울음 같은 소리에 익숙해져 참개구리의 소리를 잊어서는 안 되는 것처럼.

황소개구리

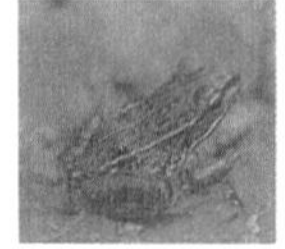
참개구리

블루길

붕어

■ 문단 연구
(가) 우리 나라에서 토종보다 활개치는 도입종
(나) 도입종이 번성하게 된 이유
(다) 외래 문명의 주체적인 수용 자세 강조
(라) 영어의 주체적 수용의 필요성
(마) 우리말 바로 세우기의 필요성

■ 어휘 풀이
- 활개 : (벌린) 두 팔이나 다리.
- 먹성 : 음식을 먹는 성미나 분량.
- 물길 : 본래의 의미는 '배가 다니는 길'이라는 뜻. 여기서는 물고기가 살아가는 터전을 말함.
- 서식지(棲息地) : 동물이 깃들여 사는 곳.
- 유입(流入) : 흘러 듦.
- 공존(共存) : 두 가지 이상의 사물이 함께 있음.
- 텃밭 : 집터에 딸려 있는 밭. 여기서는 삶의 터전이라는 뜻.

■ 구절 풀이
- 활개를 치고 있다. : (주로 나쁜 현상이) 마구 횡행하고 있다.
- 미국에서 건너온 황소개구리가 들어앉아 이것저것 닥치는 대로 삼키고 있다. : 1970년대에 수자원을 늘려 식용에 이용하려는 목적으로 황소개구리를 들여왔으나, 왕성히 번식하여 토착 생물들을 잡아먹어 생태계를 파괴하는 지경에 이르렀다.
- 결코 일반화할 수 있는 문제는 아니겠지만 : 모든 경우에 적용할 수 있는 것은 아니지만
- 황소개구리(의 황소 울음 같은 소리) : 영어
- 참개구리(의 소리) : 우리말

이니 웬만한 문제는 빠져나갈 구멍을 찾기가 어렵다.

EBS 가정교사의 최대 장점은 시간 절약과 저렴한 교육비이다. 학원에 오가려면 최소한 1시간 이상 차 타는 시간과 기다리는 시간으로 투자를 해야 하는데(실제로 강남 대치동까지 학원에 다니는 아이들은 그 이상의 시간을 거리에 뿌려야 한다) EBS는 시간 낭비가 없으므로 자신이 활용할 시간이 많다는 것이 첫 번째 장점이다. 시간만 낭비되는 것이 아니라 체력 소모 또한 무시할 수가 없다. 친구들 이야기를 들어보면 학원 및 과외비로 평균 월 50만 원 이상씩 투자한다고 한다. 이건 최소 금액이고, 많게는 100만 원 대를 넘어가는 친구들도 적지 않은 것 같다. 들리는 이야기에 의하면 유명 강사에게서 듣는 수학 그룹 지도가 1인당 80만원이라나? EBS는 교재 값만 투자하면 더 들어가는 것이 없다.

중학교 3학년 겨울방학 때 EBS로 고1 예비과정 마쳐

중학교 3학년 겨울방학은 매우 중요하다고 선생님들께서 누누이 말씀하셨다. 고등학교 1학년 때 첫 시험 성적이 3년 내내 간다는 공포에 가까운 선언을 하는 선생님도 계셨다. 주위 친구들은 거의 겨울방학 때 학원 등록을 했다. 겨울방학 3개월 동안 고등학교 1학년 1학기 과정을 끝내는 강의들이었다. 학원에 대한 유혹도 강했지만, '스스로 공부하기'의 원칙이 더 나를 강하게 끌어당겼다. 그래서 선택한 가정교사가 EBS이다.

국어, 영어, 수학 등 주요 과목의 고등학교 1학년 예비 과정을 방학 내내 들었다. 한 학기 과정을 2개월 내외의 기간 동안 마스터하는 것이기 때문에, 강의로 듣는 것의 2~3배 이상의 시간을 투자해 복습을 해야 한다. **45분 강의를 들었다면 해당 단원의 문제 풀이, 확인 학습 등으로 2시간 내외의 혼자 공부를 해야 방송 강의가 비로소 내 것이 될 수가 있다.** 고등학교 진학 후 첫 시험에서 전교 10등 내외의 좋은 성적을 받은 것도 방학 때 차분하게 EBS를 통해 고1 예비 과정을 공부한 것이 큰 몫을 차지한 것 같다.

사설 베껴 쓰기

No.
year month day ( )

2005. 12. 6. 화 중앙일보

MBC 강압 취재 사장부터 책임져야

MBC가 PD수첩팀의 강압적 취재에 대해 대국민 사과를 했지만 여진은 계속되고 있다. PD수첩팀 관계자는 YTN의 인터뷰에 대해 "핵심 내용이 빠져 있다"며 미련을 버리지 않고 있다. 네티즌은 경찰 수사를 촉구하는 등 더욱 거세게 항의하고 있다.

우리가 여러 번 지적했듯 이번 강압적 취재는 최소한의 언론 윤리도 지키지 못했다. MBC는 약속대로 관계자들을 엄정 문책해야 한다. 과거처럼 여론이 가라앉기를 기다렸다가 감봉 몇 개월 하는 식의 징계는 국민이 이해하지 않는다. 일본 NHK나 영국 BBC 같은 공영방송은 이보다 훨씬 경미한 사안임에도 사장이 사임했다.

MBC는 지금 창사 이래 최대의 위기를 맞고 있다. 올 들어 각종 비리 의혹과 사진 사고로 '뉴스데스크'를 통해 사과한 것만 일곱 번째다. 제작진의 명품 가방 수수를 시작으로 생방송 중 성기 노출 사고, 중국 영화 장면을 '731부대'의 생체실험 발굴 현장으로 왜곡한 것 등은 아직 시청자들의 기억에 생생하다.

MBC가 이 지경까지 오게 된 것은 경영자들의 책임이 강하다. 그간 MBC는 공영과 민영의 경계선을 오가며 조직의 이익만을 챙긴다는 비난을 들어왔다. 과도한 상업주의 추구로 민영 방송보다 더 민영 같다는 비판도 들었다. 특히 정치적으로 한편에 치우치면서 왜곡보도·편파방송을 일삼아 시청자들의 외면을 자초했다. 이는 시청률 저하와 광고매출 감소로 나타나 사상 처음으로 월별 광고 매출이 SBS에 추월당했다. 공영·민영에 이어 노영방송이란 소리를 들을 정도로 노조의 입김이 센 것도 문제다. 그러다 보니 내부를 감시·규제하는 자체 조정기능이 마비됐고 이번 사건도 그 결과에서 비롯됐다는 판단이다.

MBC는 PD수첩이라는 이름으로 그동안 언론의 공정·객관의 기능을 상실한 점을 깊이 반성해야 한다.

MBC는 이번 사태에 대해 직접 감독 책임이 있는 부사장은 물론 최고 경영자까지 응분의 책임을 져야 한다. 이것이 시청자와 국민에 대한 최소한의 도리다.

아주 특별한 논술 공부법 '사설 베껴 쓰기'

'100자 내외로 서술하시오' 이런 식의 논술형 문제가 최근 많이 늘었다. 점수로 환산하면 과목당 40%까지 차지하는데, 논술형 문제에서 만점자는 거의 찾아보기가 힘들다. 부적절한 어휘 사용 같이 사소한 결점으로 인해 점수가 소수점 이하로라도 깎이기 때문이다. 학교의 서술형 논술형 문제를 원활하게 잘 풀고, 더 나아가 대입에서의 논술 대비를 위해서 나만의 가정교사를 둘 필요성을 강하게 느꼈다. 많은 친구들이 방학 때 논술 특강을 들으러 다니는데 나 또한 그에 대한 대비책을 세워야 했다. 그래서 선택한 방법이 '사설 베껴 쓰기'이다. 중3 겨울방학 때부터 본격적으로 시작을 했는데 지금까지도 꾸준히 실행에 옮기고 있다. 방학 때는 매일 1편씩, 학교 다닐 때는 주 1회씩 사설 공부를 하고 있다.

사설 정리 7단계

1단계 ● 사설 고르기

매일 신문 사설을 보면서 그중 흥미가 당기는 한 편을 골라 스크랩 노트에 붙인다.

2단계 ● 베껴 쓰기

고른 사설을 보면서 제목부터 그대로 베껴서 쓴다. '잘 쓴 글만 읽어도 글 실력이 는다. 베껴서 써 보면 두 배 이상 실력이 는다'는 선생님 말씀을 실천에 옮긴 것이다. 소리내어 읽으면서 한 자 한 자 옮겨 쓴다. 읽고 쓰면서 중요한 문장은 형광펜으로 밑줄을 그었다.

3단계 ● 모르는 단어 찾기

사설에는 어려운 용어들이 다수 등장한다. 이런 단어나 구절을 접할 때마다 가슴이 턱 막히면서 더 이상 읽어나갈 용기가 생기지 않곤 했다. 모르는 단어를 그냥 건너 뛰었더니 뒤 내용도 이해가 안 되고 그러다보니 사설 읽기가 점점 재미가 없어지는 것 같아서 단어 찾기를 시작했다. 사설 쓰기를 한 다음에 바로 이어서 모르는 단어를 사전에서 찾아 뜻을 알고 노트에 옮겨 적었다. 한 편에 2~3개는 꼭 단어 찾기를 했다.

4단계 ● 문단 나누기

사설 한 편의 문단을 나눈다. 문장 하나가 끝나고, 새로운 문장이 칸 들여쓰기로 시작되기 전이 한 개의 문단이 된다. 한 편의 사설은 보통 3개 이상의 문단으로 나뉘는데, 사설에 1문단, 2문단 등으로 표시를 한다.

사설 공부는 전 과목에 보탬이 되는 밑바탕 학습

매일 정돈된 글을 읽고 이를 분석해서 내 것으로 만드는 작업을 하다보니 전 과목에 도움이 된다는 것을 깨닫게 되었다.

사설을 분석하면서 단어 실력과 독해력이 늘어나니까 국어는 물론이고 국사와 세계사, 영어와 수학에 이르기까지 고루 도움이 된다. 요즘엔 수학, 과학 문제가 국어나 사회 문제 이상으로 길어져서 독해력이 필요하고, 또 논술형 문제가 과목마다 늘어나기 때문에 자신의 생각을 풀어쓰는 능력이 필요한데 사설 공부가 이 모두를 뒷받침해주기 때문이다.

나는 중3 때 시작했지만, 초등학교 고학년 때부터 되도록 빨리 사설 공부를 하라고 후배들에게 권하고 싶다.

사설 정리 내용

No.
year month day ( )

2005.12.7 수 중앙일보

약발 떨어진 부동산대책, 또 세무조사냐

8·31 부동산종합대책 이후 서울 강남의 아파트값이 다시 오르기 시작했다. 많은 재건축 아파트가 부동산대책이 나오기 이전의 가격 수준을 회복했고, 값이 오른 곳도 있다. 8·31 대책으로 아파트값 상승세를 확실히 꺾었다고 자신하던 정부는 당황한 표정이 역력하다. 여당은 야당의 반대와 서울시의 비협조 때문이라고 주장한다. 국세청은 기다렸다는 듯이 부동산 투기 혐의자에 대해 일제 세무조사를 벌이겠다고 나섰다.

그러나 징벌적인 세금 부과나 강압적인 세무조사로 부동산값을 잡으려는 시도는 성공하기 어렵다. 우리가 누차 지적했듯이 부동산 시장은 기본적으로 수요와 공급의 원리에 따라 움직인다. 지금까지 시장 원리를 거스르는 어떠한 정책도 성과를 거둔 적이 없었다. 재건축 아파트값이 비싼 것은 재건축으로 새로 지어질 아파트값이 반영됐기 때문이지 현존하는 아파트의 가치가 높아졌기 때문이 아니다.

무엇보다 재건축 아파트는 장기적으로 주택의 공급을 늘려 전체적으로 집값을 낮추는 효과가 있다. 그런데도 정부는 당장 눈앞의 재건축 아파트값이 오르는 것을 참지 못해 재건축을 규제하고 거래를 막는 데 급급해 왔다. 이런 정책은 단기적으로 집값을 억누를 수 있을지 모르지만 장기적으론 주택 공급을 줄여 집값 상승을 부추기는 결과를 빚는다.

야당의 반대 때문에 8·31 대책이 효과를 거두지 못하고 있다는 주장도 설득력이 없다. 조세연구원의 분석에 따르면 부동산 보유세의 실효세율과 주택가격의 안정과는 상관관계가 없는 것으로 나타났다. 이와 함께 부동산 보유세의 과도한 인상에 많은 국민이 반발하고, 일부 세제에 대해선 위헌 시비가 불거진 것 또한 엄연한 현실이다. 이를 도외시하고 무차별적인 세금 폭탄으로 집값을 잡겠다는 시도가 원안대로 관철되지 않는다고 해서 모든 책임을 야당과 서울시에 떠넘기는 것이야말로 무책임하다. 재건축 아파트값의 등락에 일희일비(一喜一悲)할 게 아니라 양질의 주택 공급을 늘리는 데 정책의 초점을 맞춰야 한다.

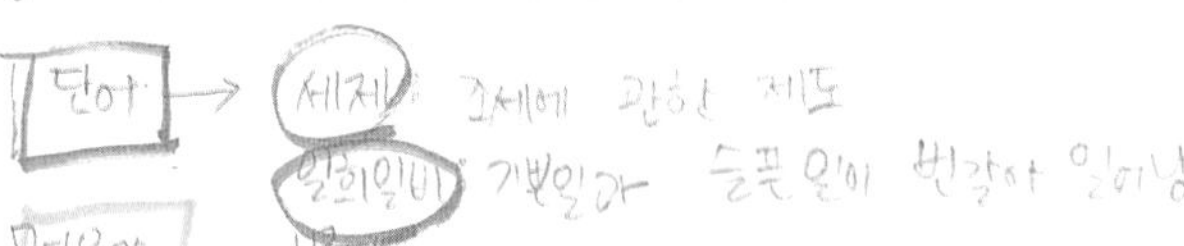

단어
세제 조세에 관한 제도
일희일비 기쁜일과 슬픈일이 번갈아 일어남.

문단요약 → 1문단
→ 8·31 부동산종합대책 이후 서울 강남의 아파트값이 다시 오르기 시작했다. 여당은 야당 반대와 서울시 비협조때문이라고 주장하고 국세청은 세무조사를 벌이겠다고 나섰다.

2문단
→ 징벌적인 세금부과나 강압적인 세무조사로 부동산 값을 잡으려는 시도는 성공하기 어렵다. 부동산 시장은 수요와 공급의 원리에 따라 움직이기 때문이다.

3문단
→ 정부는 재건축아파트값이 오르는 것을 참지못해 재건축을 규제하고 거래를 막는데 급급해왔지만 장기적으로는 주택공급을 줄여 집값 상승을 부추기는 결과를 빚는다.

No.
year month day ( )

4문단
야당의 반대 때문이라는 주장도 설득력이 없는 것이 부동산 보유세의 실효세율과 주택가격의 안정과는 상관관계가 없는 것을 밝혀졌다. 모든 책임을 야당과 서울시에게 넘기는 것은 무책임하므로 양질의 주택공급 늘리는 것에 초점을 맞춰야 한다.

문단요약

8·31부동산 정책 이후 서울 강남의 아파트값이 다시 오르는 것에 대해 야당과 서울시의 책임이 크다고 하지만 그런 주장들은 설득력이 없고 현재 방침은 장기적으로는 주택공급을 줄여 집값의 상승을 부추기므로 양질의 주택공급을 늘리는 정책에 초점을 맞춰야 한다.

8·31부동산정책의 주내용에 대해서는 자세히 아는 바는 없지만 지금 정책대로 가다가는 집값을 높여주는 발판을 제공하는 역효과만 불러 일으킬 것이 뻔하다. 땅은 부족하고 재건축 아파트는 늘어나는 상황이므로 새로운 곳에 주택공급을 해주어서 강남 지역의 집값이 다시 오르는 추세를 막아야 한다.

베껴 쓰기의 힘

작가 김훈 선생님을 인터뷰한 글을 읽으며 나는 '베껴 쓰기'의 놀라운 힘을 발견했다. 김훈 선생님의 아버지가 소설가였는데 말년에 병환이 깊어서 직접 쓸 수가 없게 되자 아들에게 받아쓰라고 하고 아버지는 구술을 했다는 것이다. 아버지의 글을 받아쓴 아들은 자신도 모르게 글 쓰는 실력이 늘어났는데, 김훈 선생님은 '이때가 나의 글쓰기 훈련기'라고 고백하고 있었다. 유명 작가들의 문하생들도 '좋은 작품 베껴 쓰기'를 글쓰기 훈련의 중요한 과정으로 채택해서 활용한다고 한다.

베껴 쓰기는 단순히 옮겨 쓰기가 아니라 글 쓰는 법을 익히게 하는 학습 효과가 있다는 것을 이러한 사실을 통해 알게 되었고, 그 이후로 사설 베껴 쓰기를 적극적으로 실천하게 되었다. 실제로 눈으로 읽고 넘어가는 것보다 손으로 쓰면 문장이 절로 외워질 정도가 되는데, 이러한 경험이 반복되면 내가 내 글을 쓸 때도 잘 쓴 글에 버금가게 술술 흘러가듯 써질 것 같은 자신감이 생긴다. 원고지만 접하면 겁이 난다는 친구들이 많은데 자기 글을 쓰기 전에 베껴 쓰기를 먼저 하면서 쓰기의 자신감을 갖추라고 권하고 싶다.

5단계 ● 각각의 문단 요약하기

문단을 나눈 뒤에 문단 별로 요약을 한다.
처음부터 한 편의 사설을 읽고 요약정리를 하기가 쉽지 않다. 그러나 여러 개의 문단으로 쪼개면 호흡이 그만큼 짧아지기 때문에, 요약정리가 좀 더 수월해진다. 여기까지 하면 어떤 내용인지 머릿속에 정리가 될 것이다.

6단계 ● 전체 요약하기

문단 요약이 끝나면 전체 요약하기를 한다. 퀼트를 하듯이 조각조각 나눈 문단을 모아서 전체의 핵심 내용을 추려내는 것이다. 핵심 주제도 여기서 정리가 된다.

7단계 ● 내 생각 쓰기

사설 탐색이 다 끝난 후에는 내 생각을 쓴다. 사설과 반대 의견을 쓸 때도 있고, 문제점을 제시하기도 한다.

윤지영NOTE

지영이의 공부법 핵심 포인트

순전히 나만의 힘으로 공부한다는 뿌듯함

나는 학원에 다녀본 경험이 없다. 중학교 때는 물론이고 고등학교에 와서도 전교 상위의 성적을 유지하는 내가 학원에 다니지 않는다고 하면 다들 믿지 않으려고 한다.

난 공부는 자신의 힘으로 해야 한다고 믿고 있다. 학원이나 과외는 자신이 아무리해도 할 수 없다고 판단될 때 도움을 청해서 보충을 하는 정도로만 활용을 해야 할 것이다. 그러나 많은 학생들은 일단 학원의 그늘을 벗어나면 불안증을 느낀다. 이런 학생을 '티처 보이' 라고 한다던가. 누군가 가르쳐주고, 누군가가 어떻게 어디까지 공부를 하라고 지시를 해주지 않으면 스스로는 공부를 어떻게 얼마나 해야 할지를 알지 못하는 수동적 학습에 익숙해진 학생을 일컫는 말이다.

미국에서 공부한 모 외고의 논술 선생님이 한국에서의 첫 수업에서 학생들의 수동적인 학습 태도를 보고 놀랐다고 표현한 글을 읽은 적이 있다. 선생님이 학생들에게 '자신의 의견을 말해보세요' 라고 제안을 하면 학생들은 '선생님이 알려주세요!' 라고 말을 하거나 '선생님의 의견부터 말해주세요!' 라고 요구한다는 것이다. 자신의 생각을 펼칠 만한 능동성이 그만큼 떨어진다는 것인데, 논술 선생님은 '학생 스스로 공부하는 습관의 결여' 가 이런 현상을 낳았다고 결론을 내렸다. 학원 만능주의는 학생이 공부를 해보기도 전에 무조건 학원부터 찾게 만들어 무기력하고 수동적인 학생을 만들어낸다.

난 이렇게 자신의 공부를 누군가가 해줄 것이라 기대하는 의존적인 태도에서 벗어나고 싶었다. 부모님도 동의를 했고, 나의 두 언니도 이러한 자율적인 학습을 통해 여전히 우등생의 자리를 차지하고 있는 것에 확신을 얻어 과감히 학원과 과외를 내 사전에서 지워버리자고 결심을 했다.

'역시나 서울, 그리고 강남!' 을 느껴

'강남 아이들은 중학교 1학년 학생이 고등학교 수학을 푼대!', '중학교 1학년생이 수학능력시험 영어 과목에서 만점을 받는대!' 등등의 이야기는 창원에 살 때부터 심심찮게 들었었다. 그러다 부모님 사업으로 서울 강남으로 이사를 하게 되자 겁부터 더럭 났다. 창원 B중학교에서는 전교 1등을 했지만 학력이 높다는 강남에서는 성적이 어떻게 나올지 감이 잡히지 않았다.

중학교 1학년 겨울방학 때 이사를 해서 2학년 신학기에 첫 등교를 했다. 개학한 지 얼마 되지 않아서 수학 시험을 치렀는데 무척 어려운 시험이어서 끙끙거리며 문제를 풀었다. B중학교에서도 수업 시간에 어려운 수학 시험을 본 적이 있었지만 대부분 교과서 수준으로 공부를 하는 아이들이라 90점 넘는 학생이 없었다. 그런데 전학한 학교에서는 예전보다 더 어렵게 나왔는데도, 또 돌발시험을 본 것인데도 만점짜리가 몇 명이나 나왔다. 이때 나는 **'서울이나 지방이나 공부를 안 하는 아이들 성적은 비슷하지만, 상위권 학생들의 실력은 차이가 많이 난다'** 는 점을 느끼게 되었다. B중학교에서는 최상위권이었던 나지만 강남권으로 진입하니까 웬만한 상위권에도 미치지 못하는 실력임을 깨닫게 된 것이다. 실망도 컸지만 우수한 학생들 사이에서 겨뤄보자는 승부욕도 뜨겁게 달아올랐다.

중1 때부터 꾸준히 쓴 생활 다이어리

중학교 1학년 때인 2003년도부터 지금까지 매일 다이어리를 쓰고 있다. 검은색 표지의, 어떻게 보면 볼품이 없는 다이어리이지만 연말이 되면 문구점에 가서 이 다이어리를 구입하는 것은 나의 커다란 즐거움이다. 또 한 해가 시작되면서 이 안에 어떤 내용이 채워질까를 생각하면 가슴이 두근거리기도 했다.

다이어리 안에는 매일의 생활 계획표가 고스란히 기록된다. 그 전날 보통 5개 이상의 다음 날 스케줄을 기록하고, 한 개 한 개 마칠 때마다 빨간색 펜으로 체크를 한다. 시험을 볼 때는 시험 일정표 역할도 한다. 하루를 마감하는 시간에는 그날그날

생활 다이어리

4 APR 2003

13 Sunday (3·12) 임시정부수립기념일

교회 V
사회 책보기 V
문제집 풀기 (사회 1단원) V
과학 2단원 자습서 V
과학 문제집 마저풀기 V
독서
TV V
인터넷.
영어 듣기하기 V

A

(3·14) Tuesday 15

학교 V
ebs 예습·방송 V
도덕 1단원 V
컴퓨터 V

A

14 Monday (3·13) Week 16

ebs 예습·복습·방송 V
학교 V
기·가 1단원 V
국어 3단원 V

A+

(3·15) Wednesday 16

학교 V
ebs 예습·방송보기 V
수학 2단원 풀기·V
기·가 문제 풀기·V
컴퓨터 문제 풀기 △

B+

겸손은 사람의 칭찬을 싫어하는 것같이 보이지만 실은 더욱 완곡하게 칭찬받기를 바라는 욕망에 지나지 않는다.〈F. 라 로슈푸코〉

칭찬 받았을 때가 아니라 꾸지람을 들었을 때에 겸양함을 잃지 않는 사람이 있다면, 그 인간은 참으로 겸양한 것이다.〈장 파울〉

7 JULY

2 Wednesday (6·3) 기말고사 (-5)

학교가기 V
낮잠 2시간 (?) V
국어 책보기 V
생활 국어보기 V
국어 공책보기 V
도덕 책보기 V
(공책보기 V
사회 책보기 V
(공책보기. V

국어 시험지보기 V
수행평가 보기
[봄봄 V
벙어리 삼룡이 V
메밀꽃 필 무렵. V

A+

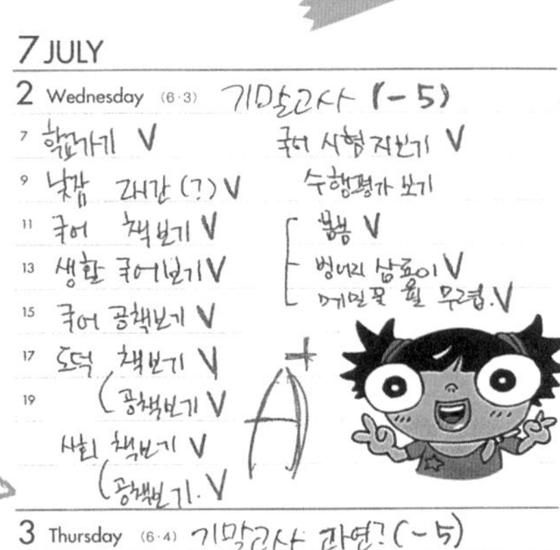

기말고사

(6·5) Friday 4

오예 방학!!

오 해 부 해
오 예 해 여~

3 Thursday (6·4) 기말고사 과연? (-5)

영어 [4~6과 책보기 V
[자습서보기 V V

체육 책보고 중요한것 줄 긋기 V V
[페이퍼 보기. V V

A+

(6·6) Saturday 5

학교가기
탱자 탱자 놀기.

우리를 괴로하게 하는 것은 사랑이나 죄악 때문이 아니라 지나간 일을 돌이켜 보고 탄식하는 … 지드〉

절제는 최상의 약이다. 〈영국 속담〉

의 점수도 매긴다. 아주 잘한 날은 A+, 아주 못한 날은 F다.

다이어리를 쓰면 시간을 보다 체계적으로 관리할 수 있다는 장점이 있다. 꼭 해야 할 일이지만 하기 싫다고 미루면 그날 저녁 체크할 때 기분이 상당히 나빠진다. 마치 화장실에서 밑을 닦지 않은 것 같이 찝찝하다. 그날 스케줄 표에 따라 특정 과목의 공부를 해야 하는데 친구들과 놀고 싶은 유혹에 빠질 때는 그날 저녁의 이러한 '찝찝함' 을 떠올린다. 그러면 정신이 번쩍 들면서 나의 하루에 A를 주기 위해 스스로를 다스리는 힘이 생긴다.

다이어리를 쓰지 않으면 이렇게 꼼꼼하게 자기 관리를 하기가 힘들다. '형식이 내용을 규정한다' 는 말이 있듯이 다이어리를 매일 쓰면서 다음 날을 계획하고, 그것을 실천하고, 점수를 매기는 일이 대수롭지 않은 '형식' 이지만, 규칙적으로 실천하다보면 나의 삶을 규칙적이고 체계적으로 꾸려가게 하는 힘이 됨으로써 결과적으로 '삶의 내용' 까지 바꾸게 되는 것이다. 규칙적으로 공부하는 습관을 갖추고 싶다면 지금부터 생활 다이어리를 꼭 써보라고 권하고 싶다.

'한국에 사는 미국 학생' 의 방과 후 스케줄

누군가는 나에게 '한국에 사는 미국 학생' 이라고 말할 정도로, 학원에 다니지 않는 나는 나만의 시간이 많은 편이다. 거의 모든 학생이 방과 후 시간을 학원 수업이나 과외를 받으면서 보내는 터라 내가 하루를 어떻게 보내는지 많은 아이들이 궁금해 한다. 나의 하루 스케줄은 의외로 간단하다.

오후 4시 30분 귀가. 이때부터 나는 잠을 조금 잔다. 잠이 많은 편인 나는 낮잠을 빼놓으면 남은 저녁 일과가 매끄럽지 못한 편이다. 방과 후에 집에서 자는 낮잠은 꿀맛이다. 한 시간 정도 푹 잔 다음 방과 후의 일과가 시작된다.

대부분 예습과 복습, 그리고 사설 읽고 느낀 점 쓰기 등으로 하루가 채워진다. 나의 개인 지도 교사가 있다면 EBS 교육방송 프로그램이다. 내가 꼭 필요한 과목만 정해놓고 매일 정기적으로 듣는다. 인터넷으로 언제든지 반복해서 들을 수 있기 때문에 잘 이해가 되지 않는 부분은 찾아서 반복해서 듣고 또 듣는다. 그리고 하루 일과를 마무리하고 내일을 계획하는 **다이어리 작성**으로 끝을 맺는다.

Note

한자와 영어 단어 암기에 특효인 나만의 암기법

한자와 영어 단어를 외울 때 자기만의 특별한 암기법을 개발해두면 노력과 시간을 절반으로 줄이면서 암기 효과는 두 배로 높이는 효과를 얻을 수 있다고 지영이는 말한다. 한자와 단어를 부지런히 외우다보니 나름대로의 비법을 얻게 되었다는데 이런 방법을 이용한 후부터 지영이의 한자 시험은 늘 100점이었다고.

한자 - 나만의 상형문자 만들기

한자는 사물의 형상을 본뜬 '상형문자'가 많다는 점을 감안해 마치 머릿속에 그림을 그리듯이 외운다. 예를 들어 ★뭍 륙陸자를 외울 때, 글자 형상을 나름대로 해석해서 '3개의 나뭇가지'(부수를 풀어서 이해)를 '흙을 파고 또 파서 묻었다'(부수 외의 부분을 풀어서 이해, 土가 2번 이어서 나오는 것을 연상)라고 외운다. 특정 한자가 만들어지기까지의 진짜 과정은 잘 모르지만, 내가 상형문자를 만들듯이 형상화시켜 외우는 것이다. ★그림 도圖자는 '네모난 도화지에 사람의 몸을 그림으로 그렸다'라고 외웠다.

나만의 한자,
영단어 암기법

① 3개의 ② 나뭇가지를 ③ 흙을 ④ 파고 또 파서 묻었다

선비의 말이 곧 길이다

네모난 도화지에 사람 몸을 그렸다

infancy [ínfənsi] 팬시(fancy)점 안(in)에서 즐겁게 놀던 어린 유년시대

unanimous [juːnǽnəməs] 한곳으로 "유난히 모였으" (발음대로 ㅋㅋ)

시험 볼 때마다 이런 식의 '그림 한자 사전'을 만들어 복잡하고 외우기 어려운 한자의 경우 학교에 오갈 때나 쉬는 시간에 읽어보고 시험 보기 전에 한번 더 읽어보면 완벽하게 외워진다.

영어 단어 - '스토리 만들기'

*infancy(유년)를 외울 때는 '팬시점(fancy) 안(in)에서 즐겁게 놀던 유년기'로 스토리를 만든다. 굳이 외우지 않아도 머릿속에 쏙 들어온다. unanimous(만장일치의)를 외울 때는 '한 곳으로 유난히 모아졌음'이라고 발음이 나오는 대로 '유나니모우스'라고 읽어, 읽는 음을 그대로 단어의 뜻과 연결해 외운다.

평소에 '스토리 영어 단어집'을 작성해두면 시험 때 별도로 외우지 않아도 생각이 절로 나기 때문에 공부에 적지 않은 도움이 된다. 특히 이렇게 스토리를 만들어서 외운 단어는 아무리 시간이 많이 흘러도 고스란히 머릿속에 남아 있다.

✓ 나만의 국어사전 만들기

지영이는 초등학교 때부터 엄마의 권유에 따라 자신만의 국어사전을 만들었다. 책을 읽으면서 모르는 단어가 나오면 찾아서 적는 것인데, 조금은 특별한 방법을 이용했다.

사전용으로 활용할 만한 수첩이나 노트를 정한다.

장기적으로 사용할 노트이기 때문에 너무 얇은 것은 쓸모가 없다. 또 너무 큰 것은 소지하기가 불편하기 때문에 간편하게 손에 쥘 정도의 크기가 적당하다. 초등학생용 국어사전 두께와 크기 정도가 부담이 없다. 언제든 끼워서 쓸 수 있게끔 탈부착 가능한 노트면 언제든 양을 조절할 수 있기 때문에 편리하다.

ㄱ, ㄴ, ㄷ 등 자음을 별지로 만들어서 붙인다.

색깔이 각각 다르게 자음의 순서에 따라 별지를 만들어 노트 갈피에 붙인다.

국/어/사/전

ㄱ ㄴ ㄷ ㄹ ㅁ ㅂ

내가 만든 국어사전

ㅈ ㅊ ㅋ ㅌ ㅍ ㅎ

단어	사전의 뜻	내가 아는 뜻
피터팬 증후군 ※ 여성 피터팬 증후군 → 신데렐라 증후군 쓴	동화의 주인공 피터팬처럼 나이를 먹어도 현재의 나는 내가 아니라고 계속 꿈을 꾸며 영원히 어른이 되지 못하는 사람을 이르는 말. 미국의 심리학자 D. 카일리가 처음 명명했다.	어른이 되었으면서도 어릴 때를 동경하는 어른들을 일컫는다. 나는 어른은 아니지만, 시험 볼 때 아무 걱정이 없이 놀기만 하는 꼬마들을 보면서 부러워한 때가 있었다. 어른이 되면서 자신이 해결해야 할 힘든 일들이 닥쳤을 때 아무 걱정이 없던 어린 시절을 동경하는 마음이 이런게 아닐까?

이 ㅂ

Note

단어의 수가 많은 ㄱ, ㄴ, ㅇ 등은 분량을 많게, 단어 수가 비교적 적은 ㅋ, ㅌ 등은 분량을 적게 노트의 양을 배정한다.

✓ 암기과목 녹음하면서 공부하기

지영이는 녹음 공부법을 특히 '사회' 과목에서 많이 활용했다. 사회 교과서를 시험 범위까지 2번 이상 읽은 후에 외울 단계가 되면, 무조건 본문을 외우는 것이 아니라 남을 가르친다고 생각하고 풀어서 설명을 하는 것이다. '신석기 시대에는 농경문화였기 때문에 한 곳에 정착을 했겠지. 옮겨 다니면서 농사를 지을 수는 없으니까. 그러니까 좀 탄탄한 집이 필요했을 것이고, 또 한 곳에 오래 머무르려면 식량을 저장해둘 필요가 있었을 테니 다양한 그릇도 필요했을 거야. 빗살무늬 토기는……' 이렇게 교과서 내용을 이해한 뒤에 남을 가르치듯이 설명을 하면서 그 내용을 그대로 녹음을 한다. 그리고 해당 단원까지 녹음을 다 한 뒤에 다시 들어보는 것이다.

자신이 풀어서 설명하는 과정에서 이해와 동시에 암기가 되는데 이것을 녹음한 것을 다시 들으면 한 번 더 외우는 것보다 몇 배의 암기효과가 있다. 의심이 간다면 한번 실행에 옮겨보라고 지영이는 말한다.

참고로, 지영이가 선생님이 되어서 가르치듯이 설명하고 녹음하는 데 보다 익숙한 이유는 어릴 때의 '선생님 놀이' 영향이 큰 듯하다. 초등학교 때 내내 학원에 다니지 않아서 시간이 많이 남아돌았던 지영이네 세 자매는 늘 똘똘 뭉쳐 다니며 놀곤 했는데, 그때 선생님 놀이를 특히 많이 했다고. 교과서를 꺼내놓고 한 사람이 선생님이 되어 앞에 서서 가르치는 것인데, 자신이 배운 내용을 가르치기 때문에 절로 복습의 효과가 있었던 것 같다.

지영이가 추천하는
괜찮은 참고서 & 문제집

국어 : 한끝

보통 다른 문제집들은 교과서 지문과 문제만 있고 정리가 있어도 간단하게 되어 있는 경우가 많은데 이 문제집은 지문 내용 하나하나 꼼꼼하게 정리되어 있다.

수학 :

내신포유

'기본다지기', '실력다지기', '1등급맞기' 등 단계별로 문제가 있어서 실력 파악에 용이하다.

센

한 단원당 거의 30개 정도의 여러 가지 유형을 다루고 있어서 다양한 문제 풀이가 가능하다.

사회 : EBS 교재

학교에서 EBS를 교재를 부교재로 선정할 만큼 정리가 잘 되어있어 수업을 아예 이 교재로 나가기도 한다. 정리도 깔끔하고 문제가 다른 문제집에 비해 심화, 발전되어 있다.

한자 : 좋아좋아 한자카드 (홍선생교육)

랩으로 한자 1,000자와 부수 214자를 35분이면 부를 수 있다. 어휘력 증가와 스트레스 해소에 좋다.

대치동 공부법 김은실의
전교1등 핵심 노트법

발행일 초판 1쇄 2006년 8월 30일
초판 78쇄 2013년 1월 15일

지은이 김은실

발행인 김시연
편집인 박용환
출판팀장 신수경
마케팅 박종욱
제작 주진만

발행처 (주)서울문화사
등록일 1988. 12. 16
등록번호 제 2-484호
주소 서울특별시 용산구 한강로2가 302번지 (우)140-871
전화 791-0704
구입문의 791-0750
팩스 791-0794
마케팅 749-4079
홈페이지 http://books.ismg.co.kr 이메일 | books@seoulmedia.co.kr
인쇄 (주)코리아피앤피

ISBN 978-89-532-9679-4 (03370)

*책값은 뒤표지에 있습니다